INCONSCIENT ET DESTINS

FRANÇOISE DOLTO

INCONSCIENT ET DESTINS

ÉDITION RÉALISÉE
AVEC LA COLLABORATION DE
JEAN-FRANÇOIS DE SAUVERZAC

ÉDITIONS DU SEUIL
27, rue Jacob, Paris VIe

ISBN 2-02-009981-0.

Dialogue liminaire entre Françoise Dolto et Jean-François de Sauverzac

JEAN-FRANÇOIS DE SAUVERZAC : *Quelle raison donnez-vous au fait que la plupart des cas présentés dans ce livre – comme souvent dans votre* Séminaire *et dans* l'Image inconsciente du corps – *sont des cas dont beaucoup datent du début de votre pratique d'analyste, des années de la guerre ou de l'immédiat après-guerre ?*

FRANÇOISE DOLTO : Peut-être que, débutante, j'étais à l'affût de tout. Et puis je n'ai jamais parlé de cas en cours. C'est la raison principale. Je me suis toujours interdit de parler de traitements qui se seraient déroulés moins de dix ans auparavant. Avec les notes très complètes de toutes les séances, je travaillais pour moi, et, ces notes, j'en rédigeais certaines. C'est plus tard que j'en ai sélectionné quelques-unes.

J.-F.S. : *Cependant, vous dites souvent en substance à propos des traitements que vous avez menés à cette époque : « Voilà, j'ai fait cette analyse, et pourtant je ne sais pas très bien ce que j'ai fait. »*

F.D. : C'était vrai. Ce n'est pas parce que je notais tout que je comprenais comment se déroulaient les processus inconscients. Je crois que c'est très important de le dire : parce que c'est vrai. Parce que aussi les gens croient souvent que les psychanalystes comprennent – particulièrement quelqu'un comme moi dont la réputation était que les gens guérissaient avec moi. On croyait que je comprenais. Or, à partir du moment où j'ai commencé à comprendre, j'étais sûrement moins bonne analyste. Mais je pouvais aider les autres.

Tout au long de mon analyse, j'ai passé mon temps à dire à Laforgue : « Mais enfin, vous avez l'air très content. Moi, je ne comprends rien de ce que je fais ici. » Il me disait alors avec son accent alsacien : « Vous combrenez très bien. Vous ne combrenez pas avec la tête, tant mieux ! Vous combrenez avec le cœur. » A cette époque, on n'avait pas le droit de lire de psychanalyse pendant sa propre analyse. Je n'avais donc pas de lecture ; pas de « cérébralisation » de ce que je faisais. C'est ma thèse *(Psychanalyse et Pédiatrie)* qui a été un travail pour mettre en forme ce que je comprenais des enfants, mais pas de ce que j'avais compris de moi ; et pourtant je ne les comprenais que grâce à mon analyse passée. C'est très curieux, ce travail, cette transmission de la psychanalyse : ça ne se fait pas par le « ciboulot ». C'est pour cela que je donne des exemples cliniques. Parce que les exemples font travailler les gens à travers leur propre manière de comprendre, à la fois eux-mêmes lorsqu'ils sont encore en analyse et ceux qui leur adressent une demande quand ils sont analystes. Je crois que la théorie sans exemple peut ne servir à rien, tandis qu'un exemple sans théorie, ça peut servir. Bien sûr, les deux ensemble sont préférables.

J.-F.S. : *Je voudrais reprendre la question autrement. Je pense au cas de l'enfant priapique dont vous dites qu'au début de son traitement il avait l'air complètement abruti. Vous soulignez le fait que vous ne compreniez pas du tout ce qui se passait dans cette cure ; et votre stupéfaction lorsque cet enfant a choisi d'aller sur le divan pour y accomplir un cérémonial de deuil tout à fait insolite. Il y a cependant dans l'enchaînement des séances quelque chose qui laisse supposer que c'est votre écoute qui a rendu possible, pour cet enfant, cet « agir » de portée symbolique.*

F.D. : Sûrement, sûrement. Une disponibilité à ce qu'il soit comme il avait à être. A être pour s'exprimer. Bien sûr. Mais cela, c'est le résultat d'une psychanalyse personnelle, didactique, cette conviction que j'ai que l'enfant *sait*. Un enfant a moins de résistances qu'un adulte ; un adulte sait aussi – son inconscient sait –, mais il a des résistances. Si l'on met un enfant en état d'être, de s'exprimer comme il peut, en lui citant tous les moyens que l'on a de parler, en lui disant qu'il peut prendre ce qu'il veut, mais non pas faire n'importe quoi, ce qu'il esquisse alors par un « faire », ce n'est pas n'importe quoi : c'est une ébauche – qui ne dure pas longtemps –, pour mimer, pour exprimer autrement son désir. Lorsque ce processus est enclenché, le traitement devrait marcher ; car la méthode psychanalytique « marche ».

J.-F.S. : *Ce que vous dites là fait penser au cas de l'enfant qui avait retrouvé le mot « putain » qu'il avait refoulé. Cet enfant dessinait des rosaces, et vous dites simplement que vous avez insisté pour qu'il retrouve les noms refoulés de chacune des personnes associées à cette image. Et c'est venu.*

F.D. : J'ai insisté parce que je m'appuyais sur Freud. Freud a dit qu'il n'y a pas de souvenir qui ne puisse revenir si la résistance est levée. C'est pourquoi, étant donné le transfert de confiance que cet enfant avait en moi, je lui ai dit : « Mais si, tu sais. Tu t'empêches de laisser revenir le souvenir. » Et c'est revenu.

C'est là que cela sert d'avoir des aînés qui vous disent des choses de l'ordre de la théorie sur lesquelles on peut s'appuyer.

J.-F.S. : *A propos de l'interprétation, vous répondez à quelqu'un qui vous demande en quoi elle se distingue d'une intrusion, d'une intervention, qu'elle n'a d'effet qu'à condition que l'analyste soit alors convaincu de ce qu'il dit. Or, cette conviction qui passe dans l'interprétation et qui la fonde, ce n'est pas de son seul rapport à Freud ou à un autre qu'un psychanalyste la tire. Dans les* Dialogues québécois, *vous parlez de cette petite fille qui vous a donné un paiement symbolique à neuf mois, alors qu'elle tombait dans l'autisme et se laissait mourir. Vous lui donnez une interprétation, en lui disant que si elle veut se laisser mourir vous ne pouvez l'en empêcher, mais que si elle veut une séance elle doit la payer. Un autre thérapeute se formulerait peut-être la même interprétation, mais n'oserait pas la dire. Vous, vous osez la dire.*

F.D. : Oui, c'est ça : j'ose le dire, en effet. Si nous pouvons avoir cette conviction qui fait l'interprétation, c'est que nous savons qu'il n'y a pas de négatif dans l'inconscient. Lorsqu'on dit, comme dans ce cas, à un enfant quelque chose qui semble négatif, si c'est juste, si c'est vrai et que c'est effectivement son désir inconscient, cela rejoint immédiatement ce qu'il y avait de dynamique dans son inconscient et qui passait pour négatif. Quelqu'un qui veut mourir, il veut « mourir ce corps », au nom du sujet qui, lui, n'est pas mortel.

Ainsi le désir de mourir, qui paraît négatif pour le conscient, ne l'est pas pour l'inconscient : c'est *un désir*. Que ce soit désir de vivre ou désir de mourir n'a pas de sens pour l'inconscient. Cela n'a de sens que pour le conscient. Il n'y a pas de désir négatif pour l'inconscient, il n'y a que du désir. Et le désir, c'est le désir d'être reconnu en tant que sujet associé à cet avoir-corps. Ainsi, en tant qu'analyste, je reconnais le sujet désirant en lui disant : « Tu désires mourir. Pourquoi pas ? Tu es en droit de désirer mourir. Et, moi qui te parle, je sais que d'avoir corps est douloureux pour toi. Si tu désires mourir, que ce corps te lâche, je te comprends. » Or, à partir du moment où je le comprends, c'est-à-dire où je reconnais son désir, il désire moins mourir puisque quelqu'un l'entend et le reconnaît sujet de son être. Le corps d'un tout-petit est tellement nécessairement l'objet de soins maternants qu'on en oublie qu'il est sujet.

Cela aussi vient de Freud, qui a dit : il n'y a pas de négatif pour l'inconscient. L'inconscient n'est que dynamique ou rien. Quand *ça* ne rencontre rien, il n'y a pas de regard. Il est extraordinaire, en effet, de voir briller soudainement les yeux d'un enfant à qui on parle ainsi – comme à cette petite autiste – alors qu'auparavant ses yeux étaient ternes. Et, si c'est un enfant aveugle, il y a alors quelque chose en lui qui brille – je ne sais quoi –, mais une communication s'est instaurée. Ce qui se remarque le plus alors, c'est ce changement d'expression des yeux ; ou, chez d'autres enfants, l'opisthotonos : se redresser en arrière, c'est le signe qu'ils veulent faire travailler l'utérus pour naître. Ce signe soi-disant négatif le devient effectivement pour le fœtus s'il fait cela trop longtemps, car il s'asphyxie. Or, c'est l'asphyxie qui le fait naître. C'est l'asphyxie qui le pousse à se mettre en opisthotonos, à redresser la tête en arrière. C'est ainsi qu'il fait travailler l'utérus pour s'en sortir. C'est extraordinaire comme condition pour naître, que d'être asphyxié ! *D'être menacé de mort, ça fait naître.* D'être menacé de mort par asphyxie, puisqu'il ne reçoit plus assez d'oxygène par le sang de la mère, c'est ce qui fait donc naître le fœtus : l'opisthotonos faisant travailler l'utérus dont la dilatation va le laisser partir. Avec ce départ, il laisse ce qui était la moitié de lui-même, son placenta ; c'est donc une première castration, marquée par l'arrivée dans un monde vraiment totalement inconnu, sauf qu'il y a l'audition (s'il est entendant) et le battement du cœur qu'il reconnaît : le battement du cœur de sa mère – car, en naissant, il perd la perception de son battement de cœur à lui. Ce qui est curieux, c'est que nous tendons à retrouver ce battement de cœur fœtal dans les grandes émotions ou lors d'une forte fièvre : c'est le battement de cœur le plus proche de celui qui est entendu *in utero.* L'enfant perd donc le rythme fœtal, l'étroitesse du lieu où il était, la perfusion ombilicale ; il garde l'audition – s'il n'est pas sourd ; il découvre l'odeur de la mère avec l'air, la respiration. Mais la naissance est vraiment une mort, une mort à ce qu'il percevait avant.

J.-F.S. : *Cela signifie-t-il que, plus que d'autres analystes, vous considérez l'inconscient comme essentiellement dynamique ?*

F.D. : Oui ; ou plutôt, je dirai que le ça est dynamique, mais que le ça n'existe pas sans un sujet qui a désiré prendre chair dans ce mammifère de l'espèce humaine qui est *promis à la parole.* C'est tout à fait extraordinaire d'être promis à la parole.

J.-F.S. : *A propos de cet « être promis à la parole », on peut évoquer le rôle joué,* a contrario, *par les animaux dans la psychanalyse, et cela depuis Freud. Lui-même avait des chows-chows qui tenaient une grande place dans sa vie. Et je pense à toutes les références au chien, au loup...*

F.D. : Au chat [1].

J.-F.S. : *...dans nombre de cas cliniques de psychose ou de névrose présentés ici. On y retrouve l'animal comme une butée pour l'enfant. Mais c'est aussi comme s'il était coextensif à la psychanalyse elle-même.*

F.D. : Oui, en ce sens que la psychanalyse a découvert que les animaux sont les médiateurs de ce qu'un être humain éprouve. Mon petit-fils, qui ne sait pas encore écrire – il a deux ans et demi –, a voulu pour la première fois adresser une lettre à sa grand-mère (à moi). Il a donc dicté sa lettre à une petite fille de sept ans qui, elle, écrit bien. Il voulait me parler de l'enterrement d'un petit oiseau. C'est tout de même intéressant qu'il ait voulu décrire à sa grand-mère l'enterrement d'un petit oiseau à l'âge qu'il a, alors que vient de naître une petite sœur qui, elle, n'a pas de « petit oiseau ». L'enfant a apporté un oiseau mort qu'il avait trouvé au père de ses petits amis, et le monsieur a dit qu'on allait l'enterrer. L'enfant a voulu signer lui-même la lettre. Et il a écrit son supposé prénom, en disant : « j'ai signé : serpent ». Il a donc signé : « serpent ». Il y avait peut-être pour lui une association « oiseau »-« serpent ». Peut-être même par « plumes » ; le « serpent à plumes », dont il a pu entendre parler. C'est très curieux.

Les humains ont besoin de ces signes animés pour traduire soit leur soma, soit leur désir, manifesté par la verge en érection, comme par le tube digestif – le serpent qui « péristalte » continûment, si je puis dire. Ils s'identifient à ces signes animés, parce que cela traduit ce qui est ressenti en eux. Ils

1. Cf. notamment *Séminaire de psychanalyse d'enfants,* t. II, Paris, Éd. du Seuil, 1985.

n'ont rien à faire pour obtenir ces sensations et sentiments. Ce ressenti, ils peuvent s'en servir et l'exploiter, mais ils le subissent. C'est une matière première psychique, pour ainsi dire, une matière vivante : ce petit a signé : « Vivant », pour un oiseau mort. Et en même temps c'est ce que les enfants ressentent, narcissiquement, de vie en eux. Les animaux sont très importants pour toute l'espèce humaine, ne serait-ce que parce que les enfants ont affaire à eux en même temps qu'à la vie. Ils sont associés aux parents.

Les végétaux aussi sont très importants : c'est la première joie d'un bébé. Pour voir le sourire d'un bébé qui n'a encore jamais souri au visage des adultes, il suffit de lui montrer une plante, un banal caoutchouc, au-dessus de son visage, ou de l'herbe, enfin du vert, du vert qui soit animé ; et c'est alors un sourire d'ange. C'est la joie d'un enfant que d'être sous le feuillage, le ciel apparaissant à travers, un souffle d'air remuant les feuilles. Même chez soi, il suffit de lui montrer une plante verte légèrement en mouvement. Qu'il y ait un petit peu de vent, un semblant de vent.

Pour un être humain, quand il n'y a pas de végétation, il n'y a pas de vie. L'eau est un pôle d'attraction extraordinaire pour les enfants. Et il ne s'agit pas pour eux seulement de mettre les mains dedans, mais de jeter l'eau à l'extérieur. Tout cela, ce n'est peut-être pas l'inconscient de Freud, mais c'est un inconscient d'avant l'inconscient proprement libidinal, relationnel ; il est relationnel à la planète, à la vie, et commun à tous les spécimens de l'espèce, enfants ou adultes. Cela touche au plaisir d'être, croisé à cet avoir-corps. Cet instant est ressenti comme *bien-être,* grâce au corps.

J.-F.S. : *Ce que vous dites à propos du mouvement et de l'animé rappelle ce que vous avez souligné des enfants qui convoitent un objet dans les mains d'un autre parce qu'ils croient qu'alors l'objet est vivant, animé. Dès qu'ils le prennent, ils sont déçus parce que l'objet est comme mort entre leurs mains propres.*

F.D. : En effet, c'est quelque chose d'animé et qui échappe à leur volonté à eux.

J.-F.S. : *Votre expérience clinique vous conduit à poser la question, je reprends des termes qui sont les vôtres, de l'« impact psychanalytique sur les destins d'enfants ». Pourquoi ce mot « destin » ?*

F.D. : Le mot « destin », pour un psychanalyste, touche tout à la fois au transfert, à l'imaginaire, à l'histoire du sujet. Mais c'est aussi un mot qui rappelle la part d'inconnu dans la vie du sujet, d'inconnu pour le psychanalyste. C'est à tout le moins la question du : « Comment ça vit ? Comment ça marche ? »

Moi-même, en tant qu'analyste, je ne sais pas ce qu'est un destin ; comme chacun, je sais ce que c'est qu'une histoire à travers ce que révèle tel ou tel cas ; mais cette histoire d'un sujet est reliée à des inconnues. La psychanalyse peut expliquer par la théorie les effets de la rencontre d'un enfant (ou d'un adulte) avec un psychanalyste, et les résonances qu'elle produit dans l'inconscient de l'un et de l'autre. Il n'empêche qu'il reste une inconnue quant à l'avenir du patient. C'est le propre d'une science jeune de ne pas pouvoir connaître nettement les effets de son incidence dans le temps. C'est du reste pour cela que je témoigne de ma pratique. Parce que *ce que l'on ne comprend pas, il ne faut pas le taire.* Peut-être ainsi les générations suivantes comprendront-elles mieux que nous.

Ce mot « destin » exprime précisément l'idée que quelque chose est difficile à cerner. Car ce n'est que dans deux générations qu'on verra les effets d'une psychanalyse grâce à ceux qui se souviendront d'avoir fait une analyse. C'est une humilité pour nous devant notre travail.

Quant à la nécessité de témoigner, alors que beaucoup déclarent : « l'analyse, ce n'est pas très scientifique » – les sciences de l'Homme ne le sont jamais vraiment tout à fait –, elle soutient le caractère scientifique de la psychanalyse. La psychanalyse devient scientifique du fait qu'un tel témoignage est repris par d'autres – confronté à des observations qui le corroborent ou l'infirment –, et du fait de l'intelligence du transfert – je préférerais dire : de l'entendement du transfert –, qui dès lors s'affine.

J.-F.S. : *Il me semble que ce que vous dites là est en continuité avec ce que vous soutenez du sujet du désir : que le sujet, est là* avant, *ou* toujours déjà là, *qu'il choisit d'avoir corps, d'avoir tels parents.*

F.D. : Oui, c'est cela ; car il y a une part du désir sur lequel le psychanalyste ne peut prétendre avoir aucune espèce de maîtrise.

1

Symptômes obsessionnels. Un développement sur le narcissisme

Enfant mutique qui s'arrachait les cheveux - Érotisme anal - Reconnaître la triangulation au-delà du symptôme - Narcissisme primaire, narcissisme secondaire - L'enfant n'est jamais seulement le symptôme des parents - Le divan en psychanalyse d'enfants - L'enfant priapique - Deux cas d'inhibition aux mathématiques.

PARTICIPANT : Est-ce que vous pourriez nous parler des symptômes obsessionnels ?

FRANÇOISE DOLTO : En fait, le symptôme, c'est la demande : c'est grâce au symptôme qu'on vient demander à l'analyste une aide pour comprendre ce qui se passe ; mais derrière la demande il y a tout un ensemble complexe, condensé dans le symptôme.

Ce que l'on peut dire en premier lieu, sur le plan théorique, c'est qu'on appelle obsessionnels les symptômes, les comportements qui n'ont pas de sens utilitaire, et, surtout, qui sont répétitifs : on répète toujours la même chose.

Il est certain que, du point de vue clinique, on ne doit jamais attaquer directement les symptômes obsessionnels, pas plus que tout autre symptôme d'ailleurs. Puisqu'ils sont répétitifs, c'est qu'il s'agit, par définition, des pulsions de mort. Cela nous oblige à nous demander comment les pulsions de mort œuvrent dans le sujet, pris dans son histoire, engagé dans un désir progressif, c'est-à-dire dans un désir qui est tout le temps nouveau.

A partir du moment où quelqu'un a un symptôme obsessionnel, on peut dire qu'il est sous tension d'un désir interdit. Mais toute problématique sur des symptômes obsessionnels revient toujours aux questions suivantes : Quel est l'objet obsédant ? Lequel des sens du corps est concerné par l'obsession ? Ou bien encore : Quel en est le médiateur ? Est-ce une idée ? Est-ce une forme du toucher ? Est-ce un comportement ? C'est toujours l'un de ces termes qui fait l'objet d'une analyse. En tout cas, l'obsession est toujours le signe d'une résistance à un désir ; à un désir qui cogne contre un interdit surmoïque. Et pourtant, grâce à des symptômes obsessionnels, les gens vivent bien en société. Nous sommes tous des obsédés dans nos sociétés. Obsédés de l'heure, ne serait-ce que cela ! Être obsédé du temps de tout le monde, alors que chacun a son temps propre.

Où commence le symptôme ? Et s'agit-il toujours d'un symptôme, ou parfois d'un mécanisme d'adaptation, c'est-à-dire d'un mécanisme de défense contre ses propres désirs – puisque chacun est marginal quand il s'agit de désir ? Comment évitons-nous une marginalité qui est en contradiction avec notre idéal du moi ? Grâce à des symptômes obsessionnels qui se trouvent être ceux de tout le monde ; alors, nous nous croyons en bonne santé. Quand nous sommes tous aliénés de la même façon, nous nous comprenons et nous nous trouvons très normaux.

Cependant, on ne peut pas parler dans l'abstrait des symptômes obsessionnels.

P. : Je voudrais parler du cas d'une petite fille de huit ans qui s'arrachait les cheveux.

F.D. : C'est plutôt de type compulsif. Avait-elle une idéation ?

P. : C'est difficile à dire ; elle était mutique.

F.D. : Mais cette petite fille était située dans une histoire. Ce n'est pas le fait de s'arracher les cheveux qui constitue son histoire. S'arracher les cheveux, c'était peut-être quelque chose qu'elle savait si bien faire qu'elle ne savait pas comment s'en sortir.

P. : La mère lui avait attaché les mains un jour.

F.D. : Enfin, c'est toujours symbolique, bien sûr, au départ. Dans ce cas, la mère lui attachait les mains.

J'ai eu en traitement des enfants qui s'arrachaient les cheveux. Et puis, le transfert faisait que c'étaient mes cheveux qu'on essayait d'arracher. Heureusement, ils tenaient bien ! Tant mieux pour moi. *(Rires.)* Je pense à une mutique également qui, d'ailleurs, a parlé de façon extraordinaire. C'est une enfant qui a toujours été une mutique. Maintenant, elle ne me tire plus les cheveux. Elle m'a seulement tiré un tout petit peu les cheveux, pour la fleur, juste avant de partir ; un petit houpet. Peut-être d'ailleurs que, ce houpet, c'est ce que sa mère lui tirait, quand elle était toute petite, pour lui faire une jolie coiffure.

Or, récemment, cette enfant, mutique depuis toujours, a parlé. Comment ? Elle est entrée dans la salle de consultations alors qu'il y avait un garçon de quatorze ans qui vient d'habitude à cette heure-là, et elle s'est imposée, en s'asseyant à côté de lui. Le garçon paraissait gêné. Je lui ai demandé : « Est-ce que ça te gêne que Claude soit là ? » Il m'a répondu : « Oui, oui, j'aimerais mieux qu'elle n'y soit pas. – Est-ce que tu la connais ? – Non, je ne l'avais jamais vue. » Il se trouve qu'il ne venait pas aux mêmes heures qu'elle à la consultation. J'ai dit : « Tu vois, Claude, ça dérange Pierre. Il t'aime bien. Il ne te connaît pas encore, mais il aimerait mieux que tu ne sois pas là. Alors, sois gentille ; reviens tout à l'heure. Quand c'est ton tour, personne d'autre ne vient. » Elle s'est levée immédiatement, elle est sortie et a dit à Mme Arlette, la surveillante : « Je ne viendrai plus. » Elle n'avait jamais parlé ! *(Rires.)*

Pendant sa précédente séance en présence de son père, cette enfant muette faisait des modelages qui me laissaient supposer quelque chose. J'ai lancé un ballon d'essai, et c'est le père qui s'est mis à parler d'un œuf qu'il avait flanqué par terre, qu'il ne pouvait pas ramasser : autrement dit, il parlait d'une histoire de fausse couche. A un moment, j'ai parlé à l'enfant de l'époque où elle était petite avec sa mère délirante – car cette femme délirait devant elle. C'est une histoire terrible entre des parents qui n'étaient pas faits pour s'entendre. La mère délirait, affirmant que la petite avait été violée par un homme, quand elle-même était en maison de santé avec cette enfant ; elle délirait tout le temps. Or, nous avons appris ensuite pourquoi son mari ne pouvait pas la satisfaire. Il était très gêné de le dire.

J'ai dit à la petite : « Tu te rappelles ce que ta maman disait ? [C'est-à-dire : que son mari ne faisait plus l'amour avec elle.] Eh bien, c'était très difficile pour toi de le croire, puisque ton papa vient de raconter que, lorsque tu avais deux mois, il y a eu un bébé qui a voulu naître ; et ce bébé, ton papa et ta maman, avec l'aide de quelqu'un, l'ont empêché de naître. Puis il y en a eu un autre [un enfant qui est né après]. Et tu avais peur que ta petite maman ne devienne tout à fait folle [ce que, d'ailleurs, elle devenait, la mère]. Tu avais peur d'être séparée d'elle. » A ce moment-là, l'enfant m'a dit : « C'est pas vrai ! » (Comme ça !)

Son père aurait pu résister, c'est-à-dire refuser de dire à quoi lui faisait penser l'hypothèse que j'avais émise sur ce que représentait sa fille par ses modelages. Du reste, pendant des mois, il n'avait pas voulu me rencontrer. Il accompagnait la petite ; elle ne voulait pas qu'il me parle, lui ne le voulait pas non plus. C'est la situation la meilleure.

Je savais seulement par le dossier qu'il s'était passé des événements graves dans l'histoire de cette enfant, mais j'ignorais ce qu'elle me montrait par ses modelages ; or c'était bien une histoire d'œuf cassé. Là-dessus, le père a tout de suite enchaîné, en disant combien il avait été coupable, puis en m'engueulant, parce qu'il croyait que, moi, j'étais pour l'avortement : « Alors, vous êtes pour ? Mais c'est honteux. Moi, je suis très coupable. Il faut que je reste très coupable. – Eh bien, restez très coupable, monsieur. »

Je ne crois pas qu'on puisse vraiment sortir d'affaire un enfant psychotique sans qu'il amène les parents à faire le même chemin que lui. Et puis, à partir du moment où il devient œdipien, il n'a plus « besoin » des parents. Il a encore besoin de tutelle.

Heureusement, les enfants vivent en analyse beaucoup plus de choses que nous n'en comprenons, et c'est grâce à cela qu'ils guérissent. Nous ne comprenons pas pourquoi ils guérissent. Ils ont revécu, dans le transfert, des émois du passé. Heureusement d'ailleurs, s'il en va ainsi. Nous sommes si démunis devant beaucoup de cas que nous sommes étonnés de les voir guérir.

Il ne faut jamais déclarer à un enfant qu'il vous traduit ceci ou cela, mais ne lui proposer une interprétation que sous forme de question ou d'hypothèse : « Peut-être veux-tu me dire, par ce moyen, quelque chose qui est autour de tel événement de tel âge de ta vie ? » C'est déjà beaucoup, parce qu'il voit que nous faisons effort pour le suivre et que, quoi qu'il fasse, nous y cherchons un sens – un sens rémanent dans le transfert d'une relation passée.

Je crois que c'est surtout cela notre rôle de psychanalystes : de parvenir à une écoute où tout comportement de l'enfant nous pose question de son sens, même si nous ne le comprenons pas. C'est par là que nous observons finement et que nous pouvons réagir à quelque chose que spontanément nous avons observé finement.

Alors, les symptômes obsessionnels de cette enfant, qu'est-ce que ça cachait ? Ça cachait l'impossibilité d'aborder les problèmes vrais de la génitalité, qui ont frappé précocissimement sa relation à sa mère ; car la relation entre le père et la mère était tellement clastique (coups et blessures) que cela s'est terminé par l'internement de la mère.

Et, quand l'enfant est arrivée à Trousseau, tout ce qu'elle pouvait faire, c'était : « Neh, Neh, Neh... » Qu'est-ce que c'était que tout ça ? C'était une libido qui ne pouvait pas avoir d'issue dans un narcissisme allant-devenant sujet dans sa génitalité. Voilà ce que signifiaient ses symptômes obsessionnels.

Il faut bien employer l'énergie qui va aux muscles. L'énergie qui va aux muscles striés, c'est l'énergie anale ; et il fallait bien qu'elle l'utilise ! Alors elle en a fait des symptômes de répétition. Comme on ne peut pas faire caca toute la journée, alors, on fait caca avec les muscles ; on fait n'importe quoi, quelque chose qui n'a pas de sens, qui est de l'ordre du besoin : dépenser son énergie. Dans ce cas, c'était peut-être un processus sans idéation puisqu'elle avait un comportement – comment dire ? – sans différenciation. Toute son activité était, sans distinction, obsessionnelle : tirant les cheveux à tout le monde, hurlant, se baladant. En réalité, cette enfant psychotique était une grande obsédée, par ce qui surnageait de symptômes compulsifs, avec un barrage de l'intelligence. Car je crois, quant à moi, que le barrage de l'intelligence scolaire est un symptôme obsessionnel passif.

Quand on dit « symptôme obsessionnel », on parle en général de ce qui se voit. Mais il y a des symptômes obsessionnels qui justement *séparent.* Ils se manifestent seulement par l'absence de créativité, de sublimation des pulsions orales et des pulsions anales. De sorte que l'obsession n'est alors pas visible comme telle, mais se manifeste dans la répétition, sous la forme d'une imbécillité, d'une passivité constantes. Il y a des symptômes obsessionnels qui annulent. Il peut s'agir de l'annulation d'une tension, comme celle du besoin défécatoire, puisqu'un symptôme obsessionnel est un symptôme de type anal. Il peut être de type anal actif ou de type anal passif.

Et ce mécanisme d'annulation joue, pour les psychotiques, sur l'image du corps, sur une partie de l'image du corps ; pour d'autres, il joue sur le contact d'une partie du corps avec certains matériaux ou certains objets ; pour d'autres encore, il joue sur l'imagination, sur le fantasme d'un plaisir destiné à être érogène – comme tout plaisir au service du désir –, mais qui devient répulsif : l'obsession des mauvaises odeurs ; l'obsession de voir se profiler une forme – qui donne d'ailleurs, la culture médicale aidant, des hallucinations, mais qui n'est, au début, que fantasmes. Ce sont des fantasmes répétitifs d'empêchement, qui sont comme un écran qui se rabat perpétuellement.

C'est dans cette perspective-là que je vois l'obsession et pas du tout à la manière psychiatrique, qui pose : il y a des symptômes obsessionnels. Que représentent-ils dans l'économie générale du sujet ? Et à partir de quelle époque, de quel événement vécu sont-ils apparus ? Voilà les questions que se pose le psychanalyste. Ils sont très souvent en rapport avec une mort non acceptée, que ce soit la mort de l'enfance, que ce soit la chute des dents.

Certains enfants, par exemple, font des symptômes obsessionnels en changeant de chaussures, en refusant de porter des chaussures nouvelles. C'est un symptôme obsessionnel assez classique. Ce sont plutôt les pédiatres qui le voient.

Cependant, comme il y a du désir, et que le désir ce doit toujours être nouveau, alors l'obsession bouge un peu. On ne parle donc pas de symptômes obsessionnels, mais d'enfant « inadapté », ayant des troubles. Troubles qui deviennent obsessionnels si on les dramatise et les stigmatise en donnant un nom à un comportement.

Au début, c'est un évitement de quelque chose de nouveau qui irait dans le sens du développement narcissique de l'enfant selon son sexe. L'enfant veut alors nier ce désir de se développer en allant-devenant, selon son sexe, garçon ou fille, vers l'Œdipe. C'est toujours, toujours, ce qui apparaît en analyse. C'est peut-être une grille obsessionnelle que je vous donne à mon tour ; je veux bien que vous disiez cela. En tout cas, jusqu'à présent, il se révèle tout à fait opérant, cliniquement, de comprendre que le symptôme obsessionnel se produit toujours soit pour éviter le développement vers l'Œdipe, soit parce que le sujet a calé sur une des composantes de l'Œdipe et qu'il la répète alors sans arrêt.

Car c'est également un symptôme obsessionnel de se coller à sa mère, n'est-ce pas. Je crois qu'un enfant ne peut pas se développer en se collant à sa mère. C'est un symptôme obsessionnel avec une des composantes de l'Œdipe – l'homosexualité ou le narcissisme –, incluant la nécessité d'être l'objet partiel de la mère au lieu d'en être castré en devenant soi-même un objet total qui a le pénis ou qui n'a pas le pénis, en reconnaissant que l'image du corps est dans un moment de castration. Si l'enfant n'a pas les possibilités ou les modèles ou l'autorisation, à cause d'interdits latéraux qui lui ont été donnés, de se diriger vers une option génitale – réceptrice pour la fille et émettrice pour le garçon –, il entre dans un symptôme obsessionnel : « Surtout je reste collé à maman. » Vous connaissez tous un banal symptôme obsessionnel qui apparaît entre quatre et sept ans chez l'enfant qui demande à sa mère la permission d'aller faire pipi ou caca, alors qu'il est par ailleurs autonome.

Ce n'est justement pas le comportement de l'enfant qu'il faut étudier, mais la triangulation, telle qu'elle apparaît dans le discours, et le rôle joué par la personne qui est le pôle d'identification de l'enfant dans cette situation triangulaire : pour savoir si ce tiers invite l'enfant à dépasser son attitude prégénitale, de sorte que, selon son sexe, il puisse investir l'objet partiel du corps qui est le lieu des pulsions génitales et les comportements transférés sur la culture qui sont en rapport avec son type de génitalité.

Vous voyez ? Tout est à remanier à partir de la structure triangulaire. On ne peut pas parler de symptômes obsessionnels sur la simple observation d'un comportement. C'est dans l'histoire du sujet par rapport à l'allant-devenant œdipien, par rapport à la castration œdipienne, qu'il faut les envisager. Ainsi, chaque fois qu'il y a une poussée génitale, que peut-on en faire si on est obligé d'imiter maman, mariée avec papa, et que celle-ci refuse qu'on puisse imiter une autre personne qu'elle – quand on est une fille – ou désirer une autre personne qu'elle – quand on est un garçon ?

Le garçon, par exemple, entre alors tout à fait dans des pulsions génitales, mais qui, au moment de la phase de latence, vont prendre le style obsessionnel.

C'est pourquoi – et comme toujours –, il faut que l'analyse envisage le comportement tout entier et notamment le moment à partir duquel le symptôme a commencé. Si c'est après une autonomie acquise, en général, c'est à la phase de latence. Si c'est à l'occasion d'une rupture d'équilibre dans la famille, du fait de la désunion des parents, de la mort d'un parent, de la régression d'un parent à la mort d'un de ses parents – quand, tout d'un coup, la personne support du moi idéal de l'enfant régresse –, lui n'a plus de soutien de la castration, il ne peut faire autrement que de tomber dans un symptôme obsessionnel.

Est-ce que c'est du baragouinage ce que je vous dis là, ou est-ce que vous comprenez ?

P. : Pourriez-vous développer un peu la question de l'articulation entre le narcissisme et l'accès à la génitalité ?

F.D. : On peut dire, du point de vue clinique, que l'autonomisation d'un enfant – assumer lui-même tout ce qui en est de ses besoins : se vêtir, se nourrir, se torcher sans aide, se réveiller à l'heure pour l'école, avec une aide minime – correspond au fait qu'il a introjecté vis-à-vis de son corps un comportement maternant et, en quelque sorte, une éthique culturelle conforme à celle d'un enfant de son âge, attendant, comme à l'affût, de s'identifier aux adultes de sa culture. Cet enfant est narcissisé au sens du narcissisme primaire, qui est celui que je viens de décrire, et au sens du narcissisme fondamental, qui est sa bonne santé.

P. : Alors, ce que vous appelez « narcissisme », c'est donc le *fait* qu'il devient une mère pour lui-même ?

F.D. : C'est qu'il devient une mère pour lui-même et qu'il se comporte d'une façon qui est conforme à celle des enfants de sa classe d'âge quand il est avec eux. Il est quelquefois casse-pieds en famille, mais, dès qu'il est à l'école, par exemple, il a son quant-à-soi : il ne se fait pas remarquer ; il est comme un autre. Il n'est peut-être pas encore dans l'Œdipe, mais il est adapté aux enfants de sa classe d'âge parce qu'il a une autonomie qui le met en sécurité. Il se materne dans n'importe quel espace et à n'importe quel moment. Peut-être pas la nuit, bien sûr : il aurait peur ; mais enfin, dans le temps où il y a des adultes et des enfants autour de lui.

Il a donc un narcissisme qui rend la vie avec des enfants de son âge sans menace pour lui comme pour eux. Il est mûr pour entrer dans une situation triangulaire qu'il a déjà en lui, et pour aller vers une génitalisation assumée, c'est-à-dire savoir de quel sexe il est. Son passé, il l'a intégré, puisqu'il est autonome ; il a, d'ailleurs, quelques souvenirs de son enfance, qui ne se présentent pas comme tels, mais sous forme de souvenirs-écrans, parfois d'histoires inventées, mais enfin qui se rapportent à ses souvenirs. Donc, il a un passé. Il est dans un présent narcissisé, c'est-à-dire en sécurité, puisqu'il sait se comporter de façon autonome.

Qu'est-ce qui lui manque ? C'est, dans une situation triangulaire d'appel génital – c'est-à-dire de provocation, par des personnes de l'autre sexe, de ses pulsions actives, si c'est un garçon, de pulsions passives, si c'est une fille –, de trouver en même temps un modèle pour savoir comment on peut répondre dans la culture à ces pulsions. C'est ce que lui apportent les maîtresses d'école, c'est ce que lui donnent les personnes de la vie sociale.

En revanche, à la maison, il est pris dans le piège de l'Œdipe, dans la rivalité avec le personnage du même sexe que lui, pour s'identifier à celui-ci et porter fruit charnel, c'est-à-dire avoir des bébés de l'autre (car, même s'il n'y a pas eu d'autre enfant, lui-même a été bébé). C'est d'ailleurs le moment où les enfants voudraient avoir un petit frère ou une petite sœur. Cela veut dire qu'ils sont engagés dans la voie d'un narcissisme allant-devenant génital, avec une frousse épouvantable de ne trouver en réponse que le personnage incestueux.

P. : Vous ne parlez donc, là, que du narcissisme sain, c'est-à-dire référé à une éthique progressive ?

F.D. : A une éthique progressive qui existe toujours chez l'enfant.

P. : Mais il y a aussi le narcissisme de l'enfant objet partiel de sa mère.

F.D. : Eh oui ! Il y a, en effet, des psychanalystes qui ne vous parlent que du désir des parents porté par l'enfant, comme si l'enfant n'en avait pas. C'est complètement faux ! Selon les psychanalystes, le désir de l'adulte projetant sur l'enfant apparaît plus ou moins prégnant. Il y a des cas, effectivement, dans lesquels l'enfant est complètement piégé par le désir des adultes dont il est l'objet partiel. Mais l'enfant n'est pas un objet partiel ! Il est affecté, il est « aspecté », si l'on peut risquer ce mot, par ses parents dont il prend la couleur, mais lui a toujours un désir de développement qui est inscrit dans son schéma corporel, toujours : même si les parents n'autorisent pas que son image du corps se structure en relation à eux. Je soutiens ça mordicus, et la tête sous le billot. *(Rires.)*

P. : *Sur* le billot ! *(Rires.)*

F.D. : Oui, « sous », c'est plus prudent. *(Rires.)* Avec cette histoire, n'est-ce pas, selon laquelle les enfants ne seraient que le reflet, le support, l'éponge du désir des parents, le « suggestionné » du désir parental, on vit en pleine magie. Un être humain naît du fait de son schéma corporel en tant que spécimen de l'espèce : il a des besoins, et inévitablement des besoins génitaux, mais qui n'arrivent à se manifester comme tels que s'il a déjà acquis la motricité pour les traduire : c'est-à-dire qu'il faut que cette motricité puisse se mettre au service de l'expression du désir génital. Et ce ne peut pas être avant trois ans et demi, quatre ans.

Cela commence – vous le savez tous – par l'exhibitionnisme. Tous les petits enfants, avec l'acquisition de la motricité, exhibent leur sexe. Ils le feraient certainement s'ils étaient élevés tout seuls, parce que ça fait partie des besoins depuis qu'ils sont petits ; mais se voir et voir les autres devient un pôle d'intérêt très important, puisque les pulsions motrices vont servir ainsi à exprimer les pulsions génitales de l'enfant.

Donc, parmi les besoins, il y en a toujours qui sont des besoins qui alertent le symbolique, c'est-à-dire le désir du sujet. Toujours.

Mais les parents, que font-ils dans ce cas ? Ils adoptent un style de réactions inhibiteur, ampoulé, plus ou moins camouflé. Or, quand un enfant ne se développe que névrosé, au moment où il arrive à la parole, c'est-à-dire à une castration orale, il parle de désirs qui inhibent les siens, mais les siens sont là tout de même. Je ne parle pas de ceux qui ne font que la bande magnétique d'une voix pointue qui n'est pas la leur : « Papapapapa... Tatatatata... » Ce ne sont pas eux qui parlent par leur voix ; ils répètent d'ailleurs uniquement des paroles entendues. Pourtant, quand ils répètent ces choses dites, ça veut dire : « Maman-avec-moi. » Ils sont en train d'introjecter la mère. Mais leurs désirs ne sont pas du tout ceux que la mère énonce. Ils en ont d'autres. Un enfant a des désirs tout au long de son évolution, et ce ne sont pas seulement les désirs des parents.

Le narcissisme de l'enfant est construit quand ses désirs sont sertis des sublimations de ses pulsions, sertis de paroles sensées pour les dire ou pour les cacher – parce que le mensonge est la plus grande des vérités : l'intelligence de cacher son désir, cela prouve déjà une très grande évolution. Un enfant qui ment est plus évolué qu'un enfant qui ne ment pas. Il a donc la parole pour servir ses désirs : soit pour les camoufler, soit pour les médiatiser en vue de les réaliser ; et ses comportements moteurs visent alors à conjuguer ses désirs avec le comportement d'autrui pour garder bonne entente avec lui.

P. : Comment situer, par rapport à cela, le narcissisme primaire ?

F.D. : D'une part, nous sommes constamment dans ce que j'appelle narcissisme fondamental, dont la traduction est l'équilibre en nous des rythmes biologiques. D'autre part, ce qu'on appelle, je crois, le narcissisme primaire, c'est de se materner, de se conduire dans son groupe d'âge. Ce narcissisme primaire débouche sur le désir prégnant qui fait entrer l'enfant dans l'Œdipe sous la forme normale : celle d'un désir conforme à son sexe. C'est au moment de l'entrée dans l'Œdipe que le désir se dialectise – l'élément féminin du triangle valorisant davantage le garçon dans son sexe puisqu'il rivalise avec le père, et la fille dans le sien, puisqu'elle rivalise avec la mère. Cette rivalité n'étant jamais satisfaite. Si cette rivalité n'est jamais satisfaite, l'enfant arrive d'autant plus vite à l'Œdipe qu'il peut exprimer verbalement ses désirs, ou les mimer, sans éveiller de jouissance chez l'adulte de l'autre sexe – si celui-ci ne voit rien. Car il y a des pères qu'on voit ne pas voir que leur enfant se masturbe sur eux. Mais c'est parfait ! Il ne faut surtout pas leur dire. Eh oui ! le père ne le voit pas : il est occupé d'autre chose ; l'enfant est chocolat ! c'est ce qu'il faut.

C'est là, aujourd'hui, le danger de ce que l'on prend pour des connaissances psychanalytiques : en face de situations de ce genre, il y a des jeunes thérapeutes qui croient qu'il faut normaliser les parents. Or, quand on voit l'enfant se masturber ainsi, il n'est pas question de le dire aux parents qui, eux, ne voient rien. On peut en parler avec l'enfant. Jouer corporellement son désir, c'est muet : il fait donc comme un animal. Puisqu'il a une ébauche des rapports sexuels de type animal, c'est qu'il fait un animal du conjoint de son parent rival, pour éviter justement la rivalité, alors que, ce qui lui est nécessaire, c'est d'entrer, en tant que garçon ou en tant que fille, dans la culture, au niveau des autres enfants.

P. : Le narcissisme secondaire se constitue donc lorsque l'enfant peut assumer son sexe dans le triangle œdipien ? C'est cela ?

F.D. : C'est plus que cela. Le narcissisme secondaire résulte de ce que le conflit œdipien a été résolu. C'est le narcissisme d'après la castration. Ce narcissisme secondaire n'est pas le même toute la vie. On peut dire que c'est un narcissisme, mais c'est aussi beaucoup plus, puisqu'il doit porter fruit ailleurs que dans la relation aux parents ; alors que, avec ces derniers, il est déjà difficile pour beaucoup d'enfants d'assumer des sublimations orales et anales. Parler avec ses propres parents – c'est une sublimation orale – est très difficile, surtout au moment de la puberté. Pour l'enfant petit, parler avec ses parents, c'était prendre langue et c'était en même temps une relation érotisée. Or souvent, elle n'a pas été assez désérotisée par l'Œdipe. Pourquoi ? Parce que les parents veulent que les enfants leur parlent. Alors que, s'ils n'obligent pas l'enfant à leur parler, il leur parlera. Si l'enfant voit que les parents jouissent quand il leur parle et qu'ils sont flagada quand il ne leur dit rien, alors c'est que l'inceste continue de jouer et que les parents ont besoin que leur enfant jouisse de leurs paroles, et *vice versa.* C'est à nous, analystes, de comprendre ces troubles, qu'on dit caractériels, qui se manifestent en famille et qui disparaissent complètement dès que l'enfant est dans une collectivité ou dans une autre famille, parce qu'il n'y rencontre pas de menace d'inceste. « Chez nous, il ne dit pas un mot. Ailleurs, il est gai, il parle », déclarent les parents. C'est parce que l'enfant sent chez ses parents une pointe d'inceste dans leur désir de le voir se confier à eux ; il y perçoit comme un désir de viol par l'intermédiaire de la parole. Cela ne signifie pas que ses parents soient pervers ; mais tout de même, c'est plus intéressant pour eux que l'enfant parle. Cela ne veut pas dire qu'ils prendraient l'enfant dans leur lit – pas du tout –, mais seulement que l'enfant n'a pas été castré sur le plan de sa parole : c'est-à-dire que, dans le triangle œdipien, il n'a pas été confronté au fait que la parole du conjoint avait plus de valeur que la sienne pour l'autre parent, lorsque ce conjoint était présent. C'est là que l'on voit comment joue le narcissisme secondaire qui provient justement de l'Œdipe et qui protège l'enfant. C'est par ce narcissisme secondaire qu'il se protège de l'inceste : en l'occurrence, par son silence. Alors que fait-il ? Il fait – pardonnez-moi l'expression – une « tête de cul ». C'est tout à fait ça. Il fait une « tête de derrière » à ses parents. Au lieu d'avoir un visage expressif – ce qui est déjà du langage –, il a une figure sans mimique avec ses parents. Dès qu'ils sont retournés, la mimique revient. C'est que, dans la rencontre scopique des parents avec son visage, il y a pour lui danger d'inceste, d'un inceste vécu sur ce mode-là. Admettons que ce soit un symptôme obsessionnel passif ; c'est possible. Quoi qu'il en soit, il se défend ainsi d'une communication qui porterait fruit sur un autre plan que celui de la génitalité, sur un plan latéral à celle-ci, mais qui pour lui s'y trouve inclus. C'est la séduction. Le garçon séduirait sa mère s'il était bien coiffé, s'il faisait bonne figure. Et la fille séduirait son père. L'enfant résiste, ne veut pas séduire son père par son aspect, par sa parole, par sa soumission à lui.

P. : N'est-ce pas parce que le père n'impose pas sa loi, comme on dit ?

F.D. : Quand on dit que la loi du père doit s'instaurer, ce n'est pas de sa loi à lui dont il s'agit, et qui ne vaudrait que dans cette famille-là, n'est-ce pas ? C'est de la loi qui conduira sa fille à une génitalité ayant sens dans la culture autant que dans la nature.

Mais on voit maintenant, au nom de la psychanalyse, les pères devenir des Hitler à domicile, alors que ce n'est pas du tout leur nature. Et les pauvres sont obligés de se forcer à tenir ce rôle. Ou bien, c'est le contraire : il faut laisser vivre les enfants cul par-dessus tête, parce qu'il ne faut pas les traumatiser. En fait, ces parents oublient que, la seule chose, si l'on peut dire, qu'un psychanalyste puisse les aider à faire, c'est à ne surtout pas s'occuper de ces problèmes-là. « Mais, monsieur, est-ce que vous avez avec votre femme assez de moments de solitude pour vous retrouver et n'être pas tout le temps sous la dépendance de vos enfants ? » Et si ça ne peut pas être avec le conjoint, peuvent-ils être avec d'autres adultes ? Vous voyez ? C'est comme ça que nous pouvons aider et les parents et les enfants. Et c'est énorme ! Je vois le nombre d'enfants qu'on prend en psychothérapie et qui ont besoin de trois séances, quatre séances, à l'époque de la prélatence ou au moment de la période de latence. Et je me rends compte, quand je retrouve des dossiers d'autrefois – j'en ai de très vieux –, que je prenais certains enfants cinq ou six fois seulement et j'arrêtais. En plus, je ne savais pas grand-chose ; je ne savais pas pourquoi, mais il y avait un moment où le conflit se dénouait, et c'était toujours quand la castration anale avait été acceptée jusque dans l'inconscient par des rêves. Or, ce qui s'était passé, c'était que j'avais parlé avec les parents de leur vie génitale à eux, et de la manière dont ils se laissaient piéger et envahir par les attitudes œdipiennes de l'enfant.

Sinon, l'enfant, en phase œdipienne, risquait d'entrer dans un traitement long, dans une psychothérapie de deux ans, alors qu'il fallait lui donner la castration et soutenir son père non pas à le battre – ce que souvent on croit être la castration –, mais justement à ne pas voir les troubles de son enfant. Or, ne pas les voir, c'est quelquefois simplement mettre l'enfant ailleurs ; le père disant seulement : « Je ne permettrai à personne de vivre comme cela chez moi. Puisque tu veux vivre comme cela, tu vas en pension. » Et pour l'enfant, ça y est ! « C'est que maman permet que papa fasse ça pour moi. C'est que je ne fais pas partie du trio. C'est qu'ils n'ont pas besoin de faire trio avec moi. » Enfin, le trio... Les parents peuvent être en dualité sans que choie le troisième. C'est cela qui guérit ces enfants qui, sinon, entreraient dans des névroses qu'on fabrique en les nommant « névroses » et qui sont des crises œdipiennes très lentes.

Je vous assure que, la crise œdipienne, ça prend de ces tournures psychiatriques ! Vous voyez des enfants qui n'ont pas dormi depuis huit jours, qui sont délirants, qui parlent sans arrêt, qui sont complètement fous. Tous les médecins disent alors de l'enfant : « Il faut l'interner. » Or cela fond tout seul, dès que l'on retrouve le petit incident initial, en étudiant de près comment cela a commencé, et comment tout le monde a fait de l'angoisse autour, au lieu de soutenir le garçon, par exemple, dans ce drame d'avoir à rompre vraiment avec l'attitude préférentielle du père homosexuel à son égard, ou de devoir renoncer à s'interposer dans la relation hétérosexuelle des parents. Dans ce cas, les deux parents se rapprochent davantage. C'est le contraire qui se produit si la mère lâche son travail pour s'occuper de l'enfant, ou si le père se dit : « Il faut déménager parce que ce petit n'a pas assez de place. » De même si le père décide : « On va le confier à ma mère. » Du coup, ça y est : la grand-mère retrouve avec cet enfant l'attitude possessive qu'elle avait déjà développée à l'égard de son propre fils. Le petit ne sait plus s'il n'est pas le frère de son père, puisqu'on le fourgue à la mère de son père. En le fourguant à la grand-mère, on le fait régresser à la génération d'avant.

Il est très important, dans une consultation d'enfants, de savoir jusqu'à quand un enfant a été adapté à ceux de son âge et depuis quand il vit avec un tas de symptômes – quelquefois très graves en apparence ; or on voit bien qu'ils ne sont pas graves du tout, à partir du moment où l'on a pointé la formidable tension de pulsions qui ne trouvent pas à s'exprimer, parce que tout le monde tourne en bourrique autour, y compris les psychothérapeutes dans les CMPP.

P. : Selon vous, c'est donc le fonctionnement institutionnel qui est en cause ?

F.D. : Je trouve affolant que, dans les CMPP – et cela depuis la création de la DDASS –, il faille six séances pour commencer à savoir de quoi il s'agit, alors que, dans tous ces cas de phase de latence, il suffit de trois ou quatre séances, à un mois d'intervalle : c'est la phase de latence qui ne commence pas, ce sont les sublimations scolaires qui ne se font pas chez un enfant qui pourtant a marché en temps, dont le schéma corporel s'est développé, qui a parlé à son âge, qui a eu des relations avec les autres enfants et qui, tout d'un coup, ne veut rien faire quand il arrive à l'école. Il ne peut pas sublimer ses pulsions, parce qu'il a plus d'avantages à angoisser ses parents qu'à s'adapter aux exigences de l'école.

D'ailleurs, maintenant, c'est aussi à la mode : on ne fait plus passer de QI. C'était très utile autrefois : on demandait que l'enfant passe un QI avant de le voir, et le test s'interprétait. Bien sûr, il ne faut pas prendre ce seul critère, mais c'est une indication. N'empêche que, quand vous êtes en présence d'un QI à 120, vous avez beau l'interpréter, il est tout de même à 120 : même si l'enfant est obsessionnel, un quotient comme celui-là représente des sublimations possibles en quantité dans la relation duelle questions-réponses. Vous pouvez donc être assurés qu'il n'a pas besoin d'une cure longue, mais d'une psychothérapie du désir depuis l'oralité, l'analité. Et, quand la castration orale est obtenue et qu'on a parlé du sexe de l'enfant, lui poser la question de ses éventuels succès amoureux dans sa classe d'âge ; rien que de la poser lance l'enfant dans la vie sociale.

On dit aux parents : « Vous avez bien expliqué à votre fille, n'est-ce pas, qu'elle ne sera jamais la femme de son père ni d'aucun de ses frères et que, tout ce qui est “ du zizi ”, ça peut se faire dehors, mais pas à la maison ? » Les parents entendent, l'enfant aussi. On ajoute alors à son adresse : « L'important, c'est : as-tu des fiancés ? Est-ce que tu en as ? » Elle regarde la mère avec affolement. « Tu n'es pas forcée de le dire à ta mère. Ça ne regarde personne que tu sois fiancée. »

De ce moment, les pulsions anales de l'enfant peuvent se vivre. Ce n'est plus dans l'analité que se trouve la libido. Elle est appelée vers la génitalité ; seulement, l'enfant ne savait pas que c'était son droit. Ce n'est pas du tout la peine de faire aux enfants des cours sur l'obstétrique, sur le coït, bref de faire de l'éducation sexuelle. Les choses doivent se passer tout autrement : dans le langage et dans l'échange affectif.

Pour qu'un enfant puisse quitter la triangulation, il faut que les deux pôles du triangle veuillent bien vivre entre eux une vie duelle, orientée vers un futur ; il faut qu'une triangulation soit axée sur un objet culturel et non pas sur l'objet enfant. Lorsqu'un couple n'a pas d'objet culturel de triangulation, eh bien, évidemment, l'enfant est obligé de rester entre ses parents.

C'est pour cela qu'il est très intéressant pour un enfant de venir chez un psychanalyste, car celui-ci devient momentanément le tiers. Grâce à ce tiers vis-à-vis des deux parents, l'enfant prend le large. Et il suffit d'un ou deux mois.

Tandis que, dans un CMPP, vous commencez d'office par six séances ; pour mettre en train, ensuite, une thérapie. Or le transfert dans lequel l'enfant va s'engager va l'obliger à avoir une relation duelle, homo- ou hétérosexuelle. Et pourquoi avec cette personne ? L'a-t-il choisie ? Quant au thérapeute, il ne voit plus les parents. Bref, on ne sait plus ce que l'on fait.

La psychanalyse d'enfants impose justement la compréhension de ces périodes de crise à l'âge de sept ans comme à la puberté où tout se remanie.

P. : La puberté ne pose-t-elle pas, selon vous, un problème différent ?

F.D. : A la puberté, précisément, l'enfant va pouvoir parler à des personnes qui ne sont ni son père ni sa mère. Je parle ici de la puberté chez des enfants qui, ayant bien traversé la phase de latence, se trouvent coincés dans une confusion de l'amitié et de l'amour, c'est-à-dire qu'ils ne peuvent pas aimer sur le plan culturel sans que cela mette en jeu le corps à corps. Ils n'ont pas compris que le corps à corps n'était pas une consommation obligatoire. Nous sommes aujourd'hui à une époque où les filles sont extrêmement manœuvrées : au point de croire que tout amour doit se matérialiser par « coucher avec » – sans quoi, elles se croient idiotes. Je pense que notre rôle est d'appeler la fille à une réflexion critique là-dessus. Car le garçon, lui, baiserait en effet une chèvre, une table, n'importe quoi. Alors, naturellement, il monte le bourrichon à la fille, parce que pour lui « ça fait mieux de baiser une fille ». Mais la fille n'est pas du tout dans la même situation par rapport à son propre sexe : qu'elle porte ou non un fruit vivant d'un contact sexuel, elle en garde toujours un fruit narcissisant ou dénarcissisant ; le garçon, pas du tout. Pourquoi cette différence ? C'est la question de la sexualité féminine. Je crois que cela tient à ce que pour une femme la sexualité se situe à l'intérieur du corps, à l'intérieur du schéma corporel. Une fille ne sait pas ce que c'est que le coït : pour elle, c'est jouer à l'objet partiel. Or la fille n'est pas un objet partiel. L'homme a un objet partiel ; il peut être urétral dans sa génitalité. La fille, elle, ne peut qu'être frigide. C'est tout ce qu'elle a pour se défendre d'avoir des relations d'objet partiel. En effet, chez une fille, le plaisir sexuel vient d'une éducation. Elle peut arriver à coucher avec tout le monde sans être frigide, mais pas au départ. Au début, elle peut coucher avec tous les garçons en croyant qu'elle jouit, or elle ne jouit pas du tout. C'est du « frotti-frotta ». Ce comportement-là, c'est du langage. Elle est très maligne, très avancée, mais elle arrête son narcissisme de femme en deçà de la jouissance et elle se fixe sur une éternelle adolescence.

C'est la différence des filles et des garçons.

*

P. : Pensez-vous qu'il faille parler de son attitude corporelle à un enfant, même quand il manifeste un symptôme, comme des tics par exemple ?

F.D. : Non, pas du tout, puisque, un tic, ce n'est plus dans le langage.

P. : Mais, en ce qui concerne un enfant très inhibé, qui s'assied sur la pointe des fesses au bord de la chaise, qui pendant toute la séance ronge ses mains... ?

F.D. : Je crois qu'il faut lui en parler : « Est-ce que ton derrière a peur de la chaise ou est-ce que tu n'as pas le droit de t'asseoir comme tout le monde, bien confortablement ? » Il y a même des adultes qui font la même chose. *(Rires.)* Naturellement, c'est de cela qu'il faut commencer par parler. Il y a des adultes qui s'installent chez vous dans la position la plus inconfortable. *(Rires.)* Moi, je crois que c'est une très bonne entrée en matière puisque, en psychanalyse, le divan, on le sait, doit justement permettre de se relaxer. Or certains se mettent d'emblée dans une position de défense : il leur faut véritablement tenir en équilibre par un effort constant de tout le corps. *(Rires.)* Moi, je crois que c'est une très bonne entrée en matière, au lieu qu'ils se lancent sur-le-champ dans de la grande psychanalyse de paroles farfelues. Il faut d'abord avoir un corps et avoir le droit de l'avoir. Peut-être que ça suffira d'ailleurs à une personne, au bout de quelques séances, pour se rendre compte que c'était ce qu'elle venait chercher. Lorsque vous voyez quelqu'un d'aussi mal assis, vous pouvez être certains qu'il est comme ça partout ; pas plus chez vous qu'ailleurs.

P. : Vous faites allusion là à la psychanalyse de divan ; mais, justement, on y évite ce genre d'intervention.

F.D. : C'est pour cela qu'il ne faut pas commencer une psychanalyse de divan avant pas mal de séances d'entretiens. Mais, à partir du moment où le patient est sur le divan, il n'est plus possible, bien sûr, de le questionner sur sa posture, puisque vous n'êtes plus en face à face. En revanche, dans les entretiens préliminaires, il y a beaucoup de manières d'aborder cette question. Cela dépend du style de l'analyste – il ne faut pas que tout le monde pense qu'il faut prendre mon style. Mais on peut demander, par exemple : « Est-ce que vous vous sentez à l'aise dans votre corps ? – Oh oui, généralement. – Eh bien, pas aujourd'hui. » On ne dit rien d'autre. Ils se rendent compte, à ce moment-là, qu'ils sont dans une posture défensive. On peut alors ajouter : « Eh bien, dites-moi pourquoi vous aviez justement pris à votre insu une position inconfortable ? » Ils se mettent à vous parler de leurs inhibitions devant quelqu'un, et vous voyez ainsi quel style de transfert ils avaient déjà amorcé.

P. : Généralement, le patient parle de lui-même de son malaise.

F.D. : En effet ; mais parfois il ne le dit pas avec sa parole, et il faut le questionner un petit peu sur ses motivations. Certains vous disent parfois des tas de choses très, très élevées – pour eux –, et finalement on voit que ce sont de pauvres gens qui n'ont même pas leur corps. Il faut en parler ; car on ne peut pas entreprendre dans ces conditions une psychanalyse, qui va durer des années ; sinon, ça va foirer. Le début peut être une psychothérapie, avant de passer à une psychanalyse. Quelquefois, cette psychothérapie terminée, ils n'ont plus du tout envie de parler de choses très abstraites, comme au début. Pourtant ils étaient venus pour cela. Ce sont d'ailleurs ceux qui vous parlent de psychanalyse, de bouquins, de théorie, qui sont sur le bout de leur chaise. Et ils veulent aller tout de suite sur le divan, parce qu'ils savent que c'est comme ça que ça se passe et qu'ils ont peur de parler. Il faut absolument leur dire : « Non ! on ne se lance pas dans une psychanalyse comme ça. Parlons-en d'abord. »

Vous n'êtes pas d'accord ? Vous pensez que celui qui vous demande une psychanalyse doit aller sur le divan d'emblée, sans savoir pourquoi, sans savoir ce que cela signifie, et sans vous avoir rien dit de lui dans le langage courant ? Ce n'est pas possible. Si vous avez en face de vous des gens ayant un habitus social, c'est-à-dire vous traitant en citoyen égal à eux, technicien de votre art, mais non supérieur à eux, eh bien oui ! c'est qu'ils sont en mesure de faire une psychanalyse.

Mais ceux qui sont là à se tortiller sur leur siège, à vous servir du « Docteur » par-ci, « Docteur » par-là, non ! Il faut d'abord parler avec eux ; qu'ils aient fait ou non une étude auto-analytique à l'aide de bouquins. Il est d'autant plus nécessaire, selon moi, de les mettre à distance dans ce cas : qu'ils ne soient pas trop proches de l'analyste, et même plutôt assez loin ; et, éventuellement, disposer un troisième terme – crayon, papier – devant eux. Ils ne s'en serviront peut-être pas, et, de toute façon, vous ne regarderez pas ce qu'ils en font s'ils n'en parlent pas – c'est la parole seule qui compte –, mais, si vous leur donnez quelque chose à manipuler – parce que ceux qui précisément sont tellement mal à l'aise dans leur corps ont généralement besoin de se servir d'un objet –, vous les verrez, un beau jour, se mettre à griffonner et à parler beaucoup plus aisément à ce moment-là. Puis c'est : « Ah ! j'ai quelque chose à vous dire. » Et ils se détendent de plus en plus. « Je crois que maintenant je pourrais prendre le divan. »

Mais, en ce qui me concerne, jamais je ne me permets à la première séance d'indiquer le divan. Il est très fréquent que les enfants, en psychothérapie, demandent à aller sur le divan. A partir de huit-neuf ans. « Est-ce que je peux me mettre là ? – Bien sûr. Mais tu parleras seulement ; et je t'écouterai. Si tu as besoin encore de venir dessiner ou modeler, tu pourras retourner à la table. » C'est très intéressant, car ils se placent ainsi immédiatement dans le registre du fantasme. N'obtenant plus une réponse sur votre visage, ils entrent dans une période plus profonde de leur analyse. Souvent d'ailleurs en se taisant ; quelquefois même en s'endormant. Eh oui !

Je me rappelle à ce propos une histoire tragique, car elle a fini par la mort subite du père, événement dont je crois qu'il était en rapport avec le traitement de l'enfant.

Il s'agissait d'un enfant qui se présentait avec ce visage typique qu'on appelle le « faciès adénoïdien » – ça ne donne pas l'air très intelligent. Cet enfant avait, entre autres symptômes, une débilité mentale (60 de QI). Il était le cinquième d'une famille de sept enfants ; un petit frère était mort à deux ans, quand lui-même avait quatre ans. Il était un peu retardé au départ. Il avait beaucoup sucé son pouce. C'était, disait-on, à cause de cela qu'il avait déformé à ce point son palais : il avait une voûte palatine tout à fait ogivale et les dents un peu en avant. Vous voyez le visage de cet enfant. Mais, le symptôme qui dérangeait le plus ses parents – il avait à ce moment-là huit ans –, c'était qu'il avait un priapisme constant, qui ne se calmait que quand il dormait profondément. Si bien qu'il était assez impressionnant à voir. C'était au point qu'il fallait qu'il soit habillé par le tailleur du père – ces gens étaient très aisés : le père était un responsable dans une banque. On le faisait donc habiller par le propre tailleur du père. D'ailleurs, les vêtements de cet enfant juponnaient par-devant, tant ce priapisme constant était « dangereux » pour tout le monde, si je puis dire, d'autant qu'il « blessait » le regard. Cet enfant, que son visage faisait déjà remarquer, avait de plus ce sexe pointé, et énorme d'ailleurs, disait-on.

Il m'avait été envoyé par un grand pédiatre de l'époque. Son médecin avait suspecté l'éventualité d'une tumeur surrénale, en voyant ce sexe si important, proéminent dans son pantalon. C'était l'enfant dont il semblait qu'il n'y avait rien à tirer. *(Rires.)* Je veux dire : comme paroles ! *(Rires.)*

Il venait à la table, écrasait de la pâte à modeler, faisait des traits. Il était de très bonne volonté et complètement con. *(Rires.)* Et puis, un beau jour, il s'est mis sur le divan.

Le père et la mère étaient venus me voir. Tous les enfants étaient en bonne santé. Lui semblait le seul un peu en retard, mais de caractère doux et en bonne santé physique. On avait tenté en vain de lui ôter la petite serviette qu'il suçotait constamment ; enfin, on avait essayé les moyens habituels de stimulation. Il est vrai qu'il avait perdu, à six mois, une bonne avec laquelle il riait beaucoup. De ce moment-là, il était devenu triste. La mère était très occupée avec les aînés – c'était, je l'ai dit, une famille nombreuse – et, d'ailleurs, si elle avait des gens pour l'aider, c'est qu'elle avait des obligations de représentation sociale. Et puis, cet enfant-là était un peu décourageant pour elle : il avait toujours le même désir de reprendre sa mimique de suçotement du pouce, en prenant son nez et sa couche. Voilà les symptômes que présentait cet enfant.

Le père m'avait dit, dans les premières séances, à propos du priapisme de ce petit : « Il faut absolument que ce symptôme disparaisse. Le médecin me dit qu'il n'a rien d'organique, mais il a évidemment un sexe beaucoup plus développé que ses frères au même âge [à huit ans]. Mais enfin, il paraît que c'est d'ordre psychologique et qu'une psychothérapie peut l'aider. Ah ! Madame, cet enfant, c'est vraiment le seul que j'aime. Mes enfants aînés [le plus âgé avait dix-sept ans] me donnent beaucoup de satisfactions. Ils réussissent, mais aucun n'est affectueux avec moi comme celui-là. » Il avait ajouté : « C'est drôle à dire, mais, pour moi, c'est un teckel. Vous savez combien les teckels sont affectueux. » Je lui ai demandé alors : « Eh bien, est-ce qu'il a avec vous, du fait de ce priapisme, des attitudes déplacées ? – Oh non ! jamais. Il est comme ça physiquement, mais jamais il ne se touche, jamais rien. »

Je prends donc cet enfant en psychothérapie au rythme de deux séances par semaine, et, je vous le répète, il n'y avait pas grand-chose en fait de communication de sa part, mais une très, très bonne volonté. Or, un beau jour, il quitte la table et va se mettre sur le divan. Il ouvre sa braguette, il prend son membre, il s'y cramponne comme à un mât de bateau et se balance, de gauche à droite, sans arrêt, en chantant parfaitement en latin les deux premières phrases du *De Profundis,* de la messe des morts. *(Rires.)* De toute la séance, je n'ai pas dit un mot : j'écoutais la messe des morts. *(Rires.)* Enfin, j'ai dit : « La séance est finie. Rhabille-toi. » *(Rires.)* Ce qu'il fit.

Et la mère me le ramène à la séance suivante en déclarant :

« Son symptôme a disparu. » Il n'avait plus de priapisme. Il retourne au divan. Je lui dis : « Non, ce n'est pas la peine aujourd'hui. *(Rires.)* On va parler de ce qui s'est passé la dernière fois. » J'ai vu alors qu'il ne voulait pas venir trop près de moi, je lui ai dit de s'asseoir plus loin et je lui ai demandé : « Qu'est-ce qui s'est passé la dernière fois ? » Il m'a regardée, étonné. Je lui ai rappelé : « Tu étais sur le divan. » Alors je lui raconte tout ce qu'il a fait, et je lui dis : « C'était la mort de qui ? – La mort de moi quand j'étais le petit frère. » C'est formidable !

Il s'en va, cette fois après avoir vraiment parlé. Puis, dans la semaine, la mère me téléphone au lieu de le ramener à sa séance, et me dit : « Nous avons un grand malheur. Mon mari est mort d'une crise cardiaque à la banque. Moi, je ne sais pas, je ne sais rien. » Je lui dis : « Mais il faudra que je revoie le petit. – Mais, vous savez, il va très bien. Il parle avec tout le monde, il est complètement transformé. »

J'ai seulement appris par la suite, par le médecin qui me l'avait adressé et qui le connaissait lui-même par les Enfants Malades, que, sauf un petit retard scolaire, cet enfant était devenu comme les autres.

Qu'est-ce que c'est qu'une histoire comme celle-là ? Je n'en sais rien ; mais voilà ce à quoi parfois nous nous heurtons. Or je n'ai rien poussé, si je peux dire, et pourtant cet enfant a liquidé son problème de jalousie, de mort, de perte d'identité de lui-même à la mort du frère. Il avait retrouvé la messe des morts, et il avait assisté à la messe des morts. Était-ce là l'intuition de la mort de son père ? Je n'en sais rien. Je n'en ai pas su davantage. Le symptôme avait disparu après cette séance tout de même mémorable.

P. : Mais pourquoi ce symptôme ?

F.D. : Mais je ne sais pas. Je vous le demande, si vous en avez une idée.

Peut-être les pulsions génitales ont-elles joué dans le schéma corporel de façon hystérique, sans aucun fantasme viril, puisqu'il n'avait aucun comportement masturbatoire, d'après ce qui m'avait été dit. Il était hébété, avec ce membre qui parlait. Peut-être était-ce là seulement, par ce membre, qu'il cherchait à s'humaniser. Mais à s'humaniser comment ? Par un dire de la mort. Son père l'aimait – comme la consolation peut-être de la perte de ce petit qui était mort, un enfant très intelligent, de deux ans plus jeune, et qui, lui, n'avait pas connu ce retard et ces incidents de début de maternage, à ses six mois, comme son aîné. Ce père disait : « Ce petit est ma consolation. Quand je rentre le soir, c'est le seul qui soit affectueux avec moi. »

P. : L'enfant avait donc assisté à la messe d'enterrement ?

F.D. : A celle-là ou à une autre.

P. : Mais, s'il avait assisté à celle-là, peut-être à ce moment-là y avait-il eu un émoi en lui ?

F.D. : C'est possible. Mais ce ne sont que des peut-être. Malheureusement, je ne peux pas vous en dire plus. Il y a des situations où nous sommes bien ennuyés d'être allés si vite. Pourtant, c'est curieux, je n'ai rien fait pour ça.

P. : Ce qui est curieux, c'est que la mort du père n'ait rien modifié.

F.D. : Rien, justement. On l'avait mis à l'école, on essayait de lui faire ânonner des lettres et de lui faire comprendre des trucs qui lui passaient complètement au-dessus du bonnet. Il n'était pas lui-même. Il est devenu lui-même en chantant cette mort, couché et cramponné à son sexe. C'est là que l'on voit que les pulsions de mort et les pulsions sexuelles ont joué ensemble.

Il y avait eu après lui encore un autre petit frère, lequel

avait apparemment très bien toléré la situation ; il se développait bien.

Cet enfant priapique avait une sensibilité très particulière ; il avait réagi de cette façon à des événements vécus sur lesquels je n'ai pas appris plus que ce que je vous ai dit.

Là, on voit vraiment le blocage obsessionnel. Il apparaissait comme un débile psychotique. S'il n'y avait pas eu ce symptôme physiologique socialement gênant, jamais aucun médecin n'aurait pensé à l'envoyer en psychothérapie ; la motivation était seulement l'espoir de voir le symptôme se modifier. Il avait été vu par les grands pontes de Paris ; jusque-là, on avait cherché une base organique à son anomalie. Le priapisme est une chose assez rare. C'est du reste le seul cas que j'ai vu, le seul enfant qui soit venu pour le symptôme : priapisme.

P. : En tout cas, chez les débiles, même hystériques, il y a toujours une forte composante obsessionnelle.

F.D. : Toujours. Les débiles psychotiques sont obsessionnels et phobiques.

P. : Non ; je veux dire qu'en psychiatrie même ceux qui ont l'air d'être hystériques...

F.D. : Ceux qui ont l'air d'être hystériques sont – je le crois – à la fois obsessionnels et phobiques. L'hystérie, c'est alors un processus de symptômes réactionnels à un état phobique. C'est pour éviter le danger qu'ils font tout un feu d'artifice ; pour mettre à distance, pour jouer à manipuler le monde par rapport à leurs fantasmes qui les mettent en danger d'être violés ou peut-être dévorés. Il y a une angoisse de viol, peut-être pas d'un viol génital, mais d'un viol optique, d'un viol auditif, ou le fantasme d'une entité dévoratrice. Si on leur demande : « Qu'est-ce que tu dis ? » ils se mettent à baragouiner n'importe quoi, l'air débile, parce qu'ils ne veulent pas parler clair sur ce qu'ils ont à cacher de leurs désirs archaïques, remontant à des images du corps de l'âge nourrisson, en tout cas d'une autre époque.

En ce qui concerne cet enfant-là, j'ai abordé la question de la jalousie à l'égard du petit frère mort, à la séance qui a suivi celle du chant funèbre.

Au moins, j'ai entendu qu'il avait la voix très juste et qu'il connaissait tous les phonèmes et les rythmes de ces phrases en latin. Disait-il bien les mots ? Je ne connais pas tout le *De Profundis* par cœur. Mais sa litanie avait commencé par les premiers mots du psaume *Clamavi ad te Domine.* Il avait ensuite psalmodié en prononçant des syllabes. Bref, sur ce divan, il chantait la messe des morts et d'une voix juste.

Malheureusement, cela se passait il y a très longtemps ; je n'ai pas eu d'autres nouvelles de lui que celles que m'a données le médecin de famille qui les connaissait – ce médecin qui disait, en me le confiant, qu'on n'avait rien compris à son cas et qui tout de même n'a pas établi de relation entre le changement chez l'enfant et la mort du père. C'est moi qui l'ai faite, cette relation, pensant que ce père avait vu son enfant changer si brusquement qu'il ne l'avait pas supporté.

Il y a des liens dont la perception nous échappe. A ce moment-là, peut-être aurais-je dû demander au père d'être présent aux séances de son fils. Je ne le faisais pas systématiquement à cette époque. L'enfant était discrètement accompagné par quelqu'un, quelquefois par sa mère. J'ai dû le voir une douzaine de fois, pas plus. Et chaque fois tout était stéréotypé : il écrasait un peu de pâte à modeler et faisait des petits traits, pour me faire plaisir. Que vivait-il ? Je ne pouvais rien en dire. Il ne répondait rien, il était comme une chose. Mais peu à peu se faisait sans doute un travail silencieux de compréhension profonde, qui, un jour, a voulu s'exprimer sur le divan. Et, le jour où tout ça est venu, il était comme dans un rêve. Ce jour-là, il ne pouvait rien dire d'autre. Il n'était pas conscient. Il revivait quelque chose dont il n'aurait pas pu parler à ce moment-là.

Je vous ai parlé de ce cas pour vous montrer qu'il y a des enfants qui prennent le divan. C'est toujours significatif, chez eux, d'une volonté de descendre beaucoup plus profond.

*

P. : Pourriez-vous nous dire un mot du lien entre la pulsion scopique et les pulsions orales ?

F.D. : Eh bien, ce n'est pas la peine d'aller très loin pour le rencontrer. Le langage commun en a le savoir, puisque l'on dit : « Il dévore des livres. » Ce sont les yeux qui mangent les lignes en suivant des courbes. D'ailleurs, vous voyez bien des enfants qui n'arrivent pas à lire parce que leurs yeux n'ont pas de mobilité. Ils ne peuvent pas parcourir, courir, des yeux. Ils bégaient des pieds qui sont dans les yeux. Ils restent sur place.

Les yeux, c'est vraiment le lieu de toutes les pulsions passives et actives. Dévorer des yeux, c'est courir ; mais on peut stagner devant un mot ; on peut bégayer du regard au point de ne pas pouvoir avancer. C'est parce qu'ils ne peuvent pas lire que les enfants ânonnent. Ce peut être aussi qu'ils n'ont pas d'appétit pour le sens que recèle le texte écrit.

J'ai publié un cas d'un jeune enfant devenu infirme psychomoteur par hystérie [1]. Il jouait tout ce qu'il voulait au piano, mais il était incapable de déchiffrer une note, de lire un mot ni d'écrire. Il avait une agilité extraordinaire dans les doigts, pourvu qu'on lui maintînt les bras, parce qu'il ne pouvait pas non plus tenir seul ses bras.

Vous savez certainement que beaucoup d'enfants très musiciens sont incapables de dessiner. D'ailleurs, la plupart des

1. « Léon », *L'Image inconsciente du corps*, Paris, Éd. du Seuil, 1984, p. 288 *sq.*

adultes musiciens dessinent mal. Ils veulent représenter le plan de leur maison, et ça ressemble à la tour Eiffel. Quand les pulsions auditives sont prévalentes, il n'y a pas de représentation dans l'espace par des lignes géométriques mais par des rythmes. Ces enfants musiciens produisent une expression graphique des rythmes ; leur dessin n'est pas le transfert d'une représentation visuelle.

P. : Et les enfants matheux ?

F.D. : A l'inverse, les matheux sont tellement préoccupés des différences qu'ils sont très précis dans leurs dessins. Ils font des dessins à caractère un peu obsessionnel, avec quantité de précisions, de détails. Tout ce qui est de l'ordre d'une petite différence revêt une importance pour eux. Les mathématiques, c'est – comment dire ? – exploiter les différences, jouer sur la logique des différences. Je crois que les mathématiques sont des sublimations de type anal-urétral.

Cela me fait penser à deux cas de jeunes femmes (de structure hystérique). La première était la mère d'une petite fille que j'ai vue à Trousseau – une enfant qui était une très grande obsessionnelle, complètement inhibée. La mère avait été une excellente matheuse : elle était entrée à l'École normale d'institutrices et elle y avait connu son futur mari. Elle était amoureuse de cet homme, sans le savoir. Il était matheux lui aussi. Ils excellaient tous les deux dans les disciplines scientifiques. Le jour où elle a dû se rendre compte qu'elle avait un désir, parce qu'il était partagé, elle a commencé à avoir quantité de difficultés en face des problèmes de maths, et même d'arithmétique – puisqu'ils faisaient pas mal d'arithmétique dans cette formation. Et puis, un jour, il lui a donné son premier baiser ; le lendemain, elle ne comprenait plus rien au calcul, mais rien, rien, rien ; à tel point qu'elle n'a pas terminé l'École normale et qu'elle a dû s'en aller. Et cette femme, qui avait été reçue dans un très bon rang à l'École normale, a perdu complètement tout son savoir en calcul ; elle n'était même pas capable de faire un problème simple, sinon pour le cours élémentaire ; car, au-delà du niveau de la huitième, elle n'était plus capable de rien du tout. Elle s'était complètement bloquée. Son mari avait trouvé ça très drôle *(rires)* et avait déclaré que ça n'avait aucune importance. Depuis, elle était devenue une ménagère obsédée. Auparavant, elle avait toujours été en pension. C'est une histoire qui remontait à la génération de ses grands-parents. Je ne peux pas vous la raconter, parce que ce serait trop long.

Quant à sa fille, qu'elle avait amenée à Trousseau, elle était complètement bloquée en tout depuis qu'elle avait atteint le niveau de classe où sa mère avait cessé de pouvoir l'aider. L'enfant a commencé à se bloquer en calcul. La mère ne s'est pas frappée ; elle laissait faire. C'était trop œdipien pour l'une et l'autre. La petite ne pouvait pas prendre les puissances anales ménagères de la mère, sans lesquelles une fille ne peut rien faire : rien « manipuler » dans son cerveau, ni dans la maison ; l'enfant était devenue ainsi, à la limite, catatonique ; l'expression de son visage était complètement fermée.

Le traitement, qui a eu lieu au lendemain de la guerre, a été très intéressant par le rôle qu'y a joué le fantasme. Cet enfant était incapable de dessiner autre chose que des tout petits ronds – pour me faire plaisir, peut-on dire –, parce qu'elle souffrait beaucoup de cet état qu'on pourrait dire d'aboulie culturelle. Nous avons pu arriver à fantasmer sur ces petits ronds : de quelle matière seraient ces petits ronds si c'était un dessin de quelque chose qui existait en vrai ? Elle est parvenue à me dire que c'était un caillou ; mais il lui a fallu du temps : ce ne fut ni à la première, ni à la deuxième séance. Puis on s'est demandé si, ce caillou, on pouvait le casser, etc. Je l'ai engagée à faire un rêve en s'endormant. Dans ce rêve, le caillou s'est cassé. En séance, elle a dessiné le caillou cassé. Il était très épais, mais il restait, à l'intérieur, une toute petite place dans laquelle il y avait une fourmi.

Cela, elle ne l'a pas trouvé dans son rêve, mais dans le fantasme qu'elle a développé en racontant son rêve en séance avec moi. Et alors, la petite fourmi était affolée de ne plus être protégée par le caillou. Je lui ai dit : « Parle-lui à la fourmi. Dis-lui qu'elle peut chercher le caillou. Tu es là. Tu lui permettras de rentrer dans le caillou. » Bref, c'était vraiment l'image de « rentrer dans un utérus protecteur ». La fourmi est allée voir un peu partout – enfin, dans le fantasme – et, cette semaine-là, l'enfant a commencé à se décrisper, à se désinhiber. C'est venu assez rapidement. Mais la mère, elle, n'en a pas retrouvé pour autant son savoir en arithmétique.

Je vais tout de même vous raconter l'histoire de la mère, parce qu'elle est éclairante dans un cas comme celui-là, où l'on voit que l'enfant entrait vraiment dans la schizophrénie.

La mère avait une sœur âgée de deux ans de plus qu'elle. Ces deux sœurs étaient les filles d'un homme qui avait un frère âgé de deux ans de plus que lui. Ce frère était stérile, il n'était pas marié et, surtout, ne voulait pas entendre parler des femmes ; par ailleurs, il avait une bonne situation. Quant au père des deux filles, il avait mis celles-ci à l'Assistance publique. L'aînée avait alors six ans ; et, quand elle a atteint treize ans, il a eu un remords et il les a retirées de l'Assistance. Elles ont donc un peu connu cet homme aisé qui vivait bourgeoisement, richement même. Il les a amenées dans une villa du Midi, en leur expliquant : « Je suis votre père. Je vous avais mises en pension. Maintenant, je suis bien installé, nous allons vivre ensemble, moi, vous et votre mère. » (Enfin, celle qui leur tenait lieu de mère.) Cette femme m'a déclaré, d'ailleurs, que sa « mère » était insignifiante, qu'elle se comportait comme une enfant avec son mari.

Le père a donc gardé ses filles quelques mois. Elles allaient au lycée de la ville où il habitait. Or, tout d'un coup, un jour d'été, il a dit : « Ce n'est pas possible ! Ce n'est pas possible ! » et il les a remises à l'Assistance publique qui a voulu les replacer chez leur ancienne nourrice. Celle-ci a déclaré :

« Mais moi, maintenant, j'en ai deux autres. Je ne peux pas les reprendre. » L'Assistance publique les a donc gardées en institution et les a inscrites au lycée. Elles n'ont jamais revu leurs parents.

Les deux frères (le père et l'oncle) étaient, eux, les fils d'une jeune fille qui avait été mariée à quatorze ans avec un garçon de quinze ans, avec l'autorisation forcée, peut-on dire, du président de la République de l'époque – qui était peut-être Jules Grévy, je ne sais pas –, parce qu'elle était enceinte. C'est donc une histoire qui a commencé par la femme. L'amoureux qui en était responsable était un garçon du même village qu'elle. La fille était d'une famille aisée ; ce n'était pas le cas pour le garçon. Cependant les parents, devant cette situation, ont décidé qu'il fallait marier ces deux enfants. D'où la demande de dispense adressée au président de la République. Une fois mariés, ces jeunes ont eu, coup sur coup, les deux fils dont j'ai parlé, qu'ils ont abandonnés à l'Assistance publique quand ceux-ci ont atteint respectivement deux et trois ans ; c'est-à-dire quand leur mère avait dix-sept ans et leur père dix-huit.

La mère de la petite « catatonique » avait le même idéal que sa sœur aînée : devenir institutrice. Elle était donc entrée à l'École normale où elle avait connu ce garçon dont elle était tombée amoureuse. Quant à sa sœur, elle était comme l'oncle paternel : célibataire et sans enfant. C'est cet oncle qui a recherché ses nièces à la mort de son frère. C'est grâce à cela, du reste, que l'on a su toute l'histoire – une histoire extraordinaire –, et que tout a pu s'éclairer. C'est donc lui qui les a dotées, leur père étant mort. Il les a fait rechercher pour pouvoir leur léguer leur héritage. Et, s'il a pu les retrouver, bien qu'elles aient été abandonnées, c'est qu'elles avaient un nom.

Cet oncle, après les avoir dotées, est mort très rapidement ; il s'était placé de lui-même, bien avant l'âge de la retraite – il avait environ cinquante ans –, dans une maison de retraite de vieillards. C'est ainsi qu'il s'est éteint : après avoir doté ses deux nièces. C'est une histoire très curieuse. Et c'est lui qui leur a raconté l'histoire de leur famille.

La sœur aînée, elle, avait continué ses études et était devenue interprète ; elle savait plusieurs langues et circulait dans le monde entier, mais en ayant complètement raté sa vie sentimentale. Elle disait : « Ce n'est pas possible. Avec la vie que nous avons eue, avec les parents que nous avons eus, ce n'est pas possible. » Elle ne pouvait pas arriver à nouer de relations amoureuses un peu stables, mais elle était restée intelligente ; c'était même une femme particulièrement intelligente ; elle avait une très belle situation.

On voit dans ce cas la culpabilité liée aux pulsions dites génitales, touchant la fécondité.

Jusqu'à ce que l'aînée ait six ans, les deux sœurs n'avaient jamais été véritablement élevées par le père ou la mère, mais par des bonnes, à la maison ; c'est alors qu'elles avaient été placées à l'Assistance publique, c'est-à-dire chez une nourrice à la campagne. Évidemment, cette nourrice, elles l'avaient beaucoup aimée ; si bien que, dans le train qui les emmenait vers leurs vrais parents, censés les reprendre définitivement – alors que cela n'allait durer guère plus que le temps des vacances –, la normalienne me disait que, à chaque coup martelé par les roues sur les rails – vous savez ce bruit rythmé : « doudoum ! doudoum ! doudoum ! » –, elle faisait le vœu : « Qu'ils ne soient pas à la gare ! Qu'ils ne soient pas à la gare ! Qu'ils ne soient pas à la gare ! » Et cela tout au long du voyage. Or les parents étaient à la gare.

Elle avait gardé un souvenir insipide de ses vacances avec ses parents, regrettant tout le temps la nourrice, que finalement elles n'ont pu, ni l'une ni l'autre, retrouver par la suite. Elle espérait, n'est-ce pas, qu'elle retournerait dans le pays où elles avaient vécu toutes deux, jusqu'à l'adolescence. De plus, je l'ai dit, ces deux sœurs étaient d'âges très rapprochés ; elles avaient exactement le même écart d'âge que leur père et leur oncle. A l'époque où j'ai vu cette femme, la normalienne, elle devait avoir une trentaine d'années. Elle était donc née pendant la guerre de 1914. Son père et son oncle étaient de la fin du XIXe siècle. La grand-mère de cette femme était donc née à l'époque de la guerre de 1870.

Chez l'enfant de cette normalienne, tout est parfaitement revenu. Cette petite souffrait beaucoup. Elle venait de loin avec sa mère pour son traitement. Elle avait déjà été vue par plusieurs psychiatres et c'est à Saint-Anne qu'on l'avait adressée à Trousseau. Cette attitude catatonique, c'était un trouble grave pour une enfant entre huit et dix ans.

Je crois que ce qui avait joué pour cette petite c'était, au moment œdipien, l'interdit des pulsions anales ; parce que, pour elle, c'était précisément par les pulsions anales, le travail ménager exemplaire, que la mère était la femme de son père. L'enfant ne pouvait pas continuer à avoir une scolarité réussie, puisque c'est ce qui rendait malheureuse les femmes – et particulièrement sa tante. Quand celle-ci venait leur rendre visite, elle apportait des tas de cadeaux, mais la mère disait d'elle : « La pauvre ! Vraiment, quelle vie, puisqu'elle n'aime personne ! » Les parents de la petite étaient très heureux et s'entendaient fort bien. La mère n'était pas frigide du tout ; quant à sa sœur, elle n'était ni lesbienne ni hétérosexuelle : elle n'était rien, elle n'était que travail (interprète polyglotte). Elle n'était donc pas un modèle de féminité, mais plutôt de mascarade sociale, de réussite professionnelle.

Qu'est-ce qui restait à l'enfant ? Sans doute avait-elle été castrée sur le mode du : « Ce n'est pas toi qui auras les bébés de papa », mais sans possibilités de travail, ni de manipulation mentale, intellectuelle, laquelle est un transfert de la manipulation issue des pulsions phalliques orales et anales avec les mains, le cerveau, les yeux, les oreilles. Elle était donc comme figée, privée de toute sa motricité. Il est certain que, dans un cas comme celui-là, une rééducation psychomotrice n'aurait rien pu faire du tout.

L'autre cas auquel je pense est celui d'une jeune fille qui en était déjà à son deuxième ou troisième certificat de licence de maths et qui voulait préparer ensuite l'agrégation. C'est une jeune fille que nous connaissions par relations. Elle était venue à Paris pour faire ses études supérieures. Elle venait nous voir de temps en temps pour déjeuner. C'était une excellente matheuse.

Or un jour, je suis appelée au foyer où elle logeait, par la personne responsable qui me dit : « Il faut venir ; nous la trouvons très mal. Nous ne savons pas très bien ce qu'elle a, mais elle n'est plus du tout comme avant. – Mais qu'est-ce qu'il y a ? Elle est malade ? – Ah ! Je ne sais pas si elle est malade, mais elle n'est plus comme avant. » J'y vais avec mon mari, la directrice nous déclare : « Elle ne s'habille plus, elle ne se coiffe plus, elle n'a plus d'heures, ni pour dormir ni pour travailler ; elle est tout le temps au travail, elle amène ses livres à table. Elle oublie tout ; elle ne dessert pas son assiette. » Bref, ça a commencé par des petits signes moteurs ; elle ne pouvait plus faire certains gestes comme tout le monde ; sa motricité était en quelque sorte déphasée. Mais elle restait très gentille : aucun trouble du caractère, aucune agressivité.

On lui fait dire que nous sommes là. Elle s'exclame alors : « Pourquoi êtes-vous venus? Ah! Je suis inquiète de papa, je suis inquiète de papa. » Son père était effectivement souffrant à ce moment-là, mais il n'y avait pas de quoi s'inquiéter – c'est-à-dire qu'on ne savait pas, à l'époque, qu'il y avait de quoi : en effet, il est mort deux ans après d'une urémie. Mais, à ce moment-là, il était seulement surmené. Elle répète : « Je suis inquiète de papa. » Mon mari lui dit : « Je vais demander de ses nouvelles. Mais ça suffit à vous déranger comme ça ? – Oui, j'ai des cauchemars tout le temps. »

C'est intéressant à noter, parce que, ses cauchemars, c'étaient des fantasmes de phallisme détraqué. On aurait pu croire que c'était le père qui était la cause de ses troubles ; en fait, c'était tout son phallisme à elle qui était ébranlé : c'était maintenant

– donc tardivement – qu'elle subissait la castration phallique.

Je suis restée avec elle, je lui ai dit : « Il s'est certainement passé quelque chose. » Alors, elle s'est effondrée en larmes : « Je n'aurais pas dû. Il fallait bien. Il aurait fallu que j'attende la fin de mes études. Je n'aurais pas dû ! – Mais vous n'auriez pas dû quoi ? » Eh bien, simplement, elle était amoureuse, sans avoir eu de rapports de couple d'ailleurs ; elle n'avait pas de culpabilité d'avoir une vie sexuelle – du reste, sa famille était d'esprit très ouvert –, mais elle était amoureuse passionnée d'un étudiant en maths, et, parce qu'elle était amoureuse, elle ne pouvait plus faire de maths, ni avec lui, ni seule. De ne plus pouvoir faire des maths, elle ne pouvait plus rien faire.

Et qu'a-t-elle fait alors ? Eh bien, elle a accepté cette situation. Elle est d'abord venue me voir. Je lui ai proposé d'aller parler à un psychanalyste. « Mes parents n'ont pas d'argent », m'a-t-elle dit – ce qui était vrai, d'autant qu'il y avait beaucoup de frères et sœurs dans sa famille. « Je vais voir, je vais voir, a-t-elle ajouté. Je vais en parler à Untel [le garçon qu'elle aimait]. » Et il a fallu qu'elle lui fasse accepter qu'elle ne ferait plus de maths.

Elle s'est très, très bien recyclée, si l'on peut dire, puisqu'elle est devenue agrégée de lettres. *(Rires.)* C'est son ami qui lui a expliqué quelles démarches il fallait faire. Je crois qu'elle a pu obtenir quelques équivalences pour poursuivre ses études de lettres. Mais elle est devenue un véritable zéro en maths, alors qu'elle était tout à fait matheuse auparavant. Là, ce sont les parents qui n'y ont rien compris. Mais, là aussi, ces deux jeunes gens ont fait un couple heureux.

P. : Est-ce que cela ne se passe que pour les femmes ?

F.D. : Je ne sais pas. Je n'ai pas l'expérience pour les hommes.

P. : Dans le cas précédent, c'était aussi le premier baiser pour le mari.

F.D. : Oui, mais, lui, ça ne l'avait pas ébranlé du tout.

La normalienne, au début de ses études, on avait commencé par l'encourager, puis on lui avait donné quinze jours de repos parce qu'elle était surmenée ; on avait essayé tout ce qu'on fait dans ces cas-là. Mais, finalement, les articulations mentales, si je puis dire, qui permettaient le travail mathématique étaient complètement à zéro : même ses possibilités en arithmétique n'étaient plus que celles d'un enfant ; elle avait perdu sur ses acquisitions d'après l'âge de huit ans. Elle avait régressé uniquement dans ce domaine-là.

Mais, alors qu'elle n'avait pas du tout le génie – comment dire ? – ménager (elle avait toujours vécu en pension depuis qu'elle avait quitté sa nourrice), elle a retrouvé la lessive. Son mari m'a raconté comment elle faisait la lessive. Il avait eu beaucoup de mal à lui apprendre à faire la lessive de manière plus civilisée : elle voulait la faire comme la faisait sa nourrice. Tout était en identification à la nourrice, qui était une femme sans instruction. C'est peut-être aussi parce qu'ils vivaient dans une bourgade qu'il en a pris finalement son parti : sa femme était comme une ménagère sans instruction. Il ne lui restait que l'instruction primaire de base. C'était tout. C'est extraordinaire !

C'est vraiment là une castration qui joue sur des pulsions qui avaient l'air d'être sublimées, mais qui, en fait, étaient restées érotisées.

Quand l'érotisation s'est déplacée dans la fixation sur un garçon, tout ce qu'il y avait de phallique en elle s'est trouvé représenté par ce garçon ; il ne restait plus rien de phallique pour elle.

Cela s'est répercuté au deuxième niveau, celui de sa fille, chez laquelle ne subsistait rien de phallique anal – et ce, lorsque la petite est arrivée à l'âge auquel sa mère avait régressé dans sa vie avec son mari : huit ans.

Voilà deux exemples concernant le calcul, les mathématiques et les différences, sur fond d'hystérie.

2

Traumatismes

A propos du rythme des séances - Petite fille perverse, psychotique, sadisée par un adulte - Traumatisme : rencontre de l'imaginaire et de la réalité - Psychoses d'origine traumatique : Le retour du père mort - Le dessin de la rosace et le mot « putain » - Un enfant-loup.

P. : En ce qui concerne la fréquence des séances, en psychothérapie on ne sait pas très clairement d'après quels critères elle est fixée par une institution.

F.D. : Eh oui, ce n'est pas très clair. Mais, même en supposant que l'on ait autant de temps que l'on voudrait, je crois que le rythme des séances demande toujours de la part du thérapeute un jugement, une décision. En psychothérapie, le travail se fait surtout dans les interséances. Ce qui importe donc, c'est que la relation au thérapeute soit constamment présente d'une façon préconsciente chez le sujet ; qu'il ne l'ait pas oubliée d'une séance sur l'autre. D'ailleurs, cela se voit bien : le sujet commence une séance là où il a terminé la précédente. On est très étonné parfois de voir que, après deux mois de vacances, aussi bien les adultes que les enfants reprennent exactement là où ils s'étaient arrêtés. C'est qu'ils n'ont absolument pas perdu de temps ; ils n'ont pas régressé pendant l'absence du thérapeute. Cela donne à réfléchir sur la nécessité de la fréquence et de la régularité des séances.

Au début, je faisais comme tout le monde. Je pensais qu'il fallait voir l'enfant deux fois, ou même une fois par semaine au minimum, si les parents le pouvaient.

De ce point de vue, il y a aussi un compte à faire. Car il faut faire en sorte que la psychothérapie ne devienne pas dans la vie consciente de la famille le souci majeur des parents et un sacrifice d'argent trop grand pour eux. Il est vrai qu'aujourd'hui la séance est quasiment gratuite dans les CMPP. Cependant, cela prend du temps et coûte à la famille eu égard aux autres enfants. Car ces derniers voient celui qui a des symptômes, celui qui est régressif, intéresser beaucoup plus les parents qu'eux-mêmes. C'est tout à fait classique. D'où des troubles surajoutés dans la fratrie.

C'est cela qui m'a fait adopter une fois un principe différent, pour une enfant très, très perturbée, perverse, psychotique. Le résultat a été fantastique.

Les parents avaient remarqué d'ailleurs que, au bout des périodes de quinze jours par exemple qui suivaient une série de séances, l'enfant manifestait un besoin de me voir, demandant « si elle allait voir la dame ». La mère ayant quatre enfants, j'avais pensé qu'il était dangereux pour toute la famille – que cela pouvait créer un déséquilibre – que la mère vienne souvent. En effet, elle accompagnait sa fille. Elles venaient de loin, de l'est de la France, et restaient plusieurs jours à Paris pour une série de séances consécutives.

La petite fille était perverse dans son comportement, en ce sens qu'elle allait mettre du caca dans les boîtes à gâteaux, qu'elle crachait exprès dans les plats, dans la soupe – enfin, tout ce qu'on peut voir du même genre ; elle ne pouvait même pas marcher, parce qu'elle s'emmêlait les pieds : le pied droit allait à gauche, le pied gauche à droite ; au troisième pas, elle tombait par terre. Vraiment, la perversion était jusque dans son corps.

Dans les premières séances, elle m'a raconté tout le mal que sa maman lui faisait. Elle inventait les pires sévices et les dessinait, assurant que c'était sa mère qui les lui faisait subir. Quant à moi, lorsque cette mère accompagnait sa fille, je ne voyais qu'une brave femme, tout à fait débordée par la situation, incapable d'avoir jamais été méchante avec sa fille.

J'écoutais. J'avais d'abord écouté les deux parents. Le père avait perdu sa mère à trois ans. C'était important, parce qu'il avait été élevé alors par une sorte de vieille bonne de curé – ou à peu près –, son propre père ne s'étant jamais remarié sous prétexte que cela aurait pu nuire à son fils. Le pauvre homme s'était donc sacrifié. Il était mort à l'époque où j'ai reçu les parents de cette petite. Il avait eu une vie sexuelle, mais il avait sacrifié sa vie de couple et laissé cet enfant aux soins d'une dame rétro. Tous les soirs, on dînait avec papa. Alors que ce pauvre homme aurait pu mettre son fils en pension et se remarier, quitte à « traumatiser » l'enfant. Quoi qu'il en soit, c'était ainsi.

De sorte que, comme par hasard, le père de la petite a jeté à son tour son dévolu d'affection sur un vieillard à demi aveugle qui est devenu le centre de la famille : c'était le jardinier. Ce vieillard qui ne pouvait plus couper sa viande était le grand amour de la petite. Il représentait pour elle le grand-père qu'elle n'avait pas connu. Le père, de son côté, était très gentil avec le vieillard. Pourquoi ? Parce que le vieil homme avait lui-même perdu sa femme quand son fils avait quatre ans. Il avait élevé son enfant seul, en gagnant sa vie ; et son fils était devenu quelqu'un de valeureux. Le père de la petite avait donc pris au foyer ce vieux monsieur qui, naturellement, était comme un pauvre chien galeux qu'on aidait. Pour la petite, il était d'ailleurs la seule personne avec qui elle avait des rapports humains. Avec tous les autres, elle se montrait haïssable ; elle était forcément chassée de partout. De plus, elle était laide. Elle est devenue très jolie au cours de son traitement. Elle avait en fait une laideur d'enfant perturbée.

Que s'était-il passé ? Nous avons compris pendant le traitement qu'elle n'avait pas été sadisée par sa mère, mais, à l'insu de celle-ci, par sa jeune bonne, une orpheline qu'on avait retirée de chez des religieuses à quinze ans. Devant la mère, cette jeune fille faisait quantité de mamours à la petite. Or le hasard a fait qu'un jour le parrain de l'enfant, ayant oublié chez eux son cache-col, est revenu le chercher. Il a entendu des hurlements de sa filleule, littéralement traquée. Pourquoi la mère ne l'emmenait-elle pas avec elle ? Parce que, à cette époque-là, elle était en train de préparer un déménagement ; et elle avait à s'occuper du petit frère qui avait treize ou quatorze mois. Il se trouve que l'aînée était très frileuse. La maison dans laquelle la mère allait surveiller les travaux n'étant pas chauffée – c'était l'hiver –, elle laissait donc sa fille de deux ans et demi avec cette bonne qui semblait être si gentille avec l'enfant. Ce n'est que grâce au retour inopiné du parrain que la mère a appris que la bonne était perverse. Entendant hurler sa petite filleule, cet homme a demandé à la bonne ce qui se passait. Or elle a mis longtemps à ouvrir la porte. « Mais que se passe-t-il ? – Oh ! elle est punie. Elle n'a pas le droit de vous voir. Elle a été très méchante. » Et puis, ce fut tout. Il n'en a pas su davantage. Il a dit ensuite à la mère : « Tu sais, je crois que ta bonne est fausse. En public, elle a l'air d'être très, très gentille ; mais j'ai l'impression que, quand elle est seule avec l'enfant, elle est très sadique avec elle. »

La mère est donc revenue une fois à l'improviste et elle est tombée sur un tableau épouvantable : la bonne poursuivait la petite avec un tisonnier, la menaçant de la brûler. Que cela ait été vrai ou pour jouer, toujours est-il que la petite se sauvait en hurlant, grimpant dans la maison à toute allure, tandis que l'autre riait d'un rire sardonique en courant après elle.

Naturellement, la mère a mis cette fille à la porte, mais avec une grande pitié, parce que c'était une orpheline. Elle lui a d'ailleurs cherché une autre place ; la bonne est donc allée faire son grabuge ailleurs. *(Rires.)* Sans doute chez une personne qui ne lui a pas confié complètement son enfant.

N'empêche que la mère avait dû se méfier déjà un peu de la bonne parce que celle-ci détestait le petit frère de la petite. Cette bonne déclarait : « Les petits garçons, moi, je n'aime pas ça. Je n'aime que votre fille. Elle est si mignonne. » Et puis, dès que la mère avait le dos tourné, elle s'en prenait à l'enfant. Elle l'aimait certainement, en effet, mais elle l'aimait sadiquement. C'était son objet de plaisir à terroriser.

Or, cette enfant est restée fixée dans son imagination à cette femme qui lui donnait des jouissances sadiques masochistes. C'est cela qui l'a pervertie. Elle ne se consolait pas que cette bonne soit partie, parce qu'elle ne retrouvait plus les sensations fortes que celle-ci lui procurait. Elle tentait de les retrouver en provoquant, en embêtant tout le monde. Par son comportement pervers, elle continuait de s'identifier à cette bonne qui avait été son objet d'identification depuis sa naissance jusqu'à l'âge de presque trois ans.

C'est au moment de son entrée à l'école que ça a commencé : elle s'est mise à renverser les enfants. Puis, peu à peu, elle a régressé – elle qui était très agile, étant petite – au point de ne plus pouvoir même obéir à son schéma corporel, comme en témoignait le fait qu'elle croisait les pieds en marchant ; à quoi s'ajoutait le double strabisme interne et une voix suraiguë.

Le traitement a consisté à la laisser dire tout ce qu'elle avait à sortir, moi l'entendant comme si j'avais été sa mère, mais seulement en faisant écho à ce qu'elle disait, et sans rien en rapporter à sa mère. D'ailleurs, un beau jour, c'est sorti. Elle a nommé la personne qu'elle dessinait, en ajoutant que c'était la bonne. Moi, dans le transfert, j'étais l'enfant, c'est-à-dire elle-même. Bien sûr, elle aurait voulu jouer sur moi ses fantasmes. J'ai dit : « Non, on ne fait pas les choses pour de vrai ; on les dessine. »

En psychanalyse d'enfants, il ne faut pas se laisser piéger à entrer dans un jeu psychodramatique. Cela peut arriver, mais pas plus d'une fois ; ensuite il faut rappeler à l'enfant qu'il s'agit seulement de représenter. Il faut un troisième terme. Il ne faut pas que vous serviez à la fois de tiers et de modèle en tant qu'analyste. En paroles seulement. Mais, pour un enfant qui ne parle pas encore bien, ou qui parle mal, il faut la médiation du représenté. Elle, elle parlait bien. De toute façon, il faut que ce soit par un troisième terme que l'enfant s'exprime, pour que l'analyste reste celui qui est le témoin de ce qui se dit, et, tout autant, pour que l'analyste qui est dans l'enfant soit le témoin de ce qu'il fait. C'est toujours la même chose : l'analyste, il est dans l'enfant. Pour pouvoir être son propre analyste, il faut qu'il y ait une distance par rapport à ce qu'on exprime. Or, il n'y a pas de distance s'il y a une satisfaction corps à corps avec le psychanalyste. Ça devient du jeu. Ce n'est plus de l'analyse.

Ce traitement s'est d'ailleurs déroulé très rapidement. L'enfant a été guérie. Mais c'est vraiment l'un des cas les plus graves que j'aie vus. Or la mère n'y était pratiquement pour rien du tout. La pauvre femme, si elle l'avait compris plus tôt !

Les parents formaient un couple qui se tenait extrêmement bien ; ils s'aimaient. Excepté cette petite, qui était l'aînée, les autres n'avaient absolument pas été touchés.

P. : Pourquoi l'enfant ne s'est-elle pas identifiée à la mère pour se défendre contre cette bonne ?

F.D. : Elle ne pouvait pas, puisque cette bonne disait de la petite fille, devant la mère : « Elle est si gentille ! » La mère ne l'avait jamais vue être méchante avec son enfant, jamais. Elle n'était méchante avec la petite que lorsqu'elle était en situation de jouissance duelle. L'enfant était l'objet érotique de cette jeune fille, mais jamais en présence de la mère. Quand la mère était là, la bonne s'identifiait à la mère. Elle se mettait au diapason de la mère. C'était une jeune fille non structurée, comme le sont les pervers : elle vivait son érotisme.

On ne peut pas toujours savoir de qui l'enfant a été un objet de satisfaction perverse. Parfois, cela s'est passé à l'insu de la mère. Dans ce cas, la mère l'a appris, heureusement. Sans cela, la situation aurait duré. Et que se serait-il passé si l'enfant avait continué d'être au contact de cette jeune fille ?

Ce qui a été traumatisant pour elle, c'est qu'elle en a été séparée à un âge où elle était absolument sous ce charme pervers ; elle avait alors des orgasmes dus à sa terreur, orgasmes qu'elle a voulu retrouver ensuite. Elle cherchait donc une situation de transfert où, finalement, elle se mettait à jouer à l'égard des autres ce que cette jeune fille avait joué sur elle ; c'est pourquoi cette enfant se faisait rejeter par tout le monde. Du coup, elle a fait une régression, ne retrouvant pas la jouissance qu'elle avait éprouvée ; car le sadisme pervertit, en donnant des satisfactions érotiques, masochiques, intenses.

P. : La mère aurait pu être à l'affût d'un symptôme quelconque.

F.D. : Il n'y avait pas de raisons ; car elle ne pouvait voir l'enfant éprouver des orgasmes aussi forts que ceux qu'elle avait en hurlant comme elle hurlait. Quand la mère revenait, tout le monde était au calme : celle qui avait joui d'agresser et celle qui avait joui d'avoir été agressée. L'enfant était à l'âge de la relation homosexuelle archaïque.

Quelle que soit la façon dont une mère ou une femme traite érotiquement un enfant, ce qui donne des satisfactions érotiques à l'enfant, c'est ce qui le pervertit.

P. : Cette petite n'avait donc pas pu s'inscrire symboliquement dans le triangle parental ?

F.D. : Non, effectivement.

P. : Vous avez retracé toute l'histoire du côté du père ; du côté de la mère, qu'en était-il ?

F.D. : La mère avait eu un Œdipe tout à fait équilibré, mais elle n'avait pas eu de frère. De sorte qu'elle ne pouvait vivre le comportement de son mari relativement à ce qu'aurait été celui d'un frère de classe d'âge, si l'on peut dire. C'est un problème chez les parents qui n'ont pas connu d'amitiés mixtes. Elle avait été élevée dans une école de filles, elle avait connu des jeunes gens lorsqu'elle était jeune fille. Jusque-là, elle avait eu un père qui élevait bien ses filles ; elle n'avait pas de problèmes avec son père. Quant à son mari, c'était un homme très valeureux, mais il avait gardé, si vous voulez, cette idéalisation de la mère qui était morte (elle ne pouvait être qu'idéalisée pour lui, à l'âge qu'il avait quand elle était morte) ; de sorte qu'en toute femme il voyait une femme idéale. Sa femme lui convenait très bien.

D'autre part, lui qui était orphelin aurait eu envie que la jeune orpheline trouve chez eux un foyer ; on avait soi-disant créé un foyer à cette fille, ce qui s'était révélé parfaitement illusoire. Le père, lui non plus, ne pouvait se rendre compte de la vie que faisait cette orpheline qui s'identifiait à la petite – laquelle avait un père et une mère –, mais en voulant la posséder. De plus, elle vivait ses pulsions partielles érotiques sur cette enfant.

P. : La souffrance de cette enfant n'avait donc pas été entendue par les parents ?

F.D. : A aucun moment, en effet. C'était le problème. Ou, plus exactement, le problème, c'était qu'il ne s'agissait pas d'une souffrance seulement, mais d'une jouissance dans la souffrance.

Je n'ai parlé qu'une fois à la mère, je crois ; c'est tout ; pour empêcher surtout qu'elle ne croie que, selon les traditions de la psychanalyse, il fallait qu'elle vienne pour cette enfant toutes les semaines. Du reste, ces gens étaient « juste » sur le plan financier. Nous avons donc établi une situation compatible avec leur budget familial, de façon que cette enfant perverse ne serve pas non plus de modèle aux frères et sœurs qui auraient pensé : « Ah ! Si on est pervers, on a maman pour soi tout seul, en voyage, deux fois par semaine. » C'est pourquoi j'ai procédé autrement : cinq jours de suite toutes les cinq semaines. Puis on en est venu à quatre jours de suite toutes les cinq semaines ; puis tous les mois ; puis trois jours de suite au même rythme ; enfin deux jours de suite, puis une fois par mois seulement. Et ça a été fantastique. En moins de huit mois déjà, elle était totalement guérie.

Je ne crois pas que j'aurais eu le même résultat si je l'avais vue une fois régulièrement, à la petite semaine, si elle avait habité Paris. Le dérangement et la tension pour cette série de séances donnaient une très, très grande valeur à sa venue. De plus, il se faisait un deuil formidable le dernier jour d'une suite de séances, avec une réaction d'une très grande agressivité de sa part contre l'abandon : j'étais méchante parce qu'elle ne me reverrait pas le lendemain. Je lui exprimais alors qu'elle souffrait parce qu'elle ne me reverrait pas le lendemain, parce qu'elle habitait loin ; mais j'allais la revoir dans un mois.

Elle a d'ailleurs fait presque tout son traitement à penser en négatif. Là où elle serait devenue positive, elle n'avait plus besoin de moi : elle avait sa mère.

Je n'ai entendu que des injures, que des : « Tu es une idiote, tu es une imbécile. » Elle entrait dans le bureau à toute allure, sous pression, me lançant des injures et des sottises, et c'est de cette manière qu'elle guérissait au fur et à mesure.

Elle a rattrapé tout son retard scolaire et elle est devenue la plus humaine des enfants avec ses frères et sœurs, avec tout le monde. Vraiment, c'est extraordinaire !

Dans un cas comme celui-là, il s'agit du seul traitement de l'enfant. Le père, je l'ai entendu une fois, la mère une fois. Cette femme, je n'ai pu que la plaindre ; et puis ce fut tout.

L'enfant étant en traitement, il n'y avait aucun conseil à donner à la mère.

Cette enfant, je vous l'ai dit, avait les yeux en double strabisme interne, c'était la même chose pour ses jambes, si je puis dire ; quant à ses mains, dès qu'elle les approchait de quelque chose, tout dégringolait ; elle ne pouvait rien toucher. On aurait dit un apragmatisme de clown, si ça n'avait pas été si tragique. De plus, elle n'avait rien de vivant, elle avait les cheveux mal portants. Enfin, somatiquement, du point de vue circulatoire, elle était très touchée ; trouble qui datait de l'âge de vingt et un mois. Elle ne cessait d'ailleurs de parler du froid. C'est venu assez vite dans la thérapie : le froid ; il n'y avait que le froid, de la glace. La nuit, elle dormait extrêmement mal. La mère s'en était rendu compte. Alors, elle lui avait laissé la petite lumière. Elle savait que sa fille était frileuse ; c'est tout. L'enfant avait très souvent les doigts morts ; c'était un problème de circulation. La mère ne s'était pas aperçue que, la nuit, la petite souffrait du froid et que c'était pour cela qu'elle ne dormait pas. D'ailleurs, dans ses fantasmes, la nuit, il y avait des diables qui lui mettaient de la glace sur les pieds. J'ai demandé à la mère de la couvrir beaucoup plus qu'on ne devrait, de lui mettre des chaussettes de laine et même des gants de laine pour la nuit. Elle pouvait les retirer bien sûr, si elle le voulait ; mais, du moins, qu'elle ait de la laine sur le corps. A partir de ce moment-là, elle a dormi la nuit.

Je ne sais pas du tout comment les pulsions de mort peuvent en arriver à provoquer de l'aversion pour la chaleur puisque, généralement, dans les pulsions de mort du sommeil, on se réchauffe – à condition d'être couvert normalement. Or la mère disait : « Pourtant, elle est bien couverte ; mais, en effet, chaque fois que j'y vais, elle a les pieds gelés. » Elle n'avait pas pensé à lui mettre des chaussettes. Cependant, quand elle se réveillait la nuit, qu'elle avait ces cauchemars, la mère allait la voir.

Si cette enfant n'avait pas fait partie d'une famille vraiment très humaine, attentive à elle, elle se serait trouvée déjà depuis quatre ou cinq ans dans un hôpital psychiatrique.

Je n'ai pas su ce qui pouvait avoir surdéterminé, d'autre part, cet état psychotique de mort vivante, de déviance chez cette enfant.

Ce qu'elle racontait en fait de supplices sadiques, en les imputant à sa mère, était vraiment épouvantable. Sa mère était très attentive à l'égard de sa fille, désireuse de la sortir de sa situation ; mais la petite était comme indifférente à elle. Elle n'a embrassé sa mère qu'à la moitié du traitement, et même elle semblait avoir peur de le faire. Elle l'embrassait, et puis elle se sauvait. La mère m'a dit : « On dirait qu'elle a peur de m'embrasser. »

La jalousie à l'égard des petits frères, nés après elle, ne jouait absolument pas dans ce cas-là. Elle était vraiment partie dans une histoire érotique, complètement fantasmatique, et elle n'était plus du tout dans la réalité. Et elle avait un comportement gravement pervers : elle avait tout de même failli empoisonner le jardinier.

Elle avait investi ce vieillard, un an avant que je ne la prenne en traitement ; il était devenu son souffre-douleur. Comme il était aveugle, il ne pouvait jamais se douter de rien. La mère était très vigilante, depuis que la petite avait mis de la mort-aux-rats dans la soupe du vieillard. Elle allait mettre des bêtes dans son lit – enfin, elle était très, très agressive. C'est à cela, d'ailleurs, que je voyais qu'elle était intelligente. Elle était d'une laideur caractéristique, qui exprimait tout à fait son mal-être physique. A quoi s'ajoutait donc son strabisme. Or tout s'est remis dans l'ordre de l'axe du corps. Elle avait été, en effet, littéralement désaxée par cette situation érotique de plaisir, d'érotisation dans la souffrance, dans la terreur.

A partir du moment où le nom de la bonne est revenu à

l'enfant, la mère est revenue à sa place. Jusque-là, les deux images étaient totalement confondues pour elle.

J'ai seulement interprété que, si elle voulait faire souffrir le vieillard, c'est qu'elle voulait le faire mourir comme un rat, parce que c'était de cette façon qu'elle avait été traitée elle-même. Elle est devenue très, très gentille. C'est du reste à sa gentillesse avec ce vieillard que la mère a pu constater le changement. C'est donc qu'elle était devenue très gentille aussi avec elle-même.

*

P. : Nous voudrions vous poser une question qui n'est pas encore très élaborée pour nous, mais qui a émergé dans notre groupe à propos du travail thérapeutique en institution avec des enfants de la DDASS, donc retirés à leur famille ou abandonnés. Il n'est pas question, bien sûr, de faire une catégorie à part de ces enfants puisqu'on rencontre chez eux toutes les structures. Le point sur lequel nous avons buté très vite dans les premières séances de travail du groupe était la notion même de traumatisme : comment les enfants pouvaient-ils garder le souvenir de leur abandon par leurs géniteurs ? En tenant compte de la manière dont tout cela est véhiculé par l'entourage – en particulier les familles nourricières, les assistantes sociales –, pouvait-on parler là d'un moment traumatique, de quelque chose qui serait arrivé dans la réalité ?

F.D. : Bien sûr, c'est arrivé dans la réalité, mais il se peut que cette réalité ne soit accessible, dans une cure, que grâce à des souvenirs-écrans.

P. : Pour moi, ça a fait rebondir en tout cas un certain nombre de questions ; notamment celle de savoir ce qui vous amène à essayer souvent de retrouver, derrière le matériel qu'apporte l'enfant, quelque chose de la réalité.

F.D. : Toujours, en effet. Et ça vous semble original ?

P. : Non. *(Rires.)* Mais comment est-ce que vous êtes conduite à cette démarche ?

F.D. : Si la psychanalyse est la psychanalyse, c'est qu'elle recherche ce qui se répète, et elle recherche dans tout comportement de l'enfant une répétition de quelque chose de déjà vécu. Notre optique, ce n'est jamais de faire la thérapie de l'actuel. Ça, c'est ce qu'on appelle les thérapies de soutien. Je ne dis pas qu'elles n'ont pas d'existence, mais ce ne sont pas des thérapies psychanalytiques. Une psychothérapie de soutien, c'est une psychothérapie de l'actuel, dans laquelle le thérapeute utilise le transfert sans analyser la relation de l'enfant à sa personne, en tant que répétition d'une relation ayant déjà existé. En psychanalyse, en revanche, nous cherchons à remonter à l'origine de ce style de relation que le sujet a avec l'autre. Nous sommes pour le moment avec lui ; parfois, il est dans une relation fusionnelle d'ailleurs ; celle-ci ramène forcément à la première relation fusionnelle de l'enfant à la mère. En dernier ressort, il y a toujours quelque chose de cet ordre dans l'analyse, à un moment donné, pour que l'analyste puisse parler un langage symbolique qui soit compris par l'analysant et que l'analysant parle un langage que nous, analystes, nous entendons. Car ce n'est pas tout de parler français. C'est pour cela qu'on s'attache au signifiant : justement parce qu'il est par-delà même la langue grammaticalement parlée.

Je crois qu'on ne peut pas procéder autrement si on fait une thérapie psychanalytique.

P. : Je crois que la question sur laquelle nous avons achoppé était la suivante : est-ce que considérer ce qui est effectivement arrivé dans la réalité, ce n'est pas reprendre un peu un chemin freudien vers la réalité du traumatisme, alors que l'intensité d'un traumatisme dépend peut-être de l'âge de l'enfant ? Dans ce cas, la répétition du traumatisme en thérapie serait elle-même plus ou moins intense.

Je pense par exemple à certaines nourrices qui mettent beaucoup sur le compte du traumatisme initial. Le travail d'élaboration que l'on peut faire avec elles de ce qui, dans leur attitude, est forcément actuel peut permettre à l'enfant de répéter le traumatisme ou bien justement de passer au-delà. Or on met tout sur le compte du traumatisme vécu dans la réalité à un certain moment, alors que, je crois, son incidence est très différente selon l'âge de l'enfant, selon le moment de la relation qu'il avait avec ses parents géniteurs.

F.D. : Certainement. Ce qu'on appelle un traumatisme, généralement, c'est la rencontre de l'imaginaire et de la réalité, rencontre qui ne permet plus de faire la différence entre le champ de l'imaginaire et le champ de la réalité. Je crois que c'est cela qui s'appelle traumatisme en psychanalyse.

Un traumatisme dépend aussi du moment où il est vécu par l'enfant. Il y a des traumatismes qui sont subis par le corps et qui ne sont pas symboliques d'une rupture de la relation avec la mère réelle ; il s'agit alors d'une rupture de la relation à la mère imaginaire de l'enfant.

Exemple d'un traumatisme qui n'est pas une rupture d'avec la mère dans le réel, dans la réalité physique : une opération des amygdales. L'enfant n'a pas été séparé de sa mère dans la réalité, mais il peut avoir rompu avec sa mère orale. Il se peut aussi bien que ce soit pour lui le moment du sevrage d'avec la mère orale ou, au contraire, un événement qui le rendra infirme, dans la mesure où il ne pourra plus jamais faire le lien entre la mère actuelle et celle d'avant.

De même, le traumatisme qui rend un enfant autiste peut être une séparation de sa mère dans l'espace et dans le temps. Lorsque c'est à la fois dans l'espace et dans le temps qu'il en est séparé, alors qu'il ne sait pas encore qu'il existe sans sa présence à elle, il s'agit d'un traumatisme. C'est pour cela que l'enfant tombe, comme nous disons, dans l'autisme. Si je dis qu'il « tombe », c'est qu'il s'agit d'une chute dans une image du corps du passé, le sujet ne pouvant continuer son cheminement avec les pulsions qui investissent son corps actuel. Il retourne donc à son corps du passé, et il attend. Il attend le retour de la mère d'autrefois. Un traumatisme est quelque chose sur lequel l'enfant bute et qui le fait rester sur place à un passé qui n'est même plus un passé : son corps de besoins est alors sans désirs associés, sans repères.

Je peux vous donner un très bon exemple de cas dû à un traumatisme : celui d'un enfant qui a été envoyé, à treize ans, à l'hôpital Trousseau pour être placé, parce que, tout ce qu'il faisait, c'était de déchirer des petits papiers à la fenêtre toute la journée, depuis on ne savait même plus combien de temps. C'est un hasard, si on veut, qui l'a fait découvrir : son père, ouvrier, avait eu un accident du travail à l'usine, une fracture du bras ; et, depuis qu'il était rentré chez lui, une infirmière venait lui faire un pansement et le soigner à domicile. C'est cette infirmière qui a remarqué l'enfant déchirant des papiers constamment. Elle a posé la question de savoir ce qu'il avait. « C'est notre fils », a répondu la mère. « Il n'est pas accepté à l'école. Il ne fait que ça. Il n'a jamais pu aller à l'école. – Mais vous ne pouvez pas le garder ainsi, toujours tout seul à la maison ! » Alors il est venu à Trousseau.

Si je vous le raconte, c'est que ce cas montre justement de façon typique comment un traumatisme peut habiter un enfant.

Ce garçon vient à Trousseau, amené par sa mère qui déclare : « La dame a dit qu'il fallait le placer, qu'il ne pouvait plus rester chez nous. » La mère avait beaucoup de chagrin de s'en séparer. « Mais il est trop grand maintenant », a-t-elle dit.

Le premier dessin qu'a fait cet enfant était une église ; c'était tout à fait un petit paysage de psychotique, c'est-à-dire au tracé très raide, avec des croix partout, pas de base aux maisons (il y avait des lignes verticales, mais pas de ligne horizontale pour marquer la séparation d'avec la terre). Et des croix sur toute la façade de l'église. Je lui demande alors : « Qu'est-ce que c'est ? » Il me dit : « C'est des messieurs à skis. – Raconte. – C'est le jour où papa est mort. » Il y avait les croix, en effet. Il me raconte alors un accident, me dit que son père est mort en tombant à skis dans une crevasse. Je consulte le dossier de ce garçon ; je vois qu'il avait été « intestable », qu'il n'avait répondu à rien de ce qu'on lui avait demandé lorsqu'on lui avait fait passer des tests.

Je sors de la pièce de consultation et je pose à la mère la question de cet accident du père. Elle me répond : « Ah ! il vous a raconté ça ! Mais oui, c'est arrivé quand mon fils avait quatre ans, mais mon mari s'en est sorti. » Ces gens prenaient des vacances en septembre. Ils ont fait une promenade dans le glacier des Bossons. Le père a glissé et est tombé dans une crevasse. Une équipe est partie de Chamonix avec des torches pour faire des recherches. C'est intéressant, parce que les lumières, les torches sont apparues dans le dessin suivant de cet enfant. Finalement, on n'a pas retrouvé le père ; on a abandonné les recherches, et il a été porté disparu.

La mère, qui était italienne d'origine – comme le père –, a fait dire un office à l'église. Les amis, les ouvriers, tout le monde est venu. Avec la maman, on allait faire des prières et déposer de temps en temps un cierge pour le pauvre papa qui était mort.

Et puis la mère a reçu une lettre vers le 1er janvier – enfin, quelques mois après –, l'informant que son mari avait été trouvé par un berger solitaire qui habitait une cabane dans la montagne ; son mari ayant une fracture du fémur, le berger l'avait tiré dans sa cabane et l'avait gardé là. Plus tard, cet homme a été descendu à la ville, au moment des premiers beaux jours. Il a pu alors écrire lui-même à sa femme qu'il était sauvé.

Mais le petit, apparemment, n'en avait rien su. En tout cas, il n'a pas eu connaissance de la lettre qui informait la mère que le père était en vie. Comme il avait fallu recasser la jambe de cet homme parce que la fracture s'était remise de travers, il était resté hospitalisé. De sorte qu'il n'est revenu chez lui qu'à Pâques. Donc, depuis septembre jusqu'à Pâques de l'année suivante, pour l'enfant, le père était mort.

Quand le père est revenu, l'enfant, qui avait quatre ans, s'est caché dans la penderie et n'a pas voulu dire bonjour à son père. C'est la mère qui m'a raconté tout cela, alors qu'elle n'avait dit mot à personne de cette histoire ; elle ne s'en souvenait même pas. « Si vous ne me l'aviez pas rappelée, je ne m'en souvenais même pas. »

Et le temps a passé, comme ça ; l'enfant avait maintenant treize ans. A la rentrée scolaire qui avait suivi le retour de son père, l'école n'avait pas voulu de lui ; il était encore petit. A cette époque-là, la mère ne travaillait pas encore. Elle me raconte tout cela devant l'enfant qui a l'air absent.

Ils viennent dix jours après. Cette fois, il fait un autre dessin qui représente une équipe de skieurs avec des petits pompons, des cache-nez ; ils volent, en portant « des lumières ». Il dit que les bâtons qu'ils tiennent sont des lumières, et même que ce sont des cierges (très probablement les cierges qu'il mettait avec sa mère pour le père). Je lui demande ce que c'est. Il me dit : « C'est le jour où je suis mort et maman aussi. Et même que j'étais blessé. Regardez. » Il me montre sa main. Il avait, en effet, la cicatrice d'une estafilade assez profonde à la main. Je lui demande de me raconter ce qui est arrivé. Il me dit alors : « Oui, c'est moi qui ai tué moi et tué maman. Maman, elle avait le sang qui sortait de la bouche. » Je lui dis, l'air très étonné : « Ta maman ? Ta maman qui est là, qui t'attend à côté ? » Il ne savait pas. « Et toi, tu es celui qui est mort ? – Oui, oui, j'ai même été blessé. » Et il me montre à nouveau l'estafilade. Je lui demande une nouvelle fois ce qui s'est passé. Il commence à raconter :

« C'était en tandem. » Et en parlant, cet enfant n'avait pas l'air de quelqu'un qui parle à un autre ; il avait les yeux dans le vague. S'il parlait, c'est seulement parce qu'il avait rencontré quelqu'un qui écoutait quelque chose qui était tout à fait en contradiction avec son dessin. Le premier dessin, je le rappelle, c'était « les messieurs » ; or il avait associé sur la mort de son père. Le deuxième, celui des « messieurs à skis », c'était encore autre chose. C'est donc à ce moment-là qu'il m'explique. : « C'était en tandem. » Son petit doigt levé, il poursuit : « Papa a renversé un camion qui a tué maman et qui a tué moi. C'est parce que j'avais bougé. C'est moi qui avais fait bouger le tandem. »

Il avait donc interprété l'accident ainsi : c'est son père qui, avec son petit doigt, avait cogné le camion dans le brouillard. Le petit doigt, c'est comme le petit oiseau du père [1]. Le père avait le petit doigt tendu – en érection –, dépassant le guidon du tandem. (Lui-même me faisait ce récit le petit doigt levé.) C'était donc l'interprétation fantasmatique de l'enfant, pour se déculpabiliser, pour affirmer que l'accident n'était pas de sa faute à lui. Car, sur le tandem, ses parents avaient dû lui dire, en réalité : « Si tu bouges, tu vas nous faire tomber. »

Il disait que lui-même était mort, mais il a compris, en séance, que ce n'était pas le *lui* de maintenant mais le *lui* de l'accident qui était mort.

Je sors avec l'enfant et demande à la mère : « Est-ce qu'il y a eu un autre accident que celui dont vous m'avez parlé, un accident en tandem ? – Ah ! Comment ? Il vous a parlé de ça ! Ah ! mais je ne m'en souvenais plus ! C'est arrivé quinze jours avant. » Quinze jours avant la chute du père dans les Bossons, ils étaient tous les trois en tandem sur une route de montagne ; à un endroit où il y avait énormément de brouillard, ils ont heurté un camion. Tout le monde est tombé par terre. La mère s'est mordu la langue ; elle a saigné ;

1. Cf. « Dialogue liminaire ».

elle était groggy. Le père, la mère et l'enfant sont montés dans un camion, le tandem a été hissé sur le toit, et on les a redescendus dans la vallée. C'est d'ailleurs pour cette raison que la famille s'est mise à la marche à pied en attendant que le tandem fût réparé. L'enfant avait donc gardé aussi le souvenir de ce premier accident.

A la troisième séance, je lui ai dit : « Nous allons reprendre les deux dessins. » Et puis, je lui ai parlé de cette réalité. Il écoutait comme s'il n'écoutait pas ; sans me regarder ; il regardait dans le vague ; c'était comme si son regard avait été tourné vers le *chiasma,* à l'intérieur de lui, vers les images intérieures. Il m'a dit alors : « Mais mon papa, ce n'est pas mon papa ; c'est un monsieur qui avait une casquette. Mon papa, il n'avait jamais de casquette. » Le père était revenu avec une casquette, alors qu'il n'en portait jamais auparavant. Je lui ai dit : « Mais ta maman m'a expliqué que ce n'était pas toi qui avais fait tomber le tandem. » Comme il avait culpabilisé, je lui ai expliqué que, dans le brouillard, son père n'avait pas vu un camion, et que cet accident s'était produit avant la chute de son père en montagne. Enfin, je l'ai remis dans le temps.

Chose curieuse, huit jours après cette séance, il n'a pas pu revenir. Sa mère a téléphoné pour expliquer qu'il ne pouvait pas venir parce qu'il avait, tout d'un coup, une maladie aux genoux. En effet, c'est un enfant qui a fait une fluxion inflammatoire des deux genoux. Ses genoux étaient tellement gonflés et douloureux qu'il avait fallu le faire hospitaliser. Il souffrait beaucoup, il ne pouvait pas dormir. Nous avons téléphoné au bout de quelque temps à l'hôpital, pour prendre de ses nouvelles. Il allait mieux. J'ai dit à la mère : « Dès qu'il sera remis, amenez-le, même en taxi si vous pouvez, mais venez. »

Or – et c'est très intéressant –, cet enfant en a complètement terminé avec son comportement autiste à l'occasion de ce symptôme ; il n'était plus autiste du tout.

Lorsqu'il est revenu me voir, ses genoux étaient bandés, enveloppés, il avait encore une sensibilité aux deux genoux. J'avais su, au vu du diagnostic sur le plan organique, ce que ça pouvait être, et je lui ai parlé du signifiant « genoux » : *je, nous.* « *Ge* » voulait dire *je ; « noux », nous,* papa, maman, moi.

C'est un traitement que j'ai fait pendant la guerre. Or il m'a dit : « Je voudrais lire, je voudrais écrire. » Naturellement, aucune école ne pouvait prendre un enfant de treize ans ne sachant ni lire ni écrire. Vous savez que les enfants de la région parisienne étaient évacués vers les banlieues. Il l'a d'ailleurs échappé belle, parce que, n'allant pas à l'école, il n'a pas été séparé de ses parents. Il y a eu beaucoup de traumatismes à Paris et dans la région parisienne pour tous les enfants de classes primaires, lesquelles, jusqu'à la sixième, ont été fermées du jour au lendemain. Tous les enfants étaient envoyés, avec leur propre classe et leurs maîtresses – qui, les malheureuses, ne savaient absolument pas gérer un budget – dans des locaux réquisitionnés qui se trouvaient presque toujours être dans les mairies de villes éloignées parfois de cent kilomètres de Paris, c'est-à-dire assez loin. La distance variait entre trente kilomètres et cent kilomètres. Partout, on accueillait ces personnes déplacées, complètement terrorisées. C'est une situation que j'ai bien connue parce que les femmes médecins qui travaillaient à Paris ont été réunies, et on leur a demandé de faire des équipes pour aller surveiller la santé des enfants de ces écoles. C'est comme ça que j'ai vu ces enfants, avec les histoires épouvantables de traumatismes vraiment aigus qui se passaient dans ces lieux.

J'ai vu encore récemment des parents venir pour leurs enfants alors qu'eux-mêmes avaient été traumatisés, à cette époque, étant enfants. Et ce n'est qu'en m'en parlant qu'ils retrouvaient le traumatisme d'alors. C'est seulement parce que le traumatisme des parents était revécu avec moi que les enfants, véritablement « escagacés » – on ne peut pas dire d'autre mot –, retrouvaient complètement leur santé sans que j'aie jamais parlé à ces enfants. Car c'était à l'âge où les parents, eux, avaient été traumatisés par ces histoires scolaires pendant la guerre que, pour leurs enfants, rien ne marchait plus. C'est avec moi que ces parents retrouvaient leur histoire d'avant et d'après, histoire qui avait été rompue par le traumatisme de l'évacuation brusque de Paris, du jour au lendemain... Il fallait voir ces trains, ces camions qui emmenaient des enfants hurlants, et les mères désespérées sur les quais des gares. On emmenait tout ce monde-là. Il y avait des femmes enceintes qui camouflaient leur grossesse. Enfin, c'était affreux ce qui s'est passé à ce moment-là.

A cette époque, donc, nous avons cherché ce que nous pourrions faire pour cet enfant. C'est par l'assistante sociale de Trousseau que nous avons trouvé une assistante sociale rurale qui a accepté de trouver une famille d'accueil et un instituteur pour cet enfant qui voulait apprendre à lire et à écrire. Il y avait pourtant des écoles pour son âge ouvertes à Paris, mais aucune ne voulait l'accepter à treize ans, dans ces conditions. Ses parents n'avaient pas un sou, la Sécurité sociale était complètement en panne. On a pu cependant trouver de l'argent pour envoyer cet enfant dans une famille, à cinquante kilomètres de Paris. L'instituteur à qui j'ai écrit m'a répondu au bout d'un mois, en disant que ce garçon était merveilleusement intelligent et qu'il allait apprendre à lire et à écrire à toute allure, parce qu'il était réellement très motivé.

Puis, la mère avec qui j'avais rendez-vous pour savoir comment les choses se passaient est venue, un mois après, apportant une lettre de l'instituteur qui donnait des nouvelles et déjà des petits essais de communication par écrit de son enfant. Très vite, ensuite – peut-être trois mois, quatre mois après –, elle est revenue me voir, en me disant que son fils avait trouvé un travail pour son père afin qu'il ne soit plus en « danger » à l'usine. Le père et la mère ont été en effet accueillis dans une ferme non loin de leur fils. Il avait trouvé une famille qui voulait bien prendre ses parents.

Voilà un enfant qui s'en est sorti en racontant des souvenirs-écrans en rapport avec ses traumatismes, sans savoir que c'étaient des traumatismes ; ses deux souvenirs-écrans en étaient des interprétations. Le premier traumatisme, qui est venu en second dans son discours, était la culpabilité d'avoir tué « lui et sa mère », parce qu'il aurait déséquilibré son père sur le tandem. Et le deuxième traumatisme dans l'ordre chronologique est venu en premier : c'était la mort du père.

C'était vraiment, je vous le répète, un enfant fou.

Il est revenu me voir plus tard, avec ses parents qui avaient décidé de le faire orienter pour trouver un métier ; je lui ai reparlé de son traumatisme. Et il en parlait, lui, comme de vieux souvenirs d'enfance. « Dieu sait ce que j'ai été bête quand j'étais petit ! » Il savait écrire, il était devenu très adroit à la ferme, très adroit en général, et surtout il était tout à fait socialisé.

Aux dires de la mère, à quatre ans, avant cet accident, cet enfant était le boute-en-train des petits camarades de son âge à la maternelle ; il était très, très intelligent et il avait été bien débrouillé avant cet événement. Le traumatisme l'avait rendu complètement autiste. L'absence de fréquentation scolaire l'avait laissé autiste à l'état pur, pourrait-on dire ; il n'avait pas été manipulé par des IMP, par aucune institution ni par personne ; il avait vécu tel quel, dans cet état.

Peut-être le second traumatisme physique du père, la fracture ouverte du bras – cet accident du travail survenu à l'usine –, avait-il permis la réévocation, chez cet enfant, de l'accident de montagne de ses quatre ans qui l'avait rendu ensuite si sensible au souvenir des accidents. En tout cas, c'est bien grâce à l'accident du travail du père et à son bras dans le plâtre que cet enfant avait été dépisté comme enfant à soigner, à placer en hôpital psychiatrique. On l'avait primitivement envoyé à Sainte-Anne. D'où il a été aiguillé sur Trousseau grâce à une assistante sociale.

Lorsque j'ai donc revu les parents venus demander conseil pour l'orientation de leur fils, le père a parlé de sa propre histoire. C'est à cette occasion-là qu'il a dit quelque chose dont il n'avait jamais parlé à sa femme. Quand il avait vingt et un ans – il vivait alors dans le midi de la France –, il pensait faire son service militaire en Italie, puisqu'il était de nationalité italienne. Peu de temps avant son départ, il reçoit une lettre lui disant que son père voulait le voir. Or il ne savait pas qui était son père ; il savait que son père n'était pas celui qu'il connaissait. Celui-ci lui avait dit : « Tu n'es pas mon fils » ; les autres l'appelaient « bâtard ». Et le père se contentait de lui dire : « Laisse-les tranquilles. Laisse-les dire. » Il ne savait rien. Son géniteur était un Français qui était propriétaire dans le midi de la France. Il lui écrit alors : « Tu es mon fils. Je ne te l'ai jamais dit, mais maintenant que tu vas avoir vingt et un ans, tu as droit à ton héritage. Ma famille connaît ton existence. Tu as des petits frères et sœurs plus jeunes, mais tu es mon fils aîné bien que tu ne portes pas mon nom. »

Le jeune homme prend tout son temps et, au moment où il arrive, on lui dit que son père est mort. C'est peu après qu'il a épousé sa femme, à laquelle il n'a jamais rien dit.

Voilà l'histoire de cet homme qui était très attaché à son fils et tellement malheureux de sa généalogie qu'il n'en avait jamais parlé. Voilà pourquoi ce père était traumatisé. Le fils, par ses traumatismes, en a revécu quelque chose.

Je vous le donne comme ça s'est passé. Je n'étais pas bien férue en psychanalyse. Ça se passait dans les premières années de la guerre. Mais cette histoire est l'une des premières qui m'aient fait comprendre que, quand un enfant dit quelque chose qui n'a aucun rapport avec ce qu'il dessine, il faut toujours l'écouter, sachant qu'il représente un souvenir-écran par son dessin, et un autre par la parole, la vérité étant encore ailleurs. Qu'un enfant fasse une glose tout à fait sans relation avec ce qu'il représente dans un dessin, c'est déjà en soi le signe qu'il s'agit d'un traumatisme. Ce sont des souvenirs-écrans en chaîne, des témoignages-écrans qui se superposent.

Voilà un enfant qui a été traumatisé dans son père, traumatisé dans la mort. « Je suis mort, et pourtant je suis là. » Il ne savait pas comment, mais, pour lui, le mot « mort » voulait dire qu'il avait en lui l'image d'« être mort ». Cependant, il se sentait bien vivant. Mais la conscience qu'il avait d'être lui, il n'a pas pu la dire mieux que comme il l'a fait à quinze ans, en me déclarant : « Vous savez, je sais bien que c'est mon papa, mais, pour moi, ce n'est pas le père que j'ai connu quand j'étais petit ; ce n'est pas le même papa. »

Il y a différentes sortes de traumatismes. Il y a des traumatismes « au petit pied », si l'on peut dire. Par exemple, un déménagement peut être un traumatisme pour un enfant qui n'a pas encore totalement investi l'espace ; lorsque, pour lui, déposer ses excréments (dans un pot de chambre) dans une certaine pièce ou même aux cabinets – s'il le fait déjà – n'est pas encore détaché du lieu, de sorte que subsiste entre lui et la pièce un lien, qui est de type magique anal. Cela se produit s'il n'a pas encore transféré ses pulsions anales sur des objets et surtout sur un espace différent de celui qu'il connaît.

J'ai entendu ainsi, il y a quelques jours – chose étonnante –, un petit garçon de quatre ans qui venait de déménager me demander : « Est-ce que le papa, dans le nouvel appartement, ce sera un nouveau papa ? – Qu'est-ce que tu veux dire ? – Eh bien, ce ne sera pas le même papa si l'appartement n'est pas le même. – Mais si. Lorsque nous déménageons, nous déménageons tous ensemble. – Oui, mais papa, il ne sera pas pareil. » Tout en voyant son père, il continuait de fabuler sur un papa qui ne serait pas le même, parce que la maison était différente. Il avait raison certainement, en ce sens qu'il ne parlait pas de son père réel qu'il voyait là, mais d'une symbolique paternelle en lui qui ne serait plus la même. Il aurait voulu que sa mère lui explique ce changement-là. Elle n'a pas su lui expliquer. Il n'avait pas changé d'attitude avec son père, mais il est possible que le changement ait démoli des repères symboliques et qu'en lui l'allant-devenant père se soit modifié, c'est-à-dire que la direction ait changé ; pour lui, l'orientation a changé parce que la direction de ses mouvements à la maison a changé. Sa conduite même s'est peut-être modifiée. Lorsque beaucoup de détails de la vie quotidienne ont changé, on se conduit autrement. Et, comme le père est une symbolique de conduite, si l'on se conduit autrement, c'est que le père est différent.

Le traumatisme dans la relation à la mère – et c'est l'une des raisons du sevrage difficile –, c'est que certains enfants n'ont plus de mère s'ils sont sevrés ; ce n'est pas la même mère. Il faut que des médiations se fassent pour éviter cette rupture.

C'est certainement de ce problème de l'espace intérieur qu'il s'agit alors. La personne qui nourrit, la maman ou la nourrice, n'est pas la même, selon qu'elle entre en vous, en vous donnant le sein, ou selon qu'elle vous apporte un aliment de l'extérieur. De même, lorsqu'on se donne soi-même la nourriture : l'enfant n'a plus la même maman lorsque c'est sa propre main qui lui donne à manger et non plus celle de sa maman.

Un traumatisme peut avoir son origine dans la réalité, comme dans le cas de ce jeune garçon. Mais vous voyez tout le travail imaginaire qui s'est fait autour de ce traumatisme. Un traumatisme, c'est toujours un phénomène de résonance, mais aussi de résonance par rapport à quelque chose qui a existé certainement chez les parents. C'est pour ça que l'analyse est obligée d'aller plus loin : au-delà de l'événement réel qui a été à l'origine du traumatisme pour l'enfant. Bien sûr, un traumatisme dû à un changement d'espace peut ne pas laisser de traces ; mais il peut en laisser. Ce ne seront pas des traces aussi graves que chez cet enfant tombé dans l'autisme du fait du rejet de la société, parce qu'il était lui-même mort, son père n'étant plus là.

J'ai omis de vous dire ceci : les parents ont été très choqués – ils étaient italiens – de ce que, une fois le père revenu, l'enfant, qui jusque-là allait presque tous les jours mettre un cierge à l'église, n'ait plus jamais voulu aller à l'office du dimanche avec ses parents. Il en avait gros sur la patate avec Dieu qui lui avait rendu le père. *(Rires.)* Ce père qui revenait dans la réalité.

J'en ai parlé avec lui. Je lui ai dit : « Tu aurais bien voulu être le mari de maman en remplacement de papa. » C'est là qu'il m'a déclaré : « Mon père, ce n'est pas le même. » En effet, le père qui est revenu était de ce fait beaucoup plus castrateur qu'il ne l'avait été auparavant.

P. : A ce propos, pendant son absence prolongée du fait de son accident, il a dû se passer quelque chose pour le père lui-même.

F.D. : Certainement, puisque pendant une période il ne pouvait pas faire savoir à sa femme qu'il était vivant. De même que son propre père – qui ne l'avait pas reconnu – ne pouvait pas lui faire savoir qu'il serait mort le jour où il devait le rencontrer pour avoir une part d'héritage.

P. : Peut-être fallait-il pour cet homme, après sa chute en montagne, faire le mort pour son fils un certain temps ?

F.D. : C'est possible. C'est là que nous voyons qu'il y a des choses de destin dans la vie de sujets de générations différentes qui répètent des histoires familiales.

Ça nous emmène peut-être loin, mais c'est un exemple.

*

A propos de traumatisme encore, je me rappelle un autre enfant, traumatisé, si je peux dire, dans sa relation à sa mère – c'était à Trousseau.

Il y avait deux ou trois enfants dans cette famille. Il s'est trouvé que la mère, non juive, était la femme d'un juif qu'elle aimait et qui l'aimait. Cet homme faisait partie d'une famille nombreuse dans laquelle il n'y avait jamais eu de mariage mixte, mais, à son étonnement, tout le monde s'était réjoui de son mariage. Ils n'étaient pas mariés depuis huit jours qu'elle ouvre une lettre du palais de justice : son mari est convoqué. Elle apprend qu'il était en liberté provisoire, à cause d'une grosse histoire de vol à main armée. Toute sa famille à lui était au courant ; et l'on avait été bien content de se débarrasser de lui. « Tu es marié. Nous ne nous occupons plus de toi. » Voilà donc cette femme avec un homme qui est délinquant, convoqué par la justice et qui non seulement doit faire de la prison, mais est pour des années interdit de séjour.

Elle va le voir à la prison – elle était déjà enceinte. Elle travaille. En cachette des frères et sœurs et de toute la famille qui faisait honte à la jeune femme, la belle-mère était très touchée de l'amour de sa belle-fille pour son fils et surtout très heureuse d'avoir un premier petit-fils de ce garçon qui avait soi-disant mal tourné. Car tout le monde racontait que c'était le brave cocu, qui avait été baisé par les voyous d'une petite bande, en qui il avait confiance parce qu'ils étaient de l'âge de ses frères aînés : il avait été le toton de ses frères aînés et il était devenu celui d'une bande. Sa femme disait : « C'est un garçon qui est tellement gentil et tellement plein de cœur ! Il ne peut faire de mal à personne, mais il ne sait pas dire non. » C'était d'ailleurs pour ça qu'il avait été pris – dans une délinquance de type passif –, pour avoir, en faisant le guet, aidé les grands, les durs, lui qui n'en était pas un. Il pensait bien avoir sa petite part du butin, et puis il avait été coincé, mais les responsables n'avaient pas été arrêtés.

Quoi qu'il en soit, il sort et, à cette occasion, bien qu'interdit de séjour pour dix ans, refait un autre enfant à sa femme. Mais il est repincé, parce qu'il ne savait pas où aller ailleurs que chez sa femme. Elle avait été acceptée dans un logement payé par un oncle ou une tante ou plus probablement par la bande ; on les aidait un peu.

Cet homme adorait sa femme et ses enfants. Il voulait absolument les voir, bien qu'interdit de séjour. Elle, de son côté, n'arrivait pas à s'en sortir. Tous ses beaux-frères tournaient autour d'elle. Son mari étant un récidiviste, il était toujours pincé, et pour des imbécillités.

Je n'ai malheureusement jamais pu voir cet homme, mais l'assistante sociale, qui l'a rencontré un jour qu'il était revenu en fraude dans sa famille, prétendait qu'il ne pouvait pas se passer de voir ses enfants. Ceux-ci ont été mis en nourrice par la justice, pour empêcher le père de savoir où ils étaient. Bref, c'était le drame d'une société imbécile face à un débile moyen qui n'avait pas reçu d'autre éducation que d'obéir aux grands.

Sa femme a dû – c'est du moins comme ça qu'elle expliquait l'histoire – faire de la prostitution. Elle s'est inscrite. Elle gagnait sa vie et payait les nourrices avec ce que lui rapportait la prostitution. Elle n'avait pas de métier. Elle avait fait des ménages pour commencer, mais cela ne suffisait pas pour nourrir les enfants. De plus, elle était seule, la famille l'ayant plaquée.

Ce n'était pas le fait d'avoir un père délinquant qui était à l'origine du traumatisme de l'enfant. Il était d'ailleurs toujours très heureux de voir son père. Le souvenir du traumatisme lui est revenu en cure. Ce garçon était incapable de travailler en classe, il avait même eu un arrêt de croissance. Alors que les deux autres enfants nés après lui étaient très beaux, lui s'était arrêté de grandir vers les huit, neuf ans. Et, lorsque je l'ai vu, il était trop petit pour son âge. En séance, il faisait des dessins non représentatifs : c'étaient toujours des formes en rosace, des espèces de carottes tronquées. C'est tout ce qu'il faisait. Et il parlait – assez bien d'ailleurs. Il disait qu'il ne pouvait pas travailler à l'école et il prétendait qu'il n'avait aucun souvenir, sauf quelques-uns de son père qu'il adorait.

Il est resté deux ans en traitement. C'est l'OSE [1] qui me l'avait envoyé parce qu'on ne savait pas comment orienter ce garçon qui, sur le point d'avoir quatorze ans, en paraissait dix et n'était bon à rien, mais sans être méchant. Il avait vécu chez une nourrice.

Le souvenir du traumatisme est revenu le jour où il a pu vraiment parler. Je me suis accrochée à ces dessins non figuratifs avec lui et je lui ai dit : « Ça veut dire quelque chose. Tu fais toujours le dessin d'une carotte coupée. Ça veut dire quelque chose. Réfléchis. Tu me le diras la prochaine fois. » Il y avait longtemps que j'avais institué le paiement symbolique ; il me payait à chaque fois ; il était très motivé pour venir. Or, une fois, il a déclaré à propos de cette rosace : « Je crois que c'est une table. Il y avait une table là. C'est une table où il y avait beaucoup de personnes, mais je ne sais pas le nom des gens ; c'est une table, chez la nourrice. » Et, peu à peu, nous sommes arrivés aux repas de famille chez la nourrice où l'on disait que sa mère était une putain ; et il ne savait pas ce que voulait dire « putain ».

Je le lui ai expliqué. Alors, il m'a dit : « Je voulais me cacher quand elle venait, parce que tous les garçons riaient parce qu'elle avait la figure pleine de peinture. » Et elle avait des robes qu'on ne portait pas à la campagne. (Elle venait

1. OSE : Œuvre de secours aux enfants (œuvre juive qui s'est occupée après la guerre d'enfants juifs ayant des troubles, puis ultérieurement d'enfants psychotiques même non juifs et de cas sociaux ; on les prenait au moins jusqu'à quatorze ans, en essayant de leur donner un statut quelconque pour éviter qu'ils ne soient placés en hôpital psychiatrique).

voir son enfant dans son « costume de travail ».) Le petit était très gêné, d'autant qu'il aimait beaucoup sa nourrice.

L'un de ses frères était chez une autre nourrice, il le voyait parfois. Il souffrait beaucoup de ne pas voir son autre frère, le petit, qui était plus loin, chez une troisième nourrice.

C'est quand il a retrouvé le mot « putain » que lui est revenu le nom de chacune des personnes qui étaient à table chez la nourrice, ainsi que toutes leurs relations de parenté les unes avec les autres. « Ah ! c'était le mari de la fille ! – Comment elle s'appelait, la fille ? – Je ne sais pas. – Si, tu sais. » A partir de là, j'ai insisté : « Si, tu sais. – Comment vous savez ? – Je sais que tu sais. – Oui. » Et puis il disait le nom de telle personne, puis de telle autre. Tout est revenu comme ça, dans une quasi-certitude. A partir des rosaces, une fois lancé, il retrouvait d'autres souvenirs. Naturellement, il avait assisté à la communion, au village. « Nous, on n'allait pas à la communion parce qu'on n'était pas baptisés. – Pourquoi n'es-tu pas baptisé ? – Je ne sais pas. » La nourrice les emmenait à l'église ; lui aussi mettait des cierges pour le « pauvre papa » ; mais jamais pour la « pauvre maman ».

Il a retrouvé complètement cette histoire, et surtout il s'est réconcilié avec sa mère, que j'ai vue. C'était une femme intelligente, qui avait trouvé à changer de métier, ce qui était très difficile. Elle travaillait maintenant dans un atelier de vêtements. Le père était encore interdit de séjour et, hélas, revenait voir ses enfants – je dis « hélas » parce qu'il se mettait à chaque fois en danger. Il n'était plus interdit de séjour que pour deux ans encore, à cette époque. Une assistante sociale est intervenue auprès du juge, pour tenter de faire rapporter cette mesure. « Il est trop con ! Il est trop con ! » C'est tout ce que lui a répondu le juge. « Tant pis pour lui ! Il est trop con ! » C'est tout ce qu'on disait de ce pauvre homme que je n'ai jamais vu.

Ce père, lui aussi, avait été simplement un enfant qui avait été traumatisé. Cela se passait après la guerre et il était bien jeune au moment où il avait dû être à l'abri, sous la tutelle de ses frères. Puis il était passé de la tutelle de ses frères à celle des mauvais garçons. Sa femme disait : « Il est si droit, il est si gentil, il est si honnête. » Avec ses enfants, en tout cas, il n'était que maternant.

Après avoir tout sorti, le garçon m'a même dit : « C'est fini. Je suis guéri. » Il le sentait. Toute sa mémoire était revenue. Voilà un enfant traumatisé qui n'avait plus de mémoire : il avait beau essayer, il ne pouvait rien retenir à l'école. Petit, il entendait dire de sa mère qu'elle était une putain – donc un mot « très mal » –, et il voyait que tous les garçons se moquaient d'elle quand elle était trop « peinte ». Il avait honte d'elle.

Pour un enfant à l'âge social, avoir honte de ses parents est un vrai traumatisme ; surtout quand il n'en sait pas la raison et que personne ne lui a expliqué dans quel piège est tombé son père. Le père était soit un « bourreau », soit ce « pauvre papa » ; et la maman était quelqu'un dont on parlait en disant qu'elle était une putain. Il sentait bien que cela était dit avec une expression de rejet par tous ces gens réunis, donc par le social.

Je crois qu'à l'âge social, le traumatisme peut venir pour un enfant des projections que fait la société sur ses parents, car, au moment de l'Œdipe justement, l'enfant a besoin que ses parents honorent leur nom, qui est aussi le sien ; de même qu'au lieu de les aimer il a besoin d'honorer son nom.

*

J'ai vu pendant la guerre un enfant traumatisé, d'une famille de sept enfants. Dans ce cas, c'est le traitement de l'enfant seul qui était à faire. La mère n'était pour rien du tout dans l'origine de ses troubles. Il était resté affamé pendant quatre jours. Il avait à ce moment-là deux mois et il avait failli mourir de dessiccation. On l'avait sauvé, mais ensuite il ne s'était pas développé. C'était un gros débile. En fait, il avait été traumatisé par « mort de sa mère en lui ». Il avait risqué la mort, et il n'avait pas récupéré ensuite, d'autant que la mère était alors follement inquiète pour son mari qui était prisonnier et dont elle n'avait aucune nouvelle. Il est revenu plus tard. L'enfant dont je parle était le sixième de la famille. Un autre encore est né après le retour du père de captivité. C'est au moment de la naissance de celui-ci que cet enfant débile est devenu complètement psychotique.

Eh bien, ce petit qui avait été traumatisé, tel qu'il s'est découvert dans son histoire – c'est très intéressant –, s'était identifié à un chien. Il a parlé de tous ses conflits en identification à un chien. L'homme qu'il représentait dans ses dessins, ce n'était jamais lui, sauf le jour où il a pu parler enfin de lui en tant qu'être humain. Car c'était comme un chien debout qu'il se représentait lui-même dans son dessin. A propos de l'homme, il a dit : « Quand il est tombé, alors, c'est un caillou qui s'est mis là », juste à l'endroit de l'estomac, du plexus solaire. Il a raconté cette histoire en indiquant l'emplacement sur son corps.

Mais qui donc était mort quand cet enfant avait entre deux ans et trois ans ? C'était le jardinier, qui tolérait cet enfant-loup qu'il était à l'époque. Car il était véritablement comme un enfant-loup : il ne parlait pas, il hurlait.

C'était une histoire assez difficile que cette famille avait vécue pendant la guerre. La mère faisait tout ce qu'elle pouvait pour faire vivre ses enfants. Le petit avait huit à quinze jours au moment de l'évacuation. La mère a eu son lait coupé alors qu'il était au sein. Or, sur les routes, elle n'a rien trouvé à lui donner, même pas d'eau. Il a fallu qu'elle se sépare de quatre de ses six enfants ; elle en a confié un de cinq ans à une autre famille. Puis, les trois aînés sont partis tout seuls avec la Croix-Rouge. La mère s'est retrouvée dans un hôpital avec le dernier qui se mourait. Plus tard seulement, toute la famille s'est trouvée réunie.

Enfin, c'était vraiment une histoire dramatique ; chacun avait vécu cette grande angoisse.

Qu'est-ce qui a été traumatisant pour cet enfant ? C'est que, l'être auquel il s'est identifié, c'était le chien du jardinier, ce jardinier qui le tolérait ; c'était le seul qui s'occupait de cet enfant qui grandissait anormal. D'ailleurs, il ne mangeait pas avec ses mains ; il mangeait par terre. C'était vraiment un enfant très, très perturbé. C'est pour cela que j'ai dit : « enfant-loup ».

Mais tout de même, durant son traitement avec moi, il est arrivé à dessiner, à représenter les choses, à parler, très mal, mais à parler. L'être auquel il s'était identifié, c'était d'abord le maître du chien. Puis, le maître du chien étant mort d'une attaque subitement, l'enfant était resté à côté de ce vieillard – comme le chien d'ailleurs –, on ne savait pas combien de temps. L'homme était froid quand la mère est rentrée le soir, après être allée s'occuper de ses autres enfants dans la ville voisine. Le petit était resté là. La nuit était tombée et il était resté, tournant autour de ce vieillard mort, dans le jardin.

Pour lui – et, ce qui est curieux, c'est la manière dont il l'a traduit –, il *était* « Robert tombé par la fenêtre » (Robert, c'était le nom du jardinier). Et alors, il avait un caillou là, sur le plexus. C'est comme ça qu'il a traduit son traumatisme, moment à partir duquel vraiment il a guéri ; je lui ai parlé de ce qui s'était réellement passé, grâce à ce que la mère a pu m'en dire. Car, moi, je ne savais rien de ce qui était arrivé à ce vieux monsieur. Mais, grâce à ce que l'enfant m'a raconté, j'ai posé des questions à la mère qui ne se souvenait même plus de ces détails ; en effet, lorsque je l'ai soigné, il avait neuf ans.

Je n'ai jamais vu le père ; cette famille habitait une ville assez éloignée de Paris, et le père ne pouvait pas lâcher son travail. Et puis, l'enfant était un psychotique. Or, les parents ayant eu six autres enfants très sains, ils semblaient avoir fait leur deuil de celui-ci. Mais, en fait, pas du tout. C'est simplement un enfant qui a eu un peu de débilité scolaire pour commencer. Il est devenu humanisé. Il a parlé.

Il y avait chez lui deux identifications : l'identification animale et l'identification à un mort. Or, je crois que cette identification à un mort a été très salutaire, parce que, grâce à ce mort, il a pu vivre le traumatisme d'avoir été mort en tombant par la fenêtre, c'est-à-dire d'avoir été séparé, à quinze jours, par sevrage forcé, de la mère qui l'avait fait naître, puis, à deux mois environ, d'avoir failli mourir de déshydratation. Il a pu revivre ce premier traumatisme jumelé au traumatisme de la mort.

C'est un enfant moribond que la mère avait tenu sous ses bras – il était resté ainsi huit ou quinze jours –, à l'hôpital. On lui avait dit : « On n'est pas sûr de le sauver. » Et puis, finalement, il a été sauvé. Mais il n'avait pas pu symboliser tout ce qu'il avait vécu : sa propre mort, dont tout le monde parlait autour de lui, et le fait que sa mère était prête à faire son deuil de lui, s'il le fallait, puisqu'on l'y avait préparée.

De plus, cette femme se sentait coupable que son lait ait été coupé. Elle avait nourri tous les autres enfants, mais pendant l'exode elle avait perdu son lait. Elle ne mangeait pas. Et, si elle pouvait trouver un morceau, c'était pour les cinq autres.

Voilà vraiment un cas où c'est l'enfant qui avait besoin d'une psychanalyse pour lui.

P. : Cependant, vous avez eu besoin de voir la mère, de parler avec elle.

F.D. : Mais naturellement ! Sinon, dans tout ce que l'enfant racontait, nous n'aurions pas pu comprendre ce qu'il symbolisait de cette façon aberrante, dans une identification aliénée. Mais il a été possible de le comprendre tout de même grâce à lui, puisqu'il a dit le nom, les syllabes du nom de ce vieux jardinier qui était très gentil avec lui. A cette époque-là, son autre, son jumeau, c'était le chien ; et sa mère, c'était ce jardinier. C'est sur cet homme qu'il avait transféré le peu de relation maternelle qu'il pouvait projeter, sur ce jardinier très gentil qui ratissait les feuilles mortes avec ce pauvre enfant, lequel marchait, mais ne vivait pas comme un enfant de son âge.

Il y a vraiment des cas d'enfants traumatisés. Ce sont les enfants traumatisés qui relèvent d'une analyse totalement individuelle. Pour les autres, c'est une analyse de la situation anale-orale, anale-anale, anale-génitale qu'il faut faire. C'est pour les enfants traumatisés qu'une psychanalyse est vraiment indispensable.

3
Mener un traitement jusqu'au bout

Enfant devenu délinquant du fait de l'interruption de sa psychothérapie - Le fils de la mère débile : la responsabilité de soi dans la loi.

F.D. : Quand on accepte un enfant qui a un retard scolaire, il faut mener le traitement au-delà du symptôme, jusqu'au bout. Je me rappelle l'une des premières épreuves que ce fut pour moi de ne pas avoir terminé la cure d'un enfant retardé qui s'était transformé et était devenu capable de suivre l'école. Il était intelligent, mais sa mère ne lui parlait jamais, sinon pour lui dire de se taire ou de manger. Or son traitement s'est trouvé interrompu à la puberté ; il n'est pas revenu me voir parce que les parents n'ont pas voulu. Dès qu'il a rattrapé son retard scolaire et que son père a cessé de lui administrer la fessée rituelle pour une mauvaise note, les parents lui ont fait arrêter la thérapie. Le père s'est trouvé narcissisé, si l'on peut dire, par son fiston ; la mère, elle, était toujours aussi gaga.

Eh bien, cet enfant est devenu un délinquant – on a même parlé de lui dans les journaux. Quand je l'ai vu à l'hôpital – il avait huit, neuf ans –, son niveau mental était de 110. Or, plus tard, le psychologue de la prison a affirmé qu'il avait un QI de 145 déjà depuis l'âge de douze ans. Peu à peu, par abandon familial, et faute d'avoir pu sublimer ses pulsions dans son milieu et liquider son Œdipe, il est entré, très jeune, dans des bandes de délinquants.

Et voilà un garçon qui a eu sa vie gâchée parce qu'on lui a rendu son intelligence, alors qu'il aurait peut-être mieux valu qu'il reste un peu éteint, à la mesure de ce que son milieu lui permettait. Lui n'avait rien demandé. Il n'avait pas demandé une thérapie. C'étaient les maîtresses, puis le père dans une certaine mesure, qui avaient insisté.

Le cas de cet enfant est un de ceux qui m'ont fait le plus réfléchir. « Qu'est-ce que nous avions à nous mêler de faire en sorte que le système des pulsions s'organise autrement chez cet enfant ? » Au lieu d'accepter le fait qu'il avait reçu un « coup de bambou sur la tête » – enfin, qu'il était embrumé –, en cherchant seulement à lui rendre la possibilité de sublimer ses pulsions orales et anales, en vue de l'échange avec ceux de sa classe d'âge. Une personne de sa famille, capable de lui servir de modèle, aurait pu lui donner une castration symboligène ; il aurait pu ainsi devenir un garçon travailleur, comme l'était son père, qui était un brave homme, du reste. Sa mère était sûrement une traumatisée pour être aussi bête. Elle était d'une bêtise névrotique. D'ailleurs, ça n'existe pas, les êtres humains bêtes de nature. La bêtise est toujours névrotique. Je ne parle pas d'instruction : l'instruction n'a rien à voir avec l'intelligence qu'a une mère à parler à son enfant, à lui dire ce qu'elle pense. Bref, c'était un gros mammifère bovin, une femme qui n'était que dans les pulsions de mort. C'était un corps. C'est même étonnant que cet enfant ait été tout de même aussi bien, avec une mère comme celle-là.

Il est certain qu'a joué pour lui le fait d'avoir dirigé sur moi, femme, des pulsions sexuelles masculines et d'avoir été ensuite séparé de ce que je représentais dans son transfert. Or personne n'a pris le relais dans son éducation. Je suis sûre que c'est le traitement qui l'a rendu délinquant et, en même temps, tellement intelligent ; car il s'est fourré dans des trucs très compliqués, il est devenu chef de bande dans des affaires de vols à main armée. J'étais responsable.

P. : En vertu de quelles normes vous sentiez-vous responsable ?

F.D. : J'étais responsable en vertu de la norme de sublimation qu'il aurait fallu respecter chez un enfant encore en période de latence ; sublimation qui aurait permis à ses pulsions de rester, jusqu'à la puberté, au niveau que lui permettaient ses parents. Il a été éveillé à la vie sociale trop tôt et sans avoir de soutien dans une image paternante ; je crois que c'est ça.

P. : Et il ne vous semblait pas possible de permettre à la mère de sortir de sa bêtise ?

F.D. : Oh non ! D'ailleurs, elle ne voulait même pas venir. Cette femme ne cherchait absolument pas à savoir comment même son enfant pouvait aller mieux. Ça lui était complètement égal. C'est l'école qui s'est occupée de cet enfant, ce n'est ni la mère ni le père.

P. : Est-ce que vous pensez que, quelquefois, la psychanalyse puisse être confrontée de façon gênante, comme ici, à la fonction sociale du crime ?

F.D. : Elle peut toujours l'être, en effet. Mais c'est très vague, *la* psychanalyse. Là, en l'occurrence, c'était une personne qui avait conscience, tout en ayant fait son boulot, d'avoir été une salope : et c'était moi !

P. : Je parlais de « fonction sociale du crime » au sens où Marx, par exemple, disait que le criminel produit des crimes comme l'industriel produit des produits manufacturés.

F.D. : Oui, c'est très joli ; nous disons cela parce que nous sommes libres. Mais, quand nous croyons que nous sommes responsables de ce qu'un type va en baver dans une prison, pendant quinze ans, en plein milieu des plus belles années de sa jeunesse, c'est un autre problème. Je trouve qu'il aurait mieux valu qu'il reste au comptoir, comme son père, et devienne génétiquement un être capable de donner des enfants riches en potentialités, même non développées. Peut-on faire un travail, trop tôt, et qui va trop loin, avec un enfant qui n'aura pas de soutien dans la suite ? Voilà la question qui se pose au psychanalyste.

S'il y avait eu une possibilité, après, de suivre cet enfant et s'il avait rencontré, latéralement à ses parents, des personnes pour le soutenir dans son développement, au lieu d'être obligé de trouver une bande de garçons intelligents comme lui, mais nécessairement asociaux, parce que n'étant pas soutenus dans la castration et la symbolisation de leurs pulsions, il s'en serait sorti. Car, si intelligent qu'on soit, quand on n'a pas de métier, pas d'éléments de culture, on ne peut pas supporter que ce soient les cons qui prennent les bobonnes, parce que soi-même on n'a pas le rond ! N'est-ce pas ? Ce n'est pas possible. Un type intelligent doit pouvoir avoir des filles. Pour ça, il lui faut de l'argent, et donc un travail. Cela pose de manière très aiguë la question : comment aider les enfants dont on sent que les parents ne peuvent rien assumer du traumatisme de leur enfant, quand, de plus, l'entourage n'offre aucun soutien ?

> P. : Mais cet enfant, même envoyé par l'école, s'il a fait sa psychanalyse, c'est qu'il avait le désir de la faire.

F.D. : Je ne sais pas. Et d'abord, dans ces conditions-là, ce n'était pas une psychanalyse, mais une psychothérapie. Une psychanalyse, ça va beaucoup plus loin – c'est justement ce qu'il n'a pas pu faire. Il n'est pas allé plus loin. Il a été amené par une assistante sociale. Et l'assistance sociale, il faut que ce soit rentable. « Qu'est-ce que vous allez encore voir cet enfant qui est le fleuron de sa classe, qui marche très bien, qui est aimé des maîtresses ? » Les maîtresses, de leur côté, avaient fait un transfert sur moi à travers lui ; donc, tout le monde était content.

Un cas comme celui-là fait vraiment réfléchir. Nous avons bien sûr, dans des cas analogues, des résultats tout différents qui, heureusement, nous assurent : « Tu as fait autant de conneries que de choses intéressantes, comme tout le monde. » Mais, tout de même, cela nous pose le problème d'une psychanalyse pour des enfants qui ne savent pas pourquoi on veut qu'ils soient en traitement, qui ne demandent rien et qui sont finalement l'objet de transfert des autres sur la psychanalyse. Or ce sont eux qui paient.

Cela rejoint un petit peu ce que vous disiez sur la fonction sociale des crimes ou des délinquants graves. Bien sûr, ils sont un signe que notre civilisation souffre, mais on est tout de même ennuyé d'avoir été, soi, la cause, à un moment, de ce qui a aiguillé tel individu dans ce sens, à cause de ce qui s'est passé pour lui à notre contact. C'est grâce à nous qu'il est allé du côté de ceux qui sont finalement tombés dans le filet de cette société, parce qu'il n'y a pas eu de soutien à leur développement.

*

Je me rappelle le cas d'un enfant de huit ans qui avait suivi sans problèmes les classes primaires et qui avait calé ensuite. Il avait fait le tour des médecins parce qu'il était si pâle et si fatigué qu'on avait pensé à une leucémie. Mais il n'y avait aucune cause organique à son état. Or, ce qui était particulier dans ses dessins, c'est que tout était enfoui : les maisons étaient entourées de collines ; la terre était toujours au-dessus de la maison : il se terrait – la maison représentant le sujet lui-même.

Cet enfant était le fils d'une débile vraie, de bonne famille, qui l'avait eu avec un garçon issu d'une famille ouvrière très saine, mais qui n'était pas du même niveau social que celle de la jeune débile. La grand-mère de celle-ci – qui était orpheline – s'était gardée de rien dire quand elle avait vu le jeune prétendant ; lui cherchait à s'élever socialement en épousant cette jeune fille qu'il croyait amoureuse de lui – ce qui n'était pas faux ; mais elle n'avait pas de sens critique. Le père de la jeune fille était mort des suites de la guerre de 1914. Elle était gentille, bien élevée. En réalité, celle qu'elle appelait maman était sa grand-mère. Sa mère était morte à sa naissance. Elle avait été élevée par sa grand-mère, qui était donc l'arrière-grand-mère du petit. Cette femme devait avoir soixante-quinze ans lorsqu'elle est venue me voir avec son arrière-petit-fils âgé de sept, huit ans.

Cette grand-mère, qui était intelligente, s'était dit, devant la possibilité de ce mariage : « Mais, après tout, pourquoi pas ? » Mais ça n'a pas marché entre les jeunes mariés quand l'enfant est né, parce que la jeune mère ne savait pas prendre ses responsabilités. Et puis, de son côté, la mère du jeune homme n'a pas voulu s'occuper du petit-fils parce que, sachant qu'il y avait de l'argent du côté de sa belle-fille, elle n'admettait pas que ce soit à elle de prendre en charge l'enfant.

C'est alors que s'est posée la question de savoir ce qu'il fallait faire pour ce petit garçon dont la mère était incapable de s'occuper. Jusque-là, les petits désordres de santé qu'il avait n'étaient dus qu'à une carence de soins maternels, du fait seulement de la débilité de la mère.

Alors, la grand-mère de cette débile s'est dit : « Il faut que je m'occupe de cette fille. » Elle a pensé d'abord : « La solution, c'est une bonne » ; ce qui a fait fuir le mari parce qu'il ne voulait pas que son enfant soit élevé comme un bourgeois. Lui était d'origine ouvrière, il ne voulait pas de bonne. La mère du mari est venue de temps en temps les aider à la maison, mais elle ne voulait pas non plus s'imposer ; d'autant qu'elle-même gagnait sa vie – très bien d'ailleurs –, mais son métier l'obligeait à voyager.

Finalement, l'homme est parti et la jeune femme est revenue

vivre chez sa grand-mère. Voilà comment cet enfant s'est trouvé, à partir de quatorze mois, chez son arrière-grand-mère, avec une mère débile et la bonne, une brave dame qui tenait la maison ; cette personne suffisait pour un enfant de cet âge-là ; car, de son côté, la mère du petit était avec cette vieille gouvernante comme une petite fille. Cette dame lui disait ce qu'il fallait faire pour son fils, de sorte que l'enfant fut élevé, et pas si mal, pendant ses premières années.

Or, quand ce petit a atteint cinq, six ans, il s'est passé quelque chose chez sa mère : cette débile simple a eu besoin d'un autre homme. L'enfant ne lui suffisait plus. Auparavant, elle sortait le promener et, quand elle revenait, elle disait : « Oh ! J'ai rencontré un monsieur au jardin. Il m'a dit que j'étais bien gentille. » Enfin, elle était tout à fait comme une fillette.

Alors, la gouvernante et la grand-mère lui disaient : « Eh bien, écoute ! Invite-le à la maison. » Et, quand le monsieur rencontrait la famille, ce n'était pas ça du tout : lui, il avait fait du gringue à une fille, et c'était tout. Elle n'avait eu que des petites histoires de ce genre. Jusqu'au jour où elle a eu vraiment besoin d'homme ; c'est l'arrière-grand-mère qui me l'a expliqué. A ce moment-là, cette jeune débile est partie. Sa grand-mère s'est arrangée pour lui trouver un petit local où elle pouvait vivre, pour ne pas avoir à coucher à la maison. Et puis, on l'a un petit peu perdue de vue. Heureusement, il y avait une marraine, qui s'occupait un peu d'elle. La jeune femme ainsi a un peu mûri en même temps que son enfant.

Lui ne voyait plus sa mère que de temps en temps. Elle passait le voir en fofolle ; très simple, nullement excitée ; pas du tout le genre droguée. Non ! C'était la paumée. Rien d'une marginale : c'était une débile simple, qui vivait tranquillement. Tardivement, d'ailleurs, elle s'est mise à vivre tranquillement avec un vieux monsieur qu'elle avait connu par la femme de celui-ci, dans son quartier.

Le problème de l'enfant s'est réglé en quatre séances, à partir du moment où j'ai compris, par un de ses rêves, qu'il était inquiet de la mort possible de son arrière-grand-mère. Il avait rêvé qu'il se réveillait et que son arrière-grand-mère était morte. Il était déjà inquiet auparavant ; mais, la mort de cette femme dans son rêve, c'était quelque chose *qui lui était arrivé,* disait-il : en effet, avec la mort de la vieille bonne – il avait alors cinq ans. Cette femme était de l'âge de l'arrière-grand-mère. C'est à cette époque qu'il est allé à l'école. Cela avait très bien marché au début. Il se faisait, bien sûr, beaucoup d'amis, d'autant que son arrière-grand-mère avait eu la bonne idée de le mettre au patronage du coin. Elle pensait : « Il vaut mieux qu'il y ait pour lui un patronage de curé. Moi, je suis laïque, mais cet enfant n'a personne et il n'y a que là que l'on s'occupe des enfants sérieusement. » De plus, il pouvait ainsi aller en colonie de vacances.

Elle avait bien essayé de rester en contact avec le père de l'enfant ; mais rien à faire pour le retrouver. Or – on ne l'a appris que plus tard – le père voulait récupérer son fils depuis que celui-ci avait deux ans.

Au moment où j'ai vu ce petit qui était en train de dépérir physiologiquement et de s'endormir intellectuellement, le travail avec lui a été de comprendre son angoisse de la mort de son arrière-grand-mère, car il n'avait pas d'autre recours qu'elle. J'ai dit à cette dame : « Vous allez lui acheter un carnet d'adresses. Vous allez l'emmener chez le notaire. » On lui a expliqué ce que c'était que le notaire – il était tout à fait capable de comprendre tout ça. « Le notaire lui expliquera ce que c'est que l'héritage. De votre côté, vous allez me donner les dernières adresses quc vous aviez de son père, l'adresse de sa mère chez l'homme avec qui elle vit. » L'enfant n'avait ni sentiments négatifs ni sentiments positifs à l'égard de sa maman ; il l'aimait bien, mais elle ne lui manquait pas. Plusieurs fois j'ai essayé de voir la mère. C'était impossible. Elle ne comprenait pas du tout pourquoi elle aurait dû me voir, et disait seulement à sa grand-mère : « Mais tu t'en occupes très bien ! »

Finalement, l'arrière-grand-mère est allée voir le curé qui

s'occupait du patronage, pour lui exposer la situation. Ils ont parlé avec l'enfant, lui ont expliqué que, s'il arrivait un malheur à son arrière-grand-mère, il n'aurait qu'à venir voir le curé ; celui-ci s'occuperait de lui et lui trouverait un placement familial dans la paroisse. D'autre part, puisqu'il avait des petits camarades, il n'avait pas à s'inquiéter.

En séance, nous avons parlé de la possibilité de la mort réelle de l'arrière-grand-mère. Aussitôt, l'enfant est reparti en flèche sur le plan scolaire. Et l'arrière-grand-mère a encore vécu quatre ans. Il est passé en sixième, il était brillant. A cette époque, son père a écrit à l'arrière-grand-mère : « Je ne vous ai pas donné signe de vie, parce que j'ai eu pas mal de difficultés à me refaire une situation, après mon divorce avec votre petite-fille. Je suis remarié, je vis à L., je fais tel métier. [Il était cadre, il avait donc réussi.] Maintenant, vous devez être bien âgée. Est-ce que votre petite-fille s'est remariée ? Si vous voulez que je m'occupe de mon fils, je suis tout disposé à le prendre moi-même, ou à vous le laisser en m'occupant de lui matériellement. Je ne peux pas vous donner beaucoup, mais je le ferais très volontiers. » Il lui a même envoyé sa photo et celle de sa famille.

L'arrière-grand-mère est revenue me voir avec cette photo en me demandant : « Qu'est-ce que je dois faire ? » sans en avoir parlé encore à son petit-fils. J'ai dit : « Il a mérité de retrouver son père. C'est même peut-être lui qui a fait le travail. » Car, le peu de fois que je l'avais vu, nous avions parlé de son père qui était un homme valeureux, d'après ce que m'avait dit l'arrière-grand-mère ; mais cet homme était tombé dans une situation impossible pour lui ; il s'était trouvé coincé sur le plan social.

Et c'est ainsi que ça s'est terminé : l'enfant a écrit à son père et il est allé passer les vacances chez lui. Je l'ai revu un peu plus tard. Son père voulait qu'il continue ses études secondaires. Lorsque l'arrière-grand-mère est morte, il a été décidé qu'il irait habiter chez son père.

Je crois que, dans cette histoire, le tournant, pour l'enfant, a été la question de la responsabilité de soi-même dans la loi. « Que faire si je suis seul au monde ? » Car il était réellement sur le point de l'être.

Ce que nous pouvons retenir comme enseignement à partir de ce cas – et c'est tout de même important –, c'est que, lorsque nous avons un enfant en phase de latence – même s'il ne l'est plus par l'âge réel –, il est nécessaire, avant d'entreprendre une psychothérapie qui va remettre sur le tapis uniquement des fantasmes, de lui permettre d'être au point dans sa réalité. Car la réalité, c'est la possibilité de se passer des autres s'il arrive un malheur qui fasse qu'on soit seul au monde. C'est ça, la réalité pour un être humain : son auto-responsabilité. Comment n'être pas l'objet des autres ? De qui dépendre dans une tutelle, pour pouvoir continuer à diriger sa vie ? Pour cela, il faut que cet être humain soit dans les conditions où les potentialités de vie qui sont en lui pourront se développer. Je pense que c'est ce qu'il ne faut pas oublier devant une demande de traitement pour un enfant de sept, huit ans. Il ne s'agit pas seulement de voir les fantasmes de l'enfant et de penser à ce qui peut changer, il faut se poser la question : « Qu'en est-il sur le plan de la réalité ? Qu'adviendra-t-il de la réalité, si demain se produit tel événement pour lui ? Qui est responsable de cet enfant ? » Il faut qu'il puisse le savoir : que cela lui soit dit, et en votre présence. Quelquefois, cela suffit à lui restituer complètement le droit à sublimer ses pulsions.

Bien sûr, si nous sommes sur un volcan, nous ne pouvons pas utiliser de sublimations. On ne se met pas tranquillement à son travail quand on sait que ça va faire tout péter. Seulement, ce qui n'est pas dit par l'enfant, il le manifeste par son état. A la phase de latence, il est dans une histoire de fin d'enfance, et il ne voit pas encore comment démarrer dans une autre vie.

4
Régression

« Je suis amoureux de ta mère » - Parodie incestueuse - Balancement et rythme fœtal - Frère homosexuel de son frère - Enfant infirme : l'Autre supposé ne pas savoir.

F.D. : Voici une histoire qui m'a été rapportée, un petit morceau d'anthologie psychanalytique qui est bien intéressant à discuter au point de vue théorique.

Il s'agit d'un enfant de cinq ans qui a un cousin de dix ans. Le cousin le plus âgé a été invité chez le plus jeune. Une nuit – ils couchaient dans la même chambre –, le petit a été pris dans un cauchemar de façon si dramatique qu'on aurait pu penser qu'il souffrait en réalité d'un trouble neurologique. On n'arrivait pas à le sortir de son cauchemar. On se demandait ce qui s'était passé entre les deux cousins. Le petit, qui ne parlait pas encore bien, ne pouvait pas dire ce qui s'était passé. Il a eu ce cauchemar épouvantable, il est allé dans le lit des parents. Il a été rassuré par le père et s'est finalement rendormi.

C'est quinze jours plus tard qu'il a donné la clé de ce qui s'était passé à la mère qui lui demandait : « Tu avais fait quelque chose ? – Non. – Il [le cousin] avait dit quelque chose ? – Oui. » Le garçon de dix ans avait dit au petit, qui était en âge œdipien : « Je suis amoureux de ta mère. » C'était cela qui avait provoqué ce cauchemar chez le petit. Pourquoi ? Parce qu'un garçon de dix ans est pour un enfant de cinq ans un moi idéal ; et un enfant de cinq ans a déjà la notion de la castration œdipienne, il sait que sa mère lui est interdite à lui. Ainsi, lorsque ce grand garçon, qui était son modèle, lui a dit : « Je suis amoureux de ta maman », cela a réveillé en lui ses fantasmes : « Je veux être comme lui. Donc, je suis amoureux de la même personne que lui, donc de ma maman », ce qui a produit, dans un court-circuit intérieur, ce cauchemar épouvantable.

Mais ce qui est intéressant, d'autre part, c'est de saisir que le père a eu vraiment un génie paternel en prenant alors son enfant avec lui ; parce que celui-ci ne s'est rassuré qu'en venant se coucher contre le père qui l'a vraiment consolé. Et, s'il a fallu quinze jours au petit pour pouvoir en parler, c'est qu'il fallait qu'il y ait pour lui comme une séparation d'avec ce que l'autre lui avait dit, comme d'avec les fantasmes qu'il avait lui-même éprouvés alors.

Dans cette histoire, le père a donc pris une place à la fois paternante et maternante vis-à-vis de l'enfant, comme lorsque celui-ci était petit. En le replaçant entre la mère et lui (les deux parents), en le reprenant près de lui, il lui a permis de se réidentifier à lui, son père, lui qui détenait la castration donnée à son fils.

Quant au garçon de dix ans, c'était vraiment, pour lui, sortir d'une situation qui met un enfant de cet âge en difficulté émotionnelle inconsciente que de dire à son petit cousin qu'il était amoureux de sa mère, c'est-à-dire d'une personne à l'égard de laquelle il était dans une relation hétérosexuelle et qui ne lui était pas interdite autant que l'était sa propre mère.

Mais vous voyez quel a été l'impact traumatisant de cette déclaration sur un enfant comme ce petit. Pourquoi ? parce que ce moi idéal – le plus âgé – lui rendait en paroles le fantasme que lui-même, le petit, avait déjà refoulé. Voilà un moi idéal dans la réalité, très calé dans tous les jeux, l'initiant à beaucoup de choses de la réalité du corps et de l'adaptation à la réalité, qui lui redonne un fantasme en paroles. L'enfant qui aime un grand veut faire comme lui. Ce fantasme était donc presque un « faire ». Cela faisait conflagration traumatisante qu'un agir incestueux lui soit ainsi rappelé ; car c'est un comportement qu'il avait sans doute à trois ans, mais qu'il ne pouvait plus avoir à cinq ans. C'est ce qui lui a fait faire une régression.

On voit, là, comment peut jouer l'interrelation de deux enfants. Il est certain que, pour le grand, c'était très bien de pouvoir être amoureux d'une maman qui ne soit pas la sienne, désir qui soutenait la résolution de son Œdipe à lui.

Lorsque j'étais jeune, j'ai vu un enfant traumatisé par une parodie de mariage avec sa mère. Du jour au lendemain, il est redevenu un sale gosse, si l'on peut dire ; et il a définitivement refusé de figurer dans les photos de groupes ; il ne voulait plus se montrer. Moi, j'avais bien vu ce qu'il avait. J'étais plus âgée ; j'avais à ce moment-là une douzaine d'années.

Cet enfant avait cinq ans, et sa mère avait joué au mariage avec lui. C'était l'anniversaire de ce petit garçon, et pour lui faire une fête nous devions, nous tous, ses amis, jouer le rôle de couples du cortège. Il y avait eu déguisements. La mère s'était mis un voile blanc. Cela avait lieu dans le jardin. A partir de ce jour, cet enfant qui, jusque-là, semblait comme les autres, est devenu le sale gosse pour tous les autres ; on ne savait plus quoi faire de lui.

Bien sûr, qu'une mère puisse jouer un fantasme de ce genre avec son enfant montre qu'elle devait déjà être pathogène. Tout le monde avait été marqué par ce mariage forcé entre la mère et son fils, bien que ce fût pour jouer.

Eh bien, non ! Un adulte peut jouer avec un enfant à toutes sortes de choses, mais certainement pas – et surtout s'il s'agit du père ou de la mère – au mariage. Le petit aurait pu jouer à se marier avec une des petites amies invitées ce jour-là ; pourquoi pas ?

Quand je suis devenue psychanalyste, j'ai compris pourquoi

cet enfant avait été brusquement perturbé. Bien sûr, c'était un jeu, mais c'était tout de même social puisque tous les petits amis en faisaient partie ; il y avait un lunch, un garçon d'honneur, bref tout le psychodrame. Or, un psychodrame ne peut pas se faire avec un enfant qui va prendre son rôle pour une réalité.

Je me rappelle, quand on a donné, il y a quelques années, ce film – que je ne suis pas allée voir – d'un inceste entre un fils et sa mère... Comment cela s'appelait-il ?

P. : *Le Souffle au cœur.*

F.D. : Oui. Je me souviens que tout le monde en parlait dans les dîners ; beaucoup disaient : « Mais on ne voit pas vraiment pourquoi l'inceste est interdit. » Le film défrayait la chronique, mais l'inceste ne semblait pas choquant. Alors, je leur disais : « Mais est-ce que vous croyez que cette scène aurait pu être jouée si les acteurs avaient été mère et fils dans la réalité ? » Tous les gens répondaient : « Ah ben, non, bien sûr ! – Ben alors ? » *(Rires.)* A ce moment-là, ils comprenaient que c'était un fantasme ; mais beaucoup voulaient croire à la possibilité que ce fantasme se réalise. Pourquoi est-ce qu'on ne remaniait pas la loi, puisque c'était si bien dans ce film ? demandaient-ils.

Ce film donnait une dimension nouvelle à la perception de ce fantasme dans le social – puisque tous voyaient le même film ensemble. Or, ce fantasme incestueux, chacun l'avait eu. Puisque ce fantasme se réalise dans un film et que ça finit bien, pourquoi, en effet, se demandait-on, cela ne tournerait-il pas aussi bien dans la réalité ?

Les adultes ont de la peine à faire la différence au cinéma entre fantasme et réalité. D'ailleurs, moi, je suis comme ça : je pleure comme un veau au cinéma quand le film est triste. *(Rires.)* C'est mon côté extrême. Le cinéma place dans une situation qui rappelle des fantasmes ; toujours sur soi-même.

Mais, d'autre part, il y a tout de même la réalité de l'émotion, quand on pleure. Ce qui est difficile pour un réalisateur, c'est de provoquer une émotion, de produire des effets de chagrin, ou de rire. Et pourtant, il ne s'agit au cinéma que de fantasmes ; mais qui se trouvent réalisés de telle sorte qu'ils entretiennent une espèce de confusion pour le spectateur. Sur le moment, on éprouve beaucoup de peine, en même temps que ces pauvres gens qui défilent sur l'écran, en pinceaux lumineux. Cela n'intéresse que les pulsions scopiques, les pinceaux lumineux, pourtant cela touche en profondeur.

Je crois que les enfants sont beaucoup mieux armés que nous contre la confusion entre fantasme et possible, du fait justement qu'ils ont eu l'occasion d'avoir beaucoup de cauchemars après avoir vu des films. On dit qu'il faut empêcher les enfants de voir certains films qui peuvent leur donner des cauchemars. Je me demande pourquoi. Le cauchemar est bon signe, justement, signe de défense.

*

P. : Qu'un enfant de six mois ne cesse de se balancer, n'est-ce pas le signe d'un trouble grave déjà ?

F.D. : C'est un signe de détresse. Ce sont des enfants qui s'ennuient. Tous les enfants qui s'ennuient font ça. A six mois, il est normal qu'ils fassent cela. Ça ne veut pas dire que toute leur vie ils seront comme ça.

J'ai actuellement en psychothérapie une petite fille de six ans – c'est une enfant abandonnée –, qui à quatre ans et demi encore restait des heures à se balancer dans le foyer où on l'a prise. Maintenant, elle ne le fait plus du tout. C'est une enfant charmante, intelligente, mais la dernière nourrice chez laquelle elle avait été placée préférait son frère. La petite s'est sentie alors complètement abandonnée. Du fait d'avoir été définitivement rejetée par cette nourrice, elle est restée dans ce balancement depuis son arrivée chez elle. Elle n'a pas été amenée en psychothérapie à ce moment-là. C'est maintenant seulement qu'elle vient : grâce aux éducateurs et éducatrices du foyer qui se sont occupés d'elle et qui ont fait en sorte qu'elle ne soit jamais seule, même quand elle se balançait. On lui parlait ; et peu à peu elle est revenue à un état d'enfant de six ans qu'elle n'avait même jamais véritablement atteint chez sa nourrice. C'est donc maintenant qu'on me l'amène, parce que dans ce foyer de passage on ne voit pas comment la placer ailleurs, sans qu'elle régresse ; car c'est une enfant qui a fait une régression chez une première nourrice, une régression chez une deuxième nourrice. Vers trois ans et demi, on l'a placée chez une troisième nourrice. Elle avait fait une régression intense à chaque changement, mais sans avoir été rejetée par les deux premières. Elle était donc passée d'une nourrice à une autre, et les choses s'étaient arrangées, à chaque fois grâce à la nourrice. Et puis, là, chez la troisième, elle s'est déglinguée. Ne sachant que faire, on l'a placée dans un foyer avant de la mettre, peut-être, en hôpital psychiatrique.

Le foyer l'a sortie de ce balancement permanent. Elle s'est mise à parler. On l'a donc amenée très récemment dans un centre psychopédagogique, en vue d'une psychothérapie, pour lui permettre, si possible, de se décoller des personnes qui s'occupent d'elle. Car, depuis qu'elle a abandonné ces balancements, elle ne peut pas se décrocher d'une personne du foyer, quelle qu'elle soit. Il faut qu'elle soit collée à l'une ou à l'autre, qu'elle la tienne par la jupe, qu'elle s'accroche, alors qu'elle est capable de mettre le couvert, de faire la vaisselle ; il faut qu'elle soit tout le temps avec quelqu'un.

On ne voit pas comment on pourrait même la mettre à l'école, extérieure au foyer, qui est au village. Il n'est pas possible non plus de la placer chez une autre nourrice, parce qu'on sent que, si elle n'a plus quelqu'un de cet espace-là, celui du foyer, elle est si fragile qu'elle redégringolerait. Elle est au placenta. Elle ne se balance plus, mais il lui faut encore une personne placentaire – placentaire de paroles, si je puis dire, et non pas seulement placentaire sur le plan régressif. Elle a une parfaite diction, elle parle parfaitement bien. C'est très étonnant. Elle est d'ailleurs tout à fait désireuse de faire une psychothérapie.

Ce balancement, je crois que c'est le rythme fœtal pendulaire. Il s'accompagne quelquefois de l'émission de sons rythmés : « hun hun/hun hun/hun hun », à deux temps. Je pense que c'est la symbolisation minimale du rythme pendulaire *in utero ;* mais c'est une symbolisation cependant, puisqu'il y a une émission d'une sonorité qu'il n'y a probablement pas *in utero* et le mouvement du bassin qu'il n'y a pas *in utero.* Le rythme du cœur fœtal et celui de l'enfant, plus rapide, sont tout le temps en co-action. Cette enfant fait ce bruit rythmé (« hun hun ») pour retrouver la vie fœtale, en accompagnant quelqu'un. *In utero,* on ne savait pas encore qu'on était tout seul. La compagnie la plus régressive, ce doit être ce bruit : « hun hun/hun hun », que fait entendre la circulation sanguine de la mère. Je ne sais pas.

Cela a l'air grave, or il est possible que cela ne le soit pas. Quand on voit un comportement comme celui-là, on se dit : « C'est un enfant très arriéré. » Oui ; mais peut-être un enfant très intelligent, dans une épouvantable solitude, en état de déréliction narcissique, prêt à récupérer rapidement un niveau de schéma corporel correspondant à son âge, même si l'image du corps n'est pas encore détachable de quelqu'un.

*

J'ai vu à Trousseau un enfant qui ne pouvait pas s'endormir sans faire en balançant la tête de droite et de gauche sur l'oreiller : « gnun, gnun, gnun, gnun ». Comme il était d'une famille nombreuse où les enfants dormaient à deux par chambre, on ne mettait pas toujours avec lui le même enfant, car les autres frères et sœurs en avaient marre de l'entendre ainsi la nuit. Dès qu'on le secouait et qu'il était un peu réveillé, il ne le faisait plus. Dès qu'il se rendormait, cela recommençait.

J'avais eu à soigner auparavant son frère aîné, âgé de neuf ans à l'époque, alors que lui-même venait de naître. Le frère aîné a dû s'en aller de la maison ; c'est à ce moment-là que le petit a commencé à marmonner comme ça. Le grand était très attentif à ce petit frère et, le soir, il le berçait. C'était pendant la guerre. Or il a fallu éloigner le grand, parce qu'il était très fatigué, qu'il n'avait pas assez à manger. Une famille amie l'a pris à la campagne : là il y avait du beurre, du pain.

Plus tard, les parents sont venus me revoir, parce qu'ils me connaissaient déjà. Cette fois, c'était donc pour le plus jeune, et pour tout autre chose.

Ce garçon qui avait alors quatorze ans avait bien réussi du point de vue scolaire ; or, maintenant, il ne pouvait plus rien faire : il était timide, il ne voulait plus aller à l'école parce qu'il avait un maître homosexuel, connu comme tel. Cet homme, du reste excellent professeur, était paraplégique et se fardait. Le directeur de l'école m'a écrit, disant qu'il faudrait certainement aider cet enfant, précisant que tous les élèves qui avaient ce professeur rencontraient des difficultés, au début de l'année. Le directeur leur expliquait : « C'est un infirme. Il faut bien qu'il compense d'une manière ou d'une autre. » C'était en effet un homme qui avait son poudrier sur le bureau, qui se remettait de la poudre pendant le cours. Il avait un ou deux chouchous dans sa classe. Le directeur ajoutait : « Il ne leur fait rien à ses chouchous, sinon leur donner des bonnes notes qu'ils ne méritent pas. Mais c'est un excellent professeur. Tous les établissements le rejettent. Personne n'en veut. Moi, je le connaissais quand il était jeune ; il était déjà un très bon pédagogue. Il a eu un accident aux deux jambes ; aujourd'hui, il est appareillé des deux jambes. » Depuis cet accident, sans doute, les dispositions homosexuelles de ce professeur avaient flambé encore davantage ; mais est-ce qu'on a le droit de rejeter un professeur parce qu'il est marginal ?

J'ai reçu ce jeune garçon. Nous avons parlé ouvertement de cette histoire de professeur homosexuel qui se fardait et qui se mettait du rouge. Lui-même était-il un chouchou ? Non, il ne l'était pas, mais les chouchous avaient de bonnes notes et ce n'était pas juste, etc.

En fait, ce qu'il y avait derrière ce problème, c'était son histoire à lui avec son frère : lorsqu'il était petit, son frère l'embrassait en rentrant à la maison – car il revenait chez lui, de temps en temps, de la campagne ; ainsi, quand il était bébé, il avait été le chouchou de son frère de neuf ans de plus que lui.

Plus tard, il avait fait un deuil pathologique au moment du mariage de ce grand frère, très peu de temps avant que n'arrive cette histoire à l'école – un an ou deux avant. C'étaient ses tendances – on ne peut même pas dire « tendances homosexuelles en train de flamber », ce n'est pas cela –, c'était cet arrachement qu'il avait eu d'un moi auxiliaire, substitut de sa mère. Car la mère, qui avait d'autres enfants, m'avait dit : « C'était très agréable pour moi que cet aîné soit gentil avec le petit. C'était commode pour moi. » Eh bien, l'enfant était resté fixé, depuis l'âge de six mois, à ce grand frère ; c'est à partir de là que le problème s'était noué pour lui.

Nous avons analysé le conflit où il se trouvait face à ce professeur homosexuel, son dépit amoureux quand son frère s'était marié – car il n'était pas du tout amoureux de sa belle-sœur, il la détestait. Il avait même essayé de persuader son frère qu'il avait vu cette jeune fille avec un autre homme et qu'elle avait certainement d'autres fiancés que lui. Ça avait fait une histoire entre le frère et sa fiancée, et jeté un froid entre lui et son frère. Et puis, ce frère aîné s'était marié avec cette jeune fille. J'ai demandé au garçon : « Mais c'était vrai ? – Non, ce n'était pas vrai ; c'était pour qu'il ne se marie pas avec elle. » Il se sentait coupable.

Il était homosexuel de son frère sans le savoir. Lorsque c'est ressorti, a disparu ce qui existait chez lui depuis l'âge de six mois : ce sommeil avec des « gnun, gnun, gnun, gnun », par lesquels il signifiait : « non, non, non, non » au départ de son frère de neuf ans. De cette façon, il disait « non, non, non » à l'abandon de ce moi auxiliaire qui, dès sa petite enfance, s'était superposé à la mère. L'aîné a remplacé la mère pour lui, puis il a disparu. Comme le frère n'était plus là pour le bercer le soir, il s'est « autobercé » à ce moment-là ; mais le départ du frère lui a laissé une fragilité homosexuelle. Heureusement d'ailleurs qu'est arrivé l'épisode du professeur dont le comportement avait quelque chose de tellement criant que le garçon ne pouvait plus continuer sa classe.

Le traitement n'a pas été très long ; il s'agissait vraiment, jusqu'au fond, d'une fixation homosexuelle à son frère aîné, avec une absence d'investissement hétérosexuel sur d'autres personnes de son entourage. Sur le plan scolaire, il n'avait d'investissement qu'en une seule discipline : il aimait les maths ; or ce professeur enseignait les maths. Alors, les maths lui étaient barrées depuis qu'il y avait ce professeur : il ne comprenait plus rien aux maths. Le professeur en était navré. C'était un homosexuel spectaculaire, puisqu'il choisissait des chouchous ; mais son amant n'était pas du nombre. C'était un homosexuel qui vivait en couple avec un homme viril. Lui, il était le féminin. Il se mettait de la poudre et du rouge aux lèvres ; il ne pouvait pas faire autrement, paraît-il. *(Rires.)* Il avait en plus une moumoute blonde décolorée. Le tableau devait être, en effet, assez curieux. *(Rires.)* Les élèves se marraient, tout en disant : « C'est tout de même drôle qu'il soit si bon professeur. » Ça ne les gênait pas, une fois qu'ils avaient pu en parler avec le directeur. Et les parents étaient au courant ; ils savaient tous que ce professeur « était drôle », mais excellent enseignant.

*

P. : Comment un enseignant peut-il se comporter dans une classe avec un enfant qui, lui, a un handicap ?

F.D. : Vous pouvez très bien éduquer à l'école un enfant qui n'a qu'un œil. Personne n'en parle autour de lui, mais les parents, eux, vous ont mis au courant. Bien sûr, il ne faut jamais lui dire qu'il n'a qu'un œil et qu'il ne peut donc pas voir tout ce qu'il y a de tel côté, par exemple. On lui dit tout simplement : « Tourne un peu plus la tête, tu verras mieux. » On ne va pas lui dire : « Tu n'as qu'un œil, tu ne peux pas voir de ce côté. »

P. : Mais lui-même en sait quelque chose, de son handicap.

F.D. : Il en sait quelque chose, mais souvent, par exemple, on ne lui aura pas dit ce qui lui était arrivé.

Vous me rappelez, par association d'idées, l'histoire d'une petite fille qui est née avec un seul bras : à la place de l'autre bras, il y avait deux petits doigts, accrochés au moignon de l'épaule. C'était à Trousseau. Elle n'était jamais allée qu'à la grande école, parce que la mère ne voulait pas que l'on voie l'infirmité de sa fille. A la maternelle, on aide les enfants à se déshabiller, etc. Or, à la grande école, elle était vraiment insupportable. Elle avait toujours des zéros de conduite. Mais, surtout, elle était devenue plus insupportable encore à la maison. Or, tout en devenant une enfant odieuse, elle réussissait parfaitement en classe. Elle avait toujours des 10 en travail. On avait donc conseillé à la mère de l'amener à Trousseau pour ses problèmes de caractère.

Je vois la petite seule, je parle avec elle ; et je m'aperçois qu'elle a une manche flottante. Alors je lui dis : « Qu'est-ce qu'il est arrivé à ton bras gauche ? – Chut ! Il ne faut pas le dire. Maman ne le sait pas », me dit-elle en chuchotant. *(Rires.)* Je dis : « Ah oui ? Maman ne le sait pas ? Mais qu'est-ce que c'est ? – Ah ! Eh ben alors, qu'est-ce que c'est embêtant ! Toutes les filles, il faut que je leur montre mes deux petits doigts. » A cette époque – c'était pendant la guerre –, les classes de filles et de garçons étaient encore séparées. Alors je lui dis : « Eh bien oui, moi je suis une fille, mais je ne vais pas te le demander [parce qu'elle me demandait si moi aussi je voulais les voir]. Dessine tes petits doigts. » Alors elle a dessiné son infirmité. Elle a dessiné un corps avec les deux petits doigts à son épaule. J'ai dit :

– Mais c'est très compliqué, si ta maman ne le sait pas.

– Ah ! Eh bien oui ; c'est pour ça que je suis méchante.

– Tu crois ?

– Ah ! mais oui, je crois.

– Mais qu'est-ce que tu fais pour être méchante ?

– Eh bien, je le dis à tout le monde ; et à maman je dis : « menteuse, menteuse, menteuse ».

Elle traitait sans arrêt sa mère de « menteuse ». Évidemment, sa mère n'était pas menteuse, seulement elle ne lui avait rien dit de son infirmité ; elle ne lui avait pas dit la vérité.

« Est-ce que tu veux tout de même que je t'aide à dire à ta mère que c'est ça qui t'embête, parce que tes camarades te déshabillent tout le temps et que tu te fais tout le temps attraper par la maîtresse ? – Les camarades, c'est plus commode pour me rhabiller. Moi, je ne peux pas me rhabiller. Et il y en a d'autres qui viennent pour me tripoter. » Enfin, cette pauvre enfant était une curiosité de foire à l'école, et sans savoir s'en défendre.

Le père avait été mobilisé, il était prisonnier. Elle ne se souvenait plus très bien de lui. Il était parti depuis trois ans. « Est-ce qu'il t'en avait parlé, lui ? Est-ce que ton père le savait ? » Elle a réfléchi, l'air pensif : « Je crois qu'il le savait, mais qu'il ne l'a pas dit à maman. » *(Rires.)*

Vraiment, pour elle, sa mère ne le savait pas. C'est étrange, n'est-ce pas ? Car cela signifie que l'effet sur elle du non-dit de sa mère était tel, qu'avant qu'elle aille à l'école tout cela était pour elle dans un nuage. C'est à l'école que l'enfant a eu un savoir de son infirmité.

J'ai fait venir la mère. Dans le dossier, tenu par une psychologue, il n'y avait rien ; rien concernant l'infirmité de l'enfant et ses conséquences dans sa scolarité. On avait fait les tests de Binet-Simon, mais personne n'avait parlé de rien. J'ai dit à la mère : « Est-ce que vous savez ce qui se passe à l'école ? » Elle a répondu : « Non, sauf qu'elle est insupportable ; elle n'entre pas à l'heure en classe. Pourtant, moi, je la conduis à l'école. » Bien sûr ! la petite était happée par les autres qui l'emmenaient dans les cabinets pour qu'elle montre son bras – enfin, son moignon. *(Rires.)* J'ai dit à la mère, devant l'enfant : « Mais elle ne vous a pas raconté ce qui se passe avec ses camarades ? – Mais non ! Tu ne m'as rien dit. Alors, tu es menteuse. » Voilà la mère qui la traitait de menteuse. *(Rires.)* Le mot même que la petite lançait à sa mère, et qui lui venait de celle-ci. J'ai dit à l'enfant : « Veux-tu raconter à ta mère ? – Non, dites-le-lui. – Madame, votre fille croit que vous ne savez pas qu'elle n'a qu'un bras. » Alors cette femme me fait signe de me taire. C'était quelque chose dont il ne fallait pas parler. J'ai dit : « Madame, qu'est-ce qui se passe ? Pourquoi est-ce que vous ne voulez pas dire à cette enfant ce qui est arrivé ? Car, ce qui se passe à l'école, c'est que tout le monde veut voir son bras atrophié et les petits doigts qu'elle a à l'épaule. » Du coup, la mère s'est effondrée : « Ah ! si j'avais su, je ne l'aurais jamais mise à l'école et elle ne serait jamais venue ici. » Elle sanglotait. Et la fille consolait sa mère : « Mais maman, ce n'est pas grave. Tu sais, je n'en ai pas du tout besoin d'un autre bras, moi. » *(Rires.)* Ce qui était vrai, enfin pas tout à fait ; elle en aurait eu bien besoin, ne fût-ce que pour se rhabiller seule.

Voilà ce que je peux vous en dire.

5

Bégaiement. Dyslexie

Le fils bègue et le père humilié - Garçons qui se laissent glisser debout pour sauver le phallisme paternel - Un cas de dyslexie : changer de place avec le frère « moins bien ».

F.D. : J'ai vu une seule fois quelqu'un qui, après le traitement de son fils, m'a dit, en venant me voir pour lui-même : « Je ne vous paierai pas. » Ce fut la seule fois.

Le garçon avait dix-sept ans ; il était en terminale, et il était bègue. Il était devenu bègue à deux ans. J'ai pu retrouver l'époque grâce à ce que lui a raconté sa mère, à qui il a posé la question de savoir comment il était devenu bègue : « Eh bien, tu diras à ton médecin que tu es devenu bègue dans un salon de thé. J'étais avec ta tante. [Elle prenait le thé avec sa sœur, le petit garçon de deux ans était assis entre elles.] Et, à un moment, tu as disparu sous la table. Alors, je ne sais pas ce qui t'est arrivé. Je t'ai ramassé, j'ai voulu t'asseoir. Tu ne savais plus t'asseoir. Alors, je t'ai grondé, je t'ai dit : “ Assieds-toi ! ” ; je t'ai assis de force. A partir de là, tu as bégayé. J'ai dû te faire un petit traumatisme au coccyx. » *(Rires.)*

Il m'a raconté cette histoire en bégayant. C'est depuis ce moment-là qu'il était bègue.

Il a pu reconstruire l'événement en demandant d'autre part à sa tante : « Mais qu'est-ce que tu crois que vous racontiez ? » Elle lui a répondu : « Tu sais, ta mère se plaignait toujours de ton père. On allait prendre le thé une fois par semaine.

Elle se plaignait toujours de ton père. » Sa tante lui a raconté ça gentiment, en riant.

Or le père de ce garçon ne croyait pas à la valeur de la psychothérapie pour le bégaiement. En effet, cet homme avait eu une vocation de « biffin » – il voulait aller dans l'infanterie –, mais, quand il lui fallait commander, donner des ordres en aboyant, comme il est requis dans les cours de caserne, il bégayait. On lui a dit : « Ce n'est pas possible que vous soyez biffin. » Alors, il a changé d'orientation et il est entré dans l'intendance. Mais il ne bégayait pas habituellement. En tout cas, il n'était pas ce qu'on peut appeler un bègue. Il bégayait seulement au moment de donner des ordres. Et puis, sa voix ne portait pas assez.

Son fils, lui, une fois guéri de son bégaiement, m'a dit : « Écoutez, maintenant, je ne veux plus rien. Je ne veux plus continuer le traitement. Je vais passer un drame épouvantable. » Ce garçon était en terminale – ces classes portaient un autre nom à l'époque. Or son père voulait toujours vérifier tous ses devoirs : il lui déchirait ses devoirs de philo, par exemple, en lui disant que ce qu'il avait fait était idiot. Et il lui dictait son devoir. *(Rires.)*

Aux compositions, le fils avait toujours 12 ou 13 et, à tous ses devoirs faits à la maison, il avait 7, 6 *(rires)* – c'étaient les devoirs du père. Alors, il revenait en disant : « Pa... pa..., tu... tu... tu as eu 6. » En bégayant. Et, quand il avait eu une composition : « Qu'est-ce que tu as fait ? » demandait le père. Alors, il fallait qu'il montre le brouillon au père. « Tu es un con. C'est idiot ce que tu as écrit là. » Et pourtant, il obtenait 12 ou 13 aux compositions.

Or, quand ce garçon, qui était fils unique, répondait à son père – car il y avait des histoires entre eux –, celui-ci défaisait sa ceinture et le frappait sous prétexte qu'il lui avait dit je ne sais quoi. Il le frappait ainsi encore à dix-sept ans. Le fils se laissait faire, en fuyant dans un petit jardin ; mais il se laissait faire. Je lui ai dit : « Vous savez, votre père se fait du mal à lui-même quand vous acceptez qu'il vous batte. » Il m'a répondu : « Mais c'est mon père ! » J'ai dit : « C'est votre père, mais ce n'est pas une raison pour qu'il traite son fils comme un chien. »

Alors, nous avons parlé de ce que c'est qu'honorer son père : c'est de devenir quelqu'un d'honorable. Et quelqu'un d'honorable ne se laisse pas frapper par son père. Je lui ai dit : « Il me semble – sans connaître votre père – que vous devez être aussi fort que lui. – Oui, oui. – Eh bien, sans le frapper, vous pouvez lui immobiliser les poignets et puis lui dire : " Non, il ne faut pas battre ton fils. C'est honteux pour toi et pour moi. " » Il m'a dit quelque temps après : « Je n'y arrive pas, je n'y arrive pas. – Eh bien, moi, je ne vous vois pas avant que ce ne soit arrivé. Ce n'est pas la peine de continuer votre analyse, car vous déshonorez votre père en vous laissant battre par lui. Si vous n'êtes pas décidé à changer consciemment de situation, toute la psychanalyse possible ne servira à rien. »

Alors, nous avons eu une suppression de séances pendant trois semaines – il en était venu à deux séances par semaine, sur le divan, après un certain temps de psychothérapie. A ce moment-là, il bégayait encore chez lui, mais plus en classe.

Enfin, un jour, il me téléphone, en bégayant comme un malheureux. « Je... je... je vous... vous... appelle. Je... je... peux.... avoir une séance ? » Je lui demande : « Le contrat ? – Ça y est. Il faut que je vous raconte. » Et à ce moment-là, il me dit d'un trait : « C'est épouvantable ce qui s'est passé. – Bon, venez. » Il vient à sa séance et se met à fondre en larmes, en disant : « C'est affreux ce qui s'est passé. – Racontez. – Eh bien, j'ai fait comme vous aviez dit, et mon père s'est mis à genoux devant moi et m'a embrassé les pieds en sanglotant. C'est épouvantable de voir son père à ses pieds. Mon père comme un chien à mes pieds. Je ne savais pas comment le relever. C'était une scène épouvantable. » Alors, je lui ai dit : « Et maintenant ? – Eh bien, maintenant, c'est moi qui l'aide et je lui ai dit : " Mais papa, c'est fini. Je t'aime. Tu sais bien que je t'aime. " Et mon père est tout déprimé depuis cette histoire-là. » Ça s'était passé le matin.

Il est revenu me voir deux ou trois jours après avoir dit à son père : « Eh bien, tu vois, je suis guéri. » Alors, j'ai proposé qu'il revienne avec son père : « Dites à votre père que je serais contente de le voir. » Il a transmis le message. Et le père a fait téléphoner par son fils qu'il viendrait tel jour. Il est venu – c'était un grand obsédé –, il s'est assis et m'a dit : « C'est quelque chose d'avoir un fils qui grandit ! C'est fini maintenant. C'est moi le petit. C'est lui le grand. » J'ai dit : « Mais pourquoi êtes-vous le petit ? – Parce que c'est un homme. Ah ! docteur, mon père, c'était un zéro. »

Et c'est lui qui m'a raconté à ce moment-là ses difficultés d'autrefois, son bégaiement, puis l'impossibilité d'atteindre son idéal – être biffin, c'est-à-dire commander à une troupe. Il était sorti d'une grande école militaire. Je lui ai dit : « Mais vous êtes content que votre fils soit guéri ? – Docteur, je ne sais pas. Je suis un bonhomme fini. – A ce point ? » Et, pour finir, il a dit :

– Eh bien, et si je ne vous paie pas ?

– Qu'est-ce que vous en pensez ?

– Eh bien, je ne sais pas. Moi, je n'ai pas envie de vous payer.

– D'accord, d'accord.

– Enfin, je vous ai apporté une bouteille de Banyuls. *(Rires.)* Il a sorti sa bouteille de Banyuls, et il a pleuré en me disant au revoir.

Je n'ai pas eu de nouvelles pendant six, sept ans. Et puis, un jour, je rencontre le jeune homme dans la rue. C'était assez curieux d'ailleurs. Sur le trottoir, nous sommes tombés nez à nez. « Ah ! docteur, je suis content de vous voir ! – Moi aussi. » Là-dessus, il descend du trottoir, dans le ruisseau, pour me parler. Du coup, moi, j'étais plus grande que lui. *(Rires.)* Je lui demande : « Mais qu'est-ce que ça veut dire que vous vous mettiez dans le ruisseau ? » Il répond : « Ah oui, je vous demande pardon. *(Rires.)* Eh bien, je suis très content de vous rencontrer parce que je voulais vous dire : j'ai un copain qui a vraiment beaucoup de difficultés, et je lui ai donné votre adresse parce que je crois... » Je dis : « Bon. C'est très bien, votre copain, mais vous ? » A ce moment-là, de nouveau, il fait mine de descendre du trottoir pour me parler. Je lui dis : « Ça continue ? » *(Rires.)* Alors, il remonte sur le trottoir en riant et me dit :

– Eh bien, en ce moment, je prépare une agrégation de lettres ; c'est ce que je voulais faire. Ce qui est terrible, c'est que, si j'étais resté bègue, je n'aurais pas pu devenir professeur. J'ai déjà fait des remplacements et ça marche très bien. Je vous en suis très reconnaissant.

– Et votre père ?

– Oh ! Ça va très bien. Maintenant, mon père et ma mère, on dirait un vieux couple qui se serait toujours entendu.

Or jamais il ne m'avait dit que ses parents ne s'entendaient pas. Je demande :

– Mais vos parents ne s'entendaient pas ?

– Non. C'était terrible.

– Mais vous ne me l'avez jamais dit.

– Non ; ça me faisait honte de parler de ça.

Il avait simplement fait allusion à ce fait minime que sa tante lui avait rapporté : « Tu sais, quand ta mère et moi nous parlions, elle se plaignait toujours de ton père », d'un air de dire : « Tu sais bien comment elle est. »

Il est tout de même intéressant de rapprocher les divers éléments de cette histoire : le refus de l'enfant de s'asseoir ; la mère croyant lui avoir fait un traumatisme au coccyx et pensant que c'était ça qui l'avait rendu bègue. *(Rires.)* Elle s'est donné une raison, cette pauvre femme. Il était devenu bègue ! elle avait pensé que ça passerait, or ça s'était aggravé de plus en plus. C'était en fait la relation au père qui était déterminante.

Bien sûr, la façon dont j'ai réagi quand ce garçon m'a appris que son père le battait peut vous paraître étonnante, mais j'ai pensé que, si vraiment ce garçon ne prenait pas en main l'honneur de la famille, comme mâle, eh bien, jamais il ne pourrait s'en sortir. Quand je l'ai rencontré sur le trottoir, sa vie chez ses parents se terminait. Il allait faire son service militaire. Il m'a dit : « Vous comprenez, je suis leur fils unique. Mais enfin, maintenant, j'ai beaucoup de liberté. Mon père et moi nous sommes très, très copains et c'est terminé. » Le fait est qu'auparavant il était vraiment le chien couchant de son père. Le père ne pouvait pas permettre à ce grand fils d'atteindre à un niveau d'égalité en tant que personne et sujet par rapport à lui.

Et il y avait eu chez l'enfant ce premier mordançage de l'image du corps, à deux ans : ne pas avoir de bassin, ne pas plier son bassin.

J'ai vu deux fois des cas analogues chez des personnes de connaissance. Je me rappelle un homme qui m'avait dit : « Je suis très ennuyé, docteur, j'ai un fils qui, lorsqu'il est sur sa chaise de bébé, de temps en temps, tout d'un coup, tombe sous la chaise. »

Le deuxième cas était celui d'un petit garçon qui, lui aussi, perdait parfois son assise et glissait de sa chaise, tombant comme un imbécile. On ne savait pas pourquoi.

Dans ce dernier cas, je n'ai pas connu tous les détails, parce que le contexte ne me permettait pas de parler avec les parents. Dans le premier cas, en revanche, j'ai compris ce qui se passait parce que je connaissais bien la situation : l'enfant tombait de sa chaise chaque fois qu'il y avait une tension entre les parents. J'ai dit au père : « Je crois que votre fils est bien petit [il était encore sur une chaise d'enfant], et qu'il ne supporte pas que vous vous fassiez engueuler par votre femme. Alors, dites à votre femme, puisque vous aimez cet enfant tous les deux, que, quand elle a quelque chose à vous dire, ça ne se passe pas devant le petit. Vous avez un enfant très sensible à votre valeur. » D'autant que, cet homme étant extrêmement occupé – il mangeait très rapidement –, l'enfant ne voyait son père qu'à table, au moment où il y avait des histoires : c'était l'heure où la mère revendiquait. Le petit marquait le coup en perdant la sensation de son siège, à ce moment-là. L'enfant veut retrouver la verticalité ; il ne veut plus être assis, plié. Il ne veut pas que son père plie. C'est pour cela qu'il se laisse glisser.

P. : Ça fait penser à une érection.

F.D. : En effet, il se met en érection, justement ; pour défendre son père, probablement. La verticalité est un axe de l'image du corps dans l'inconscient. Bien sûr, si l'enfant ne tient pas assis, il glisse en dessous ; c'est tout. Il se trouve que, comme il est sur une chaise, il retourne au néant, mais en fait, ce qu'il veut, c'est se mettre debout. C'est somatiquement qu'il veut se mettre en phallisme, se manifester par une image phallique pour signifier à sa mère : « Nous, les hommes, on ne veut pas se faire engueuler. » Je crois que c'est quelque chose comme ça.

P. : C'est donc qu'il s'agit toujours de garçons ?

F.D. : Chaque fois, ce sont des garçons.

P. : Dans le cas du jeune homme bègue, il y avait d'autre part un corps à corps avec le père.

F.D. : En effet, il y avait un corps à corps avec le père, car il fallait qu'il y en ait un des deux qui soit con.

P. : Et il s'est mis dans le ruisseau...

F.D. : ...quand il m'a rencontrée dans la rue. Il avait conservé un transfert sur moi tel que je devais lui être supérieure. Il avait gardé cette attitude, n'est-ce pas ? Nous en avons ri tous les deux. « Il faut vraiment que je sois la grande personne, et vous, le petit garçon. » Là, cela a été une interprétation de la rue. *(Rires.)* Il y avait sept ans que je ne l'avais pas vu.

P. : Ce qui est quand même curieux, c'est qu'il a une profession...

F.D. : ...une profession où, sans la parole, on ne peut rien faire, en effet.

Et c'est intéressant, parce que, dans ma clientèle, j'ai eu, je crois, en tout, six ou sept bègues ; or, tous ces bègues se sont servis de la parole dans leur métier. L'un est devenu avocat ; celui-là professeur. Un autre est devenu officier. Et les autres ont fait du commerce. Enfin, ils ont besoin de leur voix dans leur activité. On dirait même que, ce qui a été très investi, c'est d'avoir triomphé d'une difficulté.

*

P. : J'ai en thérapie un enfant qui depuis deux ou trois séances dessine, par exemple, un bateau et un autre bateau, et qui me dit : « Celui-ci est bien. Celui-là n'est pas bien. Lequel préfères-tu ? »
Je n'ai pas voulu répondre, parce que je ne savais pas s'il fallait répondre.

F.D. : D'abord parce que vous n'aviez pas de préférences. *(Rires.)*

P. : Rien ne me venait, et je ne voyais pas pourquoi me forcer.

F.D. : Bien sûr, mais vous pouviez quand même lui dire ceci : « Ce n'est pas moi qui ai fait ton dessin. Alors, je n'ai pas de préférences. Si, moi, j'avais fait un dessin, j'aurais peut-être une préférence. » Puis, lui demander : « Est-ce que tu as déjà vu des gens préférer des endroits où ils ne sont pas bien ? » *(Rires.)* En vous disant cela, cet enfant répète quelque chose. Il a donc vu quelqu'un qui aurait préféré un endroit « pas bien ». Il a sûrement eu une expérience de cet ordre : il doit exister pour lui un endroit pas bien où ce serait tout de même agréable d'aller. Vous pouviez lui dire : « Je suis sûr que tu me parles de quelque chose qui t'est arrivé, sinon tu n'aurais pas fait ce dessin. »

C'est, je pense, que dans le transfert il veut croire que vous êtes lui, ou que vous êtes un conseiller, probablement parce que quelqu'un a voulu prendre vis-à-vis de lui une place de pseudo-père ou de pseudo-moi idéal.

Il est assez rare, en effet, qu'un enfant pose une question comme celle-là. Mais il est fréquent qu'un enfant demande : « Qu'est-ce qui te plaît dans mon dessin ? » Il faut tout de suite répondre : « Tout. Mais je voudrais surtout savoir ce que tu veux me dire. »

P. : Parfois aussi, il change de voix. Et il me pose la même question : « Laquelle préfères-tu ? »

F.D. : La voix, c'est important ; la voix qui change, cela veut dire quelque chose. Il faut lui poser la question : « Qui a changé de voix ? Est-ce quelqu'un que ta mère ou toi-même n'avez pas reconnu ? » Il parle sûrement d'un garçon qui a mué. C'est au moment de la puberté qu'un garçon change de voix. Il est en train, en ce moment, d'essayer de résoudre l'Œdipe, donc de s'identifier à quelqu'un d'autre que son père, peut-être en se projetant dans un jeune homme qui aurait tenté de lui faire faire des bêtises, peut-être même dans un frère aîné, un cousin. La voix qui a changé, ce ne peut être que celle de quelqu'un de pubère. Il serait étonnant qu'il représente ainsi une personne ayant une extinction de voix.

Si l'on se réfère à *l'Ombilic et la Voix* [1] de Denis Vasse, la voix est comme l'ombilic. Changer de voix, c'est vouloir changer de mère, ne plus avoir envie de cette mère-là et aller vers une autre femme qui serait équivalente. C'est ce qui se passe pour les adolescents : la mère est bonne à jeter aux chiens parce qu'on a découvert une petite amie ou une autre femme.

En tout cas, dans le transfert, vous n'avez jamais à donner votre avis.

Cet enfant a-t-il un grand frère ?

P. : Non, un petit frère qui est sourd.

F.D. : Sourd ! Alors, le changement de voix en question est peut-être celui de ce petit frère auquel on enseignerait à parler ; car cet enfant sourd doit pousser des cris, émettre des sons tels que l'aîné, lui, ne peut plus s'identifier à ce frère comme à l'époque où celui-ci était petit. Oui ! C'est très intéressant cette histoire de voix, alors qu'il a un frère sourd ! Car la voix des sourds est très surprenante. Quand ils sont dans une activité jouissive ou pénible, quand ils sont gais ou tristes, ils ont de la voix exactement comme des enfants ordinaires. C'est à partir du moment où ils veulent communiquer qu'ils n'ont pas de voix ; alors, ou ils crient ou ils essaient d'émettre des sons, mais ils ne sortent que des sons gutturaux qu'ils n'entendent pas. Mais quand ils pleurent ou quand ils jouent, vous les entendez. Mes fenêtres donnent sur l'Institut des sourds-muets. Eh bien, je ne fais pas de différence entre eux et d'autres enfants quand ils jouent, qu'ils se font engueuler par la maîtresse et qu'ils pleurent après. Il n'y a pas de différence. Quand ils s'amusent, se courent après, rient, crient à la récréation ou braillent parce qu'ils sont punis, ils font exactement le même bruit que les enfants entendants.

Quel âge a ce petit frère ?

1. Paris, Éd. du Seuil, 1974.

P. : Trois, quatre ans.

F.D. : Un bébé sourd crie exactement de la même façon qu'un autre bébé. En grandissant, l'enfant ne crie plus de la même façon, sauf quand il est dans un état intense de plaisir, par exemple. Je pense que c'est la mère qui a reconnu la différence, en élevant les deux enfants, c'est elle qui a perçu que le petit n'avait pas la même voix que le frère aîné. D'où la question de celui-ci : « Peut-on préférer le bateau qui n'est pas bien. Est-ce mieux ? » Le bateau qui n'était pas bien était-il plus petit que l'autre bateau, dans son dessin ?

P. : Oui.

F.D. : C'est cela ! « Est-ce que c'est bien de m'identifier à mon frère qui est moins bien ? » Sa question tourne autour de quelque chose de cet ordre, sans doute. J'avais pensé qu'il s'agissait de la voix qui mue. Mais, dans ce cas particulier, c'est le changement de voix d'un enfant sourd. Pour l'aîné, il s'agit donc plutôt de choisir le sourd qui est moins bien que lui : son petit frère. Petit, il a dû être jaloux, et maintenant il ne le peut plus, puisque le petit frère est soi-disant moins bien ; pourtant, il continue d'être jaloux en voyant probablement l'autre surprotégé.

Il y a une histoire de logique d'enfant à laquelle je pense, je ne sais pas pourquoi d'ailleurs, car il s'agit d'un cas tout à fait différent. Mais vous, vous le saurez peut-être en analysant pourquoi j'y pense.

C'était un enfant qui était devenu récemment dyslexique : il mettait constamment la deuxième lettre à la place de la première. Cet enfant faisait des dessins en thérapie. Ce n'est pas un de mes cas, mais celui d'un autre analyste qui m'en avait parlé et qui a pu donner l'interprétation qui a tout changé pour l'enfant. Il n'était d'ailleurs pas très malade, parce qu'il n'y avait pas très longtemps qu'il était dyslexique.

Eh bien, cet enfant avait un frère de deux ans de moins que lui qui était mongolien et qui, de ce fait, n'était pas accepté à l'école, alors qu'on l'avait gardé à la maternelle, plus ou moins.

L'aîné voulait être le second. Pourquoi ? Parce que, s'il était le second, alors l'autre serait lui et irait à l'école comme lui.

Il intervertissait les places, pour prendre celle du second, afin que dans la famille le second soit aussi bien que l'aîné. Eh bien, ce raisonnement-là, c'est ce qui jouait dans sa dyslexie. De même, en commentant ses dessins, il disait tout le temps : « Cette auto-là, elle devrait être ici. » Il fallait permuter les numéros qui surmontaient les voitures. Et, au-dessus des voitures, il y avait un cygne qui volait – c'est rare, dans les dessins d'enfants, de voir un cygne volant. Nous étions deux à nous creuser la tête, le psychanalyste de l'enfant et moi : « Ce cygne, ce doit être le signe de ce qui se passe pour lui : qu'il rate à son école et qu'il met toujours la deuxième lettre à la place de la première. » C'est ce que son psychanalyste lui a communiqué à ce moment-là ; et l'enfant a dit : « Oui, parce que, si j'étais le second, alors je pourrais aller à l'école et mon frère aussi, et je serais mon frère. »

Cet enfant avait dû être jaloux, étant petit ; maintenant, il se sentait comme celui qui était bien par rapport à son père, et il souffrait pour ses parents que ce petit frère commence à blesser narcissiquement la famille, puisqu'il ne pouvait être élevé comme un autre ; tandis que lui, quand il était petit, ne s'était pas aperçu que son frère était différent.

C'est là qu'on lui a expliqué ce que c'était que d'être mongolien : ce n'était pas une question d'être bien ou pas bien. On lui a dit qu'il ne pouvait pas prendre la place du frère pour aider ses parents, que ça ne changerait rien, et que son frère ne prendrait pas pour autant sa place à lui. C'est drôle une logique d'enfant comme celle-là. Il se trouve que ça a suffi comme explication et que la dyslexie a disparu la semaine suivante, alors qu'elle avait commencé depuis déjà trois mois. L'année précédente, il n'était nullement dyslexique. Cela n'est apparu qu'à la deuxième année de sa scolarité, c'est-à-dire l'année où son frère n'a pas été admis à l'école. Auparavant, ils étaient à la maternelle ensemble. Et puis, il a été blessé narcissiquement dans son frère.

Il faut analyser un dessin et comprendre ce qu'il veut dire, tout ce que l'enfant dit. On en apprend tous les jours sur cette logique des enfants, qui nous étonne beaucoup, logique qui peut les amener, comme ici, à se mettre en perte de vitesse au point de vue scolaire, pour réparer tout. C'était le cygne qui réparait. L'enfant était un cygne et il voulait tout réparer. Alors, on lui a montré qu'il ne pouvait pas réparer : il n'avait pas de moyens de changer cette situation dramatique et ce n'était pas en se névrosant de cette façon qu'il pourrait aider la famille, puisque c'était inexorable : son frère ne pourrait pas faire de progrès et, il aurait beau lui-même vouloir se mettre en second, le frère ne pourrait pas devenir l'aîné.

Je ne sais pas ce qui se passe dans le cas dont vous parlez. J'y ai pensé parce que, pour cet enfant, c'est peut-être ce même problème qui se pose : de ne pas être celui qui est bien, d'être lui-même le petit frère sourd. Voilà ce qui m'a fait associer avec l'enfant dyslexique. Il voudrait être le « pas bien » parce que peut-être, alors, son frère serait celui qui serait bien. C'est peut-être ça.

Les enfants, quand ils aiment leurs parents, voudraient toujours réparer les dommages dont les parents souffrent. Ils en sont les premiers psychothérapeutes ; les premiers à tenter de les consoler, de les renarcissiser. Et, quelquefois, ils y laissent beaucoup de plumes.

6

Objet transitionnel et fétiche

Le fétiche donne un pouvoir par magie, sans que le corps réel entre en jeu - Le « nounours » : le sujet atteint dans son objet transitionnel - Érotique anale et impossibilité de ne pas donner - Perversion d'enfants après des maladies graves ; la petite fille tombée par la fenêtre.

P. : Pourriez-vous nous parler de l'objet transitionnel, mais pas seulement pour nous dire s'il est bon ou mauvais ?

F.D. : Ce qui est nécessaire est à la fois bon et mauvais. L'objet transitionnel est une représentation substantielle d'un lien émotionnel qui est nécessaire au sujet pour se centrer sur son image du corps, médiation de son désir en relation avec une personne élue. C'est cela, l'objet transitionnel.

Je l'ai peut-être formulé d'une façon compliquée. Quelqu'un, ici, peut-il en parler d'une autre façon ?

P. : On pourrait parler aussi de l'absence d'objet ; au sens où l'objet est comme un inducteur magnétique, au départ, d'une charge émotionnelle.

F.D. : Oui. Mais, à la limite, les mots d'une langue sont des objets transitionnels subtils. Le mot n'est pas un objet substantiel, matérialisé en volume, mais c'est un objet auditif, et un objet visuel quand s'ajoute la représentation scripturaire. C'est d'ailleurs ce qui fait tout le drame de la dyslexie : l'enfant dyslexique ayant une représentation visuelle différente de la représentation codée des phonèmes que l'on veut lui faire écrire. Les sons sont fatalement déjà écrits en lui, tactilement, visuellement, et cela en relation à l'auditif ; ils peuvent également être intériorisés de façon viscérale en lui. Or voici qu'on va lui donner une représentation scripturaire, c'est-à-dire optique, qui ne correspond pas à la représentation qu'il s'en était faite spontanément.

P. : L'objet n'est un objet que parce qu'il est regardé à travers un prisme; il ne devient véritablement objet que lorsqu'il est désinvesti.

F.D. : Ou bien lorsqu'il est investi de manière élastique. S'il est désinvesti, il devient ce qu'on appelle... de la merde.

P. : Ce n'est pas un objet transitionnel.

F.D. : Si. La mort, l'objet mort, désinvesti, ça existe.

P. : Et la parole ?

F.D. : La parole n'est pas qu'un objet mort ; c'est un objet qui ne demande qu'à se réveiller. Les livres sont pleins de paroles qui peuvent être magiquement réveillées par un lecteur donnant sens aux mots. Bien sûr, le lecteur ne sait pas s'il donne le même sens aux mots que celui que l'auteur leur a donné, mais enfin il y a une communication. La communication est toujours boiteuse, mais il y a toujours une communication à travers un objet transitionnel, à travers un objet.

Ce qu'on appelle proprement l'objet transitionnel renvoie à l'idée d'une communication narcissique. Je crois que c'est ça la différence entre objet et objet transitionnel : avec ce dernier, le narcissisme se reconstruit, même en l'absence de relation actuelle à quelqu'un.

P. : Il y a aussi une idée d'identification dans la relation à l'objet transitionnel.

F.D. : Il y a certainement une identification d'après l'image du corps dans l'objet transitionnel.

P. : Comment situer le fétiche par rapport à l'objet transitionnel, de ce point de vue ?

F.D. : Le fétiche est en lui-même ; il a perdu la notion de relation à l'autre.

P. : Serait-ce le cas de l'alcoolique ? Est-il fétichiste de la bouteille ?

F.D. : Non, il ne fétichise pas la bouteille ; elle ne l'intéresse pas s'il n'y a rien dedans. Il faut qu'il la consomme. Celui qui fétichise, c'est Harpagon avec sa cassette, car il n'est pas dit dans Molière qu'il y rajoute tout le temps de l'argent. Dans la cassette, il y a de l'or. Le fétichisme dépend de l'objet anal. L'objet oral n'est jamais totalement fétichisé ; je ne crois pas. Je crois que, pour qu'il y ait fétiche, il faut qu'il y ait un investissement anal. Or, la boisson, c'est un investissement oral. Si la bouteille est vide, le buveur ne va pas faire des rêves de drogué, n'est-ce pas. S'il fait un rêve d'ivresse, c'est parce qu'il faut qu'il boive un peu ; mais il ne peut satisfaire son désir seulement en imaginant qu'il boit ; tandis qu'Harpagon, avec sa cassette, ne fait rien : il ne se sert pas de ce qui lui donne un pouvoir pour faire aucune sorte d'échange ; il a le pouvoir uniquement par magie et sans qu'il y ait consommation, sans que le corps réel entre en jeu.

Lorsque l'objet transitionnel est atteint dans son intégrité, l'enfant est atteint à son tour, de façon magique. Je ne sais pas si vous avez eu des observations de cas avec de ces nounours auxquels il est arrivé un malheur ; l'enfant peut en être marqué pour toute la vie.

Je me rappelle – j'ai cette observation très nette en mémoire – ce qui est arrivé à une jeune fille, très fine de sensibilité, que j'avais chez moi, avant la naissance de mon fils aîné, et même avant mon mariage. Elle est restée pour s'occuper du petit. Quand il est né, elle était là, tout heureuse de voir mon bébé ; je lui ai dit : « Mais prenez-le dans les bras. » Elle l'a pris dans les bras et, alors, elle s'est effondrée en larmes, en le serrant contre elle et en disant : « Oh ! mon nounours ! mon nounours ! » Elle s'est complètement effondrée en sanglots ! Alors, je lui ai dit : « Mais qu'est-ce qu'il se passe ? Qu'est-ce qu'il se passe ? – Ah ! j'avais complètement oublié ! Mon nounours, mon nounours ! » Et c'était une histoire de nounours, de l'époque de ses quatre ans, qui lui est revenue ainsi brusquement. Ses parents, chez lesquels elle retournait tous les samedis, lui ont confirmé que c'était bien vrai : elle avait été inconsolable de perdre son nounours, qui était tombé sous le métro, quand elle avait quatre ans. Il était tout abîmé. Un employé de la station était allé le chercher. Mais elle était restée inconsolable. Or elle avait complètement oublié cet événement. Cette première fois où elle a serré dans ses bras ce bébé qu'elle avait investi comme étant celui que moi j'attendais – elle s'était identifiée à moi qui m'étais mariée, qui attendais cet enfant –, ce fut pour elle une libération. Plus tard, je l'ai fait remarquer : « Comme elle a changé ! » Elle avait changé, parce qu'elle avait revécu cette histoire qui était restée enclavée en elle.

Je crois que c'est cela : l'objet transitionnel a quelque chose du double, de l'autre soi-même et, quand il est atteint, l'enfant l'est aussi. C'est quelque chose de magique, l'objet transitionnel.

P. : De fantasmatique aussi.

F.D. : De fantasmatique, mais de magique.

Ce qui touche la substance de l'objet transitionnel touche

l'individu en quelque chose dans son inconscient. On a certainement beaucoup plus d'observations qu'on ne croit de ces objets transitionnels perdus dans un déménagement ; perte à cause de laquelle l'enfant n'a jamais retrouvé ensuite la sécurité qu'il avait quand il n'était pas encore détaché de cet objet transitionnel, représentant sa relation archaïque à la mère.

Alors, quelle différence y a-t-il entre un fétiche et un objet transitionnel ? C'est une question à examiner, quoique, par définition, la différence ne soit certainement pas énorme ; sauf que le fétiche est peut-être un représentant d'un *objet partiel,* alors que l'objet transitionnel est le représentant d'une *relation* dans laquelle l'enfant se sent un objet partiel de la mère. Le fétiche, ce n'est pas la même chose qu'un objet partiel représentant un objet érotique, oral, anal, olfactif ou génital, comme cette petite chose d'odeur, cette petite couverture dont l'enfant doit toujours retrouver l'odeur.

L'objet transitionnel ne concerne que les enfants, alors que le fétiche dure toute la vie. L'objet transitionnel, c'est une relation à une personne, à une vraie personne, tandis que le fétiche est imputable à n'importe qui : c'est un objet partiel de n'importe quel corps. Il n'est pas pris dans une relation à une personne particulière. Au contraire, l'objet transitionnel, c'est la relation à telle maman ; pas à une autre. Le fétiche – je parle, bien sûr, du fétichisme au sens de la perversion et non tel qu'il se présente dans l'animisme – est un objet totalement narcissique du sujet à lui-même.

P. : Vous voulez dire que le fétiche complète le narcissisme dans l'individu ?

F.D. : Oui. Tandis que l'objet transitionnel laisse l'enfant ouvert sur la relation au monde. Ainsi, la « madeleine » de Proust n'est pas un fétiche, c'est un objet transitionnel (qui le reliait à un monde de souvenirs, de personnes, de sensations de son passé). De plus, il n'avait pas besoin de se promener avec une madeleine... dans la bouche. Alors que la cassette, pour Harpagon, ne met celui-ci en relation ni avec un autre corps ni avec une autre personne. La valeur de ce que contient la cassette ne compte pas dans la relation qu'il a avec elle : c'est une valeur absolue, elle n'est pas relative à ce qu'un autre lui aurait donné. De plus, elle accapare toutes ses valences émotionnelles.

P. : L'objet transitionnel n'a-t-il pas cependant, lui aussi, pendant longtemps une valeur absolue ? pour le petit enfant qui ne peut s'endormir qu'avec son chiffon, son nounours, qu'avec cet objet-là ? Car on ne peut pas lui en substituer un autre.

F.D. : En effet, mais cela est dû à la très grande complicité des parents. Si la mère ne se montrait pas complice en redonnant tous les jours le même objet à l'enfant comme objet transitionnel, cela ne se produirait pas. Un enfant dispose de quantités d'autres objets pour représenter la même relation. Et, comme je l'ai dit, les meilleurs objets transitionnels, selon moi, sont les mots – ceux des chansons, des comptines, notamment, que l'on chante à l'enfant.

Je pense que l'objet transitionnel apparaît en relation à la tétée. C'est l'objet le plus proche de la tétée, c'est le plus étroitement relié au besoin. Il apparaît, selon moi, du fait de l'absence de la mère et de la présence de tous les objets sensoriels que l'enfant a à sa disposition. Parmi ces objets sensoriels, l'un revient avec la tétée – laquelle est répétitive –, et c'est ainsi qu'il va devenir objet transitionnel. L'objet transitionnel est un objet de désir, associé directement au besoin ; il est tout près du besoin. Ce n'est pas le cas du fétiche : la cassette d'Harpagon n'est pas associée au besoin. L'objet transitionnel est lié à la fois au besoin et à la personne que l'enfant désire – laquelle est articulée, à l'origine, à la satisfaction de ses besoins et donc à sa sécurité.

P. : C'est donc un objet limite, entre besoin et désir, en quelque sorte ?

F.D. : Oui ; tandis que le fétiche n'est qu'un objet partiel de désir – dans lequel, d'ailleurs, ne prédominent pas le tactile et l'olfactif, comme dans l'objet transitionnel. Le fétiche peut être autre chose que tactile ou olfactif.

L'objet transitionnel n'est absolument pas visuel. L'enfant se fout du côté visuel de cet objet qu'il peut déchirer, éventrer. Cet objet peut être délavé, râpé. C'est le toucher et l'olfaction qui comptent le plus. D'ailleurs, quand l'objet transitionnel d'un bébé passe à la lessive, ce n'est plus son objet transitionnel. Pourtant, à voir, c'est le même. C'est ce qui était terrible dans les hôpitaux (maintenant, on semble l'avoir compris) : on disait à l'admission d'un enfant : « Il peut prendre son nounours à condition qu'il passe dans l'autoclave. » Ensuite, ce n'était plus son nounours. C'était naturellement pour des raisons hygiéniques que l'on exigeait cela. Tout devait être stérilisé, y compris le sein maternel. *(Rires.)*

*

Je ne sais pas si je vous ai parlé d'un film que j'ai vu et qui a été tourné dans une maternelle, où l'on observe la psychologie de groupe des enfants.

J'ai assisté au phénomène suivant : les enfants ne peuvent pas résister à tendre, à donner l'objet qu'on leur demande, même lorsque leur premier geste est de le refuser, si on leur tend les mains dans une attitude de demande, en penchant la tête de côté sur l'épaule. Quand un enfant ne veut pas donner quelque chose qu'il tient et qu'il aime beaucoup, il ne peut pas s'empêcher cependant de le tendre à celui qui vient vers lui dans cette attitude, la tête inclinée.

Non seulement on a observé ce comportement des enfants entre eux, mais les éducatrices ont répété le même jeu, ce qui produisait les mêmes réactions des enfants. C'était d'ailleurs assez terrible de voir ça. C'est ce qu'on appelle du « travail psychologique ». On prend l'enfant comme cobaye, l'éducatrice s'avance vers lui, mains tendues ; lui s'amuse beaucoup avec un jouet ; elle lui dit alors : « Tu me le donnes ? – Non. » Et il continue à jouer. Alors elle penche la tête sur l'épaule et il ne peut pas s'empêcher de lui tendre son jouet.

Après cette expérience, dans la suite du film, on voit à un moment une éducatrice torcher un petit, debout – d'ailleurs, c'est très bien qu'elle le torche lorsqu'il est debout, penché en avant –, et lui changer sa culotte. Un autre enfant arrive et, voyant la raie des fesses de celui qui pour lui est de dos, lui tend son camion ! Il tend son jouet à la raie des fesses de l'autre ! A bout de bras, comme pour ne pas être happé lui-même.

Alors là, j'ai réfléchi. Je me suis dit : « C'est une association anale, certainement, qui produit cela : ne pas pouvoir résister à donner un cadeau. » Imaginez une mère en train de langer son bébé. C'est généralement sur une table ou sur ses genoux qu'elle le fait. Eh bien, quand elle est appuyée sur la table, l'enfant étant couché, elle est obligée de pencher la tête pour lui soigner le siège. Et l'association de la tête penchée au siège, c'est pour lui : « caca donné ».

Quand on a saisi quelque chose de vrai dans les images du corps, c'est fantastique comme l'enfant le comprend. On lui parle d'un signifiant qui n'est pas dans les mots, mais qui est dans la gestuelle humaine. Je pense que, chez les bébés noirs – auxquels jamais les mères ne donnent de soins au siège pour leur faire faire caca –, cela se passe tout à fait autrement que chez nous. Maintenant, elles vont procéder à l'européenne, sans doute ; mais on voit encore – et pas seulement dans une tribu, mais un peu partout en Afrique – qu'elles procèdent tout autrement : les bébés petits sont glissés entre les chevilles des mères. Ils sont assis et font caca entre les pieds de la maman qui les reprend après. Elle les essuie à peine à la main ou avec un chiffon qu'elle a. Elle doit écarter les fesses du bébé avec ses pieds. Et il n'est pas sale. C'est extraordinaire ! Car les enfants d'ici en ont toujours plein les fesses quand ils font caca. Mais là-bas, non. Il paraît que non. *(Rires.)* On en rit, mais c'est important, car ce sont les relations premières. Or, dans ce cas, l'enfant ne donne pas à sa mère : il donne à la terre – ce qui est tout à fait différent. Chez les Africains, l'enfant ne donne pas à sa mère ses excréments. Il les donne à la terre directement, comme l'adulte, et ce, du fait du style donné à la défécation de l'enfant. Dès que la maman sent que le bébé a envie de déféquer, elle le glisse le long de ses jambes. C'est très joli comme geste, d'ailleurs. Elle le maintient, avec ses chevilles à angle droit, et ensuite elle le reprend. En le portant sur le dos, elles ont un rythme fusionnel avec leur enfant tel que jamais, paraît-il, leur pagne n'est mouillé. Il y a des gens qui disent : « Non... ce n'est pas possible. » Or, c'est exceptionnel que l'enfant soit mouillé, parce que la mère le sent et le descend aussitôt. Et il fait pipi de la même façon qu'il fait caca, maintenu entre les pieds de sa mère.

Donc, chez ces enfants africains ne doit pas s'établir ce même geste réflexe de ne pas pouvoir faire autrement que de donner ce qu'on a à une tête penchée. Alors que, chez ces petits qu'on voyait dans le film, les observateurs ont trouvé que c'était un pattern de comportement ; ils étaient visiblement pris dans une impossibilité de résister à ce geste qu'on leur faisait : mains tendues, tête penchée. Quel que soit l'enfant casse-pieds qui venait, cinq ou six fois de suite, leur demander quelque chose qu'ils ne voulaient pas lâcher, ils retenaient d'autant plus que l'autre tirait davantage. Mais un malin avait trouvé qu'il n'avait qu'à tendre les mains et pencher la tête et, immédiatement, les autres lui donnaient ce qu'il voulait.

C'est justement de cette observation que les psychologues avaient faite d'un enfant qui obtenait tout sans rien avoir à faire, qu'ils ont eu l'idée d'organiser une observation expérimentale. Il fallait le voir ! C'était très intéressant de voir ce petit qui avait d'abord cherché à obtenir ce jouet en allant le prendre, qui ensuite en venait à le demander : « Tu me le donnes. Je le veux », et qui enfin – on les voyait, ces deux enfants de trois, quatre ans, se disputer – réfléchissait à la façon dont il pourrait l'avoir et pensait alors au truc de pencher la tête ; et l'autre cédait, alors que le premier ne lui avait même rien dit.

Ce qui était amusant, d'autre part, c'était de voir l'autre enfant dont je parlais se promener avec son camion, voir les fesses de l'autre et tendre son camion aux fesses. Moi, je l'ai vu, cela, en regardant le film, mais ça n'a pas été remarqué par les psychologues. C'était pourtant tout à fait frappant et c'est ce qui m'a fait faire ce rapprochement, dans l'érotique anale, entre l'impossibilité de refuser un cadeau associé à l'anal et l'inclinaison de la tête de celui qui le demande, moyen irrésistible pour obtenir ce qu'il veut.

*

A propos de cette question du don, voici ce que je voulais expliquer : c'est que nous, thérapeutes, sommes parfois complices de perversions avec les enfants. Et cela risque surtout de se produire lorsque l'on nous amène des enfants qui sont en crise œdipienne, si nous mettons en route une psychothérapie sans savoir pourquoi ni pour combien de temps : alors que, en étudiant bien ce qui se passe à la maison, quand le père arrive et que l'enfant fait la tête, ou quand le père – ce qui est tellement fréquent au moment de la crise œdipienne – s'en va dans une autre pièce, quand l'enfant est avec la mère, et qu'il laisse la place ou que, comme souvent, il met l'enfant dans le lit, avec sa mère, quand celui-ci pleure la nuit.

Il est impossible de mener un traitement dans ces conditions. Qu'est-ce que l'on va faire en étant complice de ça ? Au lieu de soutenir le père, en disant : « Comment les choses en sont-elles arrivées là ? » Peut-être est-ce sa femme qui a gémi, et demandé à avoir l'enfant dans le lit en l'absence de son mari. Peut-être l'a-t-elle supplié et s'est-il laissé avoir. Tout le monde est mené par la libido du tonnerre que l'enfant développe à l'âge œdipien si le père n'est pas à la hauteur de dire : « C'est moi qui commande ici. Ce n'est pas toi. Ta mère, c'est ma femme. Si tu n'es pas content, tu partiras de la maison. » Et c'est fini : en deux jours, c'est terminé ! Au lieu de faire une psychothérapie de six mois.

En tout cas, quand les enfants, filles ou garçons, ont été très marqués par une épreuve, quand un enfant a eu une maladie grave qui parfois lui a laissé des séquelles physiques, il est beaucoup plus solide qu'un autre, puisque la mort n'a pas voulu de lui. Il s'agit de ne pas rater l'éducation d'un enfant qui a failli mourir et qui reprend vie. Or nous voyons constamment que les parents qui ont failli perdre leur enfant lui passent tout ensuite. Ainsi d'un enfant qui aura eu des problèmes cardiaques : tout le monde aura fait en sorte qu'il ne crie pas, parce que, s'il avait crié, il aurait eu des spasmes, du sanglot, etc.

Je me rappelle une fillette qui n'avait aucun trouble d'aucune sorte, si ce n'est qu'elle était désobéissante comme pas deux ; elle était d'une famille nombreuse. Un jour – ils étaient alors dans une maison de location –, la mère avait interdit aux enfants d'ouvrir les volets, parce qu'il n'y avait pas de barre aux fenêtres. Ses enfants se débrouillaient bien d'habitude. Or la petite qui ne voulait en faire qu'à sa tête a voulu ouvrir les volets, tout en sachant que c'était défendu. Là-dessus, elle est tombée d'un premier étage sur du gravier ; elle était comme morte – enfin, choquée sur le moment. Naturellement, affolement des parents. On l'emmène à l'hôpital. Elle était marquée par des graviers qui s'étaient incrustés dans sa joue, mais elle n'avait rien eu.

On l'a gardée deux jours en observation par crainte d'une

lésion profonde, d'une fracture du crâne. Mais elle n'avait rien. Les parents, tellement heureux, venaient avec des joujoux à l'hôpital où on l'avait transportée. On n'a pas du tout pensé à la gronder. On était trop heureux, après avoir eu trop peur. Et elle s'en est donc tirée physiquement sans le moindre mal, avec seulement quelques marques superficielles.

Quelques mois après cet accident qui s'était produit pendant les vacances, la mère m'apprend que cette fille est devenue insupportable : « Je ne sais plus que faire d'elle. C'est vraiment le monde à l'envers à la maison. Elle commande, elle dirige tout. Et je voulais vous en parler : hier, elle a dit à sa petite sœur – à qui on avait refusé quelque chose [alors que c'était une famille assez permissive] : " Mais tu sais, si tu veux l'avoir, tu n'as qu'à te jeter par la fenêtre. *(Rires.)* Quand on se jette par la fenêtre, on a tout ce qu'on veut, et papa, maman ne te grondent plus jamais ! " »

Eh bien, cette enfant avait eu un très fort sentiment de culpabilité d'avoir désobéi. Et c'est son angoisse de culpabilité que les parents n'avaient fait qu'augmenter, en la gâtant après son accident. Cette petite n'était pas habituée à être ainsi choyée, dans cette famille nombreuse où tout le monde suivait le mouvement, comme une escouade. Alors qu'elle était intelligente, elle ne faisait plus rien en classe. Bref, elle se détruisait dans sa maîtrise d'elle-même.

Nous avons réfléchi, sa mère et moi, et j'ai dit à cette personne que, maintenant qu'ils étaient sûrs que l'accident n'aurait pas de suites pour elle, le moment était venu de lui parler de son geste. « Parlez de l'accident devant tout le monde, à table, Et, lorsque vous en arriverez au fait qu'elle est tombée parce qu'elle a désobéi en ouvrant les volets, chassez tout le monde et parlez-lui à elle, personnellement. Pas devant les autres. Et vous pourrez lui dire : " Eh bien, c'est maintenant que nous allons te donner ta punition, parce que nous avions trop peur avant. Nous sommes très contents que tu sois vivante, mais tu ne fais plus rien, tu vis à l'envers.

Nous pensons que c'est parce que tu te sens très coupable d'avoir désobéi. Eh bien, tu seras punie. " »

Or, ce qui est très curieux, c'est l'invention sadique que sa mère avait trouvée pour la punir. *(Rires.)* Car, ce qui lui est venu à l'esprit, ce fut : « Elle a une poupée préférée. Eh bien, je vais la priver pendant huit jours de cette poupée. » Je lui ai dit : « Vous allez lui faire ainsi ce que vous avez subi vous-même. Vous avez été privée d'elle pendant huit jours [l'enfant était restée à l'hôpital une semaine]. Vous avez vu ce que vous avez souffert de ne pas avoir votre enfant pendant ces huit jours. Et vous iriez lui imposer en retour ce qu'elle vous a fait ? Ça, c'est le talion, ce n'est pas une punition éducative. »

Ça m'a fait réfléchir, d'ailleurs ! *(Rires.)* Il ne faut jamais punir une enfant en la privant de sa poupée, qui est justement ce qui la soutient à s'identifier à sa mère. C'est absurde ! Alors, la punition, eh bien, ça a été autre chose – je ne sais plus ; elle a dû être privée de dessert pendant huit jours. Ce n'était pas grand-chose. Il fallait seulement marquer le coup, en montrant qu'il s'agissait d'une punition. C'est tout. Et les deux petits – parce qu'il y avait deux enfants plus jeunes – ont vu que leur sœur était punie. C'était fini. Il n'a plus été question de : « Si on veut quelque chose, il n'y a qu'à se jeter par la fenêtre. »

La mère s'est rendu compte, en effet, que ses enfants fabulaient. Ils jouaient à : « Moi, je vais me mettre sous une voiture ! » C'est ce que disait le petit garçon pour se rendre plus intéressant et désarmer les parents.

Il faut penser à ces situations où l'on induit une perversion chez un enfant ; dans ce cas, c'est à la suite d'un accident chez un enfant redevenu bien portant que les parents avaient changé d'attitude ; mais, quand un enfant est né fragile, eh bien, on lui passe tout ! Il ne trouve pas de limites à ses désirs. C'est comme ça qu'on ne fait pas d'éducation. Souvent les parents incitent l'aîné à n'avoir plus de défenses ou à renoncer à toute forme d'agressivité vis-à-vis du plus jeune – c'est très mauvais –, sous prétexte que ce dernier est petit et faible. Que la mère soit là pour proposer des dérivatifs à l'agressivité de l'aîné, c'est son rôle éducatif, mais qu'elle ne le blâme pas d'être agressif à l'égard du petit, quand celui-ci le provoque, sous prétexte qu'il est plus faible. Car elle l'affaiblit encore plus vis-à-vis des épreuves de la vie.

Justement, sa jalousie, il faut la lui parler. L'éducation, ici, c'est de parler, non d'empêcher. Si on dit à l'aîné : « Non, c'est un petit. Il faut lui céder toujours », le résultat, c'est que le petit s'éduque comme un pervers. Il asticote son aîné qui ne peut jamais réagir, il braille dès qu'il voit l'aîné approcher. La mère arrive : « Qu'est-ce qu'il te fait, mon chéri ? » On n'en sort pas ! Jamais cet enfant ne deviendra fort.

7

Le manque d'un nom dans l'Autre

Enfant insomniaque, porteur du prénom destiné à un frère mort - Confusion entre frère et père - « Maman n'a pas eu de mère. »

P. : Le corps et la mémoire, est-ce la même chose ?

F.D. : Le corps et la mémoire ? Ah, eh bien non, ce n'est pas du tout la même chose, quoique les cicatrices soient la mémoire écrite dans le corps. Mais c'est bien calé, ce que vous me demandez ! *(Rires.)* Notre corps, nous l'avons constamment de façon actuelle, tandis que la mémoire, elle, est virtuelle et « réveillable » ; le corps est réel ; la mémoire, c'est une virtualité qui peut s'actualiser. Ce n'est pas tout à fait pareil. Le corps est une sorte de parole figée, certainement ; mais c'est un fruit de paroles échangées qui peut, lui aussi, être sec ou vivant, et se mettre alors à communiquer à son tour.

Je peux peut-être vous l'illustrer par un exemple récent. Il s'agit d'un enfant de quinze mois qui n'a jamais bien dormi la nuit. Dans la journée, c'est un enfant superbe qui a très bon contact avec tout le monde. Les parents en sont venus à se disputer gravement du fait que la mère est très fatiguée, à force de se réveiller plusieurs fois toutes les nuits. Or, la nuit, l'enfant semble ne pas reconnaître sa mère, et encore moins son père. Si le père, qu'il aime beaucoup dans la journée, s'approche de lui la nuit, l'enfant se met en opisthotonos, en hurlant de terreur ; quand c'est la mère, il ne faut pas qu'elle s'approche ; mais sa voix le rassure un peu. Il s'endort et se réveille ainsi depuis sa naissance ; il est épuisant pour ses parents.

Alors, qu'est-ce que c'est que ce corps qui, dans la journée, est tout à fait dans l'échange – c'est un enfant doué, visiblement en contact avec tous les objets –, et qui devient la nuit lieu de conflits et d'angoisses ? C'est comme ça que se pose le problème corps/mémoire.

Ce qui s'est passé dans ce cas pourrait peut-être éclaircir la question. J'ai essayé de comprendre la situation avec les parents, et d'abord avec l'enfant qui avait un extraordinaire langage avec ses gestes, dans un jeu. Je l'ai vu une fois avec ses parents, puis trois fois en présence de sa mère seule, au rythme d'une séance par quinzaine. Or, à la deuxième séance avec sa mère, j'ai expliqué à l'enfant quelque chose que j'avais compris, sans savoir du tout si ça porterait ou non. Ça a dû avoir un effet sur la relation mère-enfant, mais pour lui ça a porté immédiatement, alors que la mère n'a rien compris sur le coup. C'est après qu'elle s'est dit : « Mais pourquoi est-ce que Mme Dolto m'a dit cela ? Et pourquoi l'a-t-il regardée de cette façon quand elle lui a parlé ? » L'enfant était en train de jouer à des jeux très, très signifiants avec des poupées et deux corbeilles à papier. Je savais qu'il y avait actuellement dans cette famille une fillette de quatre ans qui allait très bien ; et il y avait eu un fils, qui était mort tout de suite à la naissance. Or, s'il avait été nommé, il aurait porté le prénom que l'on avait donné ensuite à ce petit garçon de quinze mois, pour des raisons de traditions familiales : le fils aîné porte tel prénom – tradition acceptée par les parents.

Avant de voir l'enfant, à la première séance, j'avais écouté les parents me parler de cette pénible situation, le petit ne pouvant pas dormir, tellement angoissé toute la nuit qu'il se réveillait. J'avais demandé à la mère de me parler de cette histoire douloureuse de cet enfant qui était mort à la naissance. Elle m'en a parlé, avec certainement plus d'affect que le père.

Les parents avaient beaucoup souffert de la mort de cet enfant et avaient décidé qu'ils n'en auraient plus jamais d'autre, tant ce drame les avait éprouvés. Ils se sont pourtant guéris, puis ils ont eu leur fille. Et, lorsque le second est né, ce petit de quinze mois maintenant, ils lui ont donné le prénom destiné à l'enfant mort. Était-ce ainsi qu'il s'était débrouillé : en ne trouvant pas sécurité la nuit ?

A la deuxième séance, j'ai pensé, étant donné qu'à la première il avait joué tout le temps avec deux poupées garçons, les sortant de la corbeille, les rentrant dans la corbeille, qu'il était relié à ce premier enfant mort dont on ne lui avait pas parlé. Il jouait tout à fait tranquillement, sans angoisse, devant moi, entre ses deux parents.

(Je cherche à répondre à votre question sur la mémoire.) *(Rires.)*

C'est à la troisième séance – c'était la deuxième fois qu'il venait avec sa mère seulement –, pendant qu'il était encore en train de jouer avec des objets à des jeux signifiants (que j'ai notés à toute allure), que j'ai pensé que c'était le moment de lui dire qu'il avait eu un grand frère qui était mort à la naissance. Je lui ai dit que ce grand frère aurait porté le même prénom que lui et que sa maman avait eu le chagrin de ne pas pouvoir penser à ce frère sous un nom ; et peut-être avait-il lui-même pensé que, quand il dormait, il représentait un enfant mort, puisque sa maman n'avait pas d'autre nom pour son frère que le sien. A partir du moment où j'ai commencé à parler du grand frère qui était mort, cet enfant a laissé ses jouets et s'est approché de moi, en me regardant. Et, dès que je lui ai dit que son frère n'était pas fâché contre lui, qu'il lui avait donné son prénom, comme le père l'avait décidé, comme le grand-père l'avait décidé, et que sa maman savait que, même quand il dormait, il n'était pas un enfant mort lui, il a aussitôt dit à sa mère (car il articule déjà quelques phonèmes) : « mené, mené » ; il voulait s'en aller. J'ai dit à la mère : « Eh bien, partez tout de suite ! » Ils sont partis ; et, à la séance suivante, quelques jours plus tard, elle m'a dit : « Ce qui est extraordinaire, c'est qu'il est rentré le soir, il s'est endormi et il a dormi dix heures. » Depuis, il a dormi normalement, sauf cinq nuits de suite. La personne qui les garde habituellement, lui et sa sœur, quand ses parents s'en vont dîner en ville, est venue un soir ; dès son arrivée, il a pleuré et cela, sans arrêt jusqu'au retour des parents. Cette personne leur a dit : « Mais il a fait comme d'habitude. » En effet, puisqu'elle était habituée à ce qu'il ne dorme pas. Alors les parents se sont dit : « Ça y est ! Ça va être démoli. » En effet, le lendemain, il a recommencé à pleurer ; les parents ne savaient pas quoi lui dire. Ça a duré quatre jours et, le cinquième, il a retrouvé complètement le sommeil.

Ce qui est étonnant, c'est qu'en quinze jours cet enfant de quinze mois, qui jusqu'alors trottinait seulement comme un petit qui joue par terre, a voulu s'asseoir, a dessiné, a fait du modelage, a coupé de la pâte à modeler. J'ai dit à la mère quels progrès il avait faits : il a dit trois ou quatre mots, dont certains de trois syllabes. En tout cas, il donnait le nombre de phonèmes correspondant au nombre de syllabes des mots.

Qu'est-ce que c'est que cette mémoire d'avoir été porté par sa mère avec l'angoisse d'être un garçon mort ? Car il a répété, à la naissance, ce qui s'était produit pour le frère aîné : il a fait une légère asphyxie ; et on a été angoissé pour lui. L'accoucheur s'en est aperçu tout de suite et lui a donné de l'oxygène. Les parents ne l'ont su qu'après. En tout cas, il a failli mourir à la naissance, comme son frère.

Qu'est-ce que c'est que cette répétition ? On peut toujours mettre au compte du désir des parents tout ce qu'on veut. Mais nous sommes ici au niveau de l'enfant, pour lequel un mot a dû être la clé qui lui a rendu son corps de sommeil sans l'aliéner à lui-même la nuit. Ça, c'est la force du signifiant. Qu'est-ce que c'est que le signifiant ? C'est certainement autre chose qu'un objet transitionnel ; c'est autre chose qu'un fétiche, le signifiant « grand frère qui est mort ». « Tu n'es pas le grand frère qui est mort ; le grand frère qui est mort t'a donné son nom et tu peux l'avoir pour toi. »

Je pense que, dans le sommeil, cet enfant n'avait pas de communication avec sa mère, pas de communication du tout. Généralement, les enfants qui ne dorment pas retrouvent la paix dès qu'ils sont nichés dans les bras de la mère.

Or cet enfant était superbe, il n'était pas du tout fatigué ; il fatiguait ses parents, mais lui ne montrait aucun signe d'un mal-vivre quand il était réveillé. Alors que, durant la nuit, ni père ni mère ne pouvaient le consoler.

P. : Mais dormait-il dans la journée ?

F.D. : Vous le savez, un enfant rêve, dort, fantasme à tout moment.

P. : Ses parents ne lui avaient jamais parlé de ce frère mort ?

F.D. : Jamais.

P. : Et la mère vous a laissée en parler à l'enfant ?

F.D. : Mais bien sûr, puisqu'ils venaient pour comprendre. Tout s'est passé devant lui ; tout. Bien sûr ! Tout doit se dire devant l'enfant lorsqu'il s'agit de lui. Et tout ce que faisait cet enfant doit être compris comme sa participation à l'échange affectif et parlé avec les parents. Il illustrait ce que ses parents disaient, par son comportement, par ce qu'il faisait avec les paniers et les joujoux ; au début, avec les deux paniers (il y a deux paniers, avec des jouets dedans). Il a sorti tout ce qu'il y avait dans les paniers et il a laissé dedans deux petites poupées habillées en soldats – ce sont des poupées garçons par rapport aux poupées filles –, et il a réuni les deux paniers, l'un faisant couvercle sur l'autre, pendant que le père me racontait ce qu'ils avaient vécu de douloureux. J'ai pensé qu'il illustrait ce que le père disait – c'était à la première séance –, et donc que quelque chose de lui restait enfermé avec cet autre frère. J'ai dit alors au père que je pensais que ça avait un sens pour le petit que l'aîné n'ait pas pu être nommé, et que le petit, lui, porte le prénom qui aurait dû être celui du premier. Quand on ne donne pas de nom à un être humain, on ne lui donne pas le droit de mourir, pour ainsi dire, puisqu'on ne lui a pas donné le droit de vivre. Un être humain ne vit que nommé.

P. : Un enfant est bien enterré légalement, quand même. Légalement, il doit avoir un prénom. Tout enfant né, même s'il est prématuré, devrait avoir un prénom.

X. : S'il est mort-né ?

P. : Même quand il est mort-né.

X. : Nous sommes tous mort-nés, de toute façon. *(Rires.)*

P. : J'ai vu un cas de ce genre. Je faisais une garde à l'hôpital. Une mère a accouché dans les waters d'un enfant qui est mort aussitôt ; il était tout à fait constitué.

F.D. : Et ils ont été obligés de le nommer ?

P. : Ils ont été obligés de donner le nom du jour de la naissance.

F.D. : Mais il n'a pas été inscrit sur le livret de famille ?

P. : Non.

F.D. : S'il y a un nom, il figure sur un livret de famille. Sinon, on a donné un nom parce que les adultes qui étaient là voulaient le nommer ; mais il n'a pas été inscrit à l'état civil.

P. : Je ne sais pas. Mais on l'a prénommé. On a demandé à l'interne de garde de citer des témoins.

F.D. : Ce sont donc les adultes de l'hôpital qui l'ont nommé, mais ce n'est pas la famille. Ces enfants-là n'ont pas de sépulture. Le frère aîné du petit dont je vous parle est mort vingt minutes après l'accouchement. Le petit, lui aussi, a failli mourir vingt minutes après sa naissance.

P. : Ce qui est étrange, c'est que, dans le cas dont vous parliez, les parents n'avaient pas nommé l'enfant aîné en l'attendant, pendant la grossesse de la mère.

F.D. : Si ; ils l'attendaient avec ce même prénom qui, depuis huit générations, est celui du fils aîné dans la famille paternelle. Le petit dont je vous parle porte ce prénom, son père aussi, puisqu'il est l'aîné ; de même le grand-père paternel, et ainsi de suite en remontant les générations. Le prénom de l'aîné est donc ici un signifiant assez marquant.

Je crois que, dans cette séance où j'ai vu l'enfant seul avec sa mère, c'est le lien de la mère à son enfant mort qui a été récupéré par celle-ci, mais c'est le petit qui l'a montré. Elle, elle écoutait sans comprendre ; c'est lui qui était comme fasciné par les mots que je disais, alors qu'il était en train de jouer ; puis il a dit : « mené, mené ». Il fallait s'en aller tout de suite. On avait dit quelque chose de trop fort. Bref, il fallait se sauver.

Enfin, je vous le dis parce que ça a porté un fruit. Sinon, il aurait fallu chercher ailleurs.

Vous pouvez imaginer la transformation qui s'est produite dans cette famille : tout le monde peut enfin dormir. Pour la première fois depuis la naissance du petit frère, la sœur, qui est dans une autre chambre, a dit : « Oh ! Comme on a bien dormi cette nuit ! Je n'ai pas entendu mon petit frère. » Et, en effet, il n'avait pas pleuré.

Je trouve que c'est une histoire extraordinaire en rapport, justement, avec cette mémoire du corps à propos de laquelle vous m'avez interrogée.

P. : A quel moment avez-vous pu placer ce que vous avez dit à l'enfant ?

F.D. : C'était à la troisième séance, c'est-à-dire la deuxième fois qu'il venait seul avec la mère. A la première séance, tous les trois, le père, la mère et l'enfant, étaient présents ; à la deuxième, la mère qui accompagnait le petit m'a parlé, seule, du drame de couple qui était en train de se nouer, chacun lançant à l'autre, à propos de l'enfant : « C'est ta faute, c'est toi qui l'angoisses. » Enfin, ils étaient comme tous les parents qui se sentent toujours responsables d'un épuisement nerveux dans lequel ils sont coincés. Le père pensant que la mère en faisait trop avec ses enfants, la mère pensant que le père ne comprenait pas le problème. C'étaient des formations secondaires pour interpréter l'angoisse, pour essayer de la maîtriser, alors que l'enfant, lui, était dans le drame de ne pas avoir un sommeil à lui, mais un sommeil qui le rendait à une vie double, anxiogène, celle de deux êtres, un vivant et un mort qui collait à lui par mémoire.

En analyse, il ne suffit pas qu'un symptôme disparaisse ; mais, lorsque sa disparition s'accompagne d'une libération des pulsions de mort, comme dans ce cas-là, on voit le sujet investir d'une façon extraordinaire le monde extérieur et acquérir des sublimations de ses pulsions de vie. Chez cet enfant, ce furent les sublimations orales et la maîtrise du monde extérieur par l'intermédiaire des objets.

C'était vraiment étonnant de voir cet enfant de quinze mois venir s'asseoir, dessiner et modeler, alors que je ne lui avais rien demandé.

P. : La mémoire fœtale, dont vous parlez par ailleurs, n'est-ce pas aussi la mémoire de la mère se transmettant à l'enfant ?

F.D. : Justement, justement ; c'est bien possible.

P. : Je ne comprends pas très bien comment vous arrivez à différencier l'une de l'autre.

F.D. : Mais je ne les différencie pas. Je crois que pour un petit enfant tout est médiatisé par la mère et par le père. C'est pour ça que je ne fais jamais de traitement de petits sans que les parents soient présents, au moins l'un des deux en réalité, et l'autre dans la parole. Lorsqu'il s'agit d'enfants de l'Assistance publique, par exemple, qui n'ont plus leurs parents, je leur rends également présents leur père et leur mère ; c'est-à-dire : « la maman qui t'a porté dans son ventre et le papa qui avait donné la graine à maman pour que tu naisses ». Les parents doivent toujours être présents dans la parole. Je ne parle jamais à un enfant sans le référer à un pôle du triangle œdipien. Pourquoi ? Parce que c'est ma conviction profonde qu'un être humain est le représentant d'un couple. Si je parle à un enfant, je suis obligée de m'adresser à lui en tant que représentant du couple qui l'a constitué vivant, dans son corps.

Je crois que c'est une chose à retenir. Ce n'est pas un truc. C'est une vérité.

Avec cet enfant de quinze mois, je crois que c'est mon transfert qui a joué. Selon moi, le transfert de l'analyste est très important pour appeler à l'existence l'image du corps d'un enfant. C'est le transfert de l'analyste qui l'appelle à exister.

Quand je me suis adressée à lui, c'est que j'ai senti qu'il y avait eu pour sa mère un deuil impossible à faire, précisément parce qu'elle n'avait pas pu nommer l'aîné. Quand elle pense à son premier-né, me suis-je dit, comment peut-elle penser à lui, puisqu'il n'a pas eu de nom, et qu'enceinte de lui elle voulait lui donner ce même prénom qui est aujourd'hui celui de son second fils ? Alors, si j'étudie ce qu'a été mon transfert, j'ai dû m'identifier – en tant que femme probablement – à cette mère, et me dire : comment peut-elle penser à son enfant mort ? Elle ne peut penser à lui qu'à travers celui qui est vivant et qui porte le prénom qu'elle avait choisi pour celui qui est mort.

Donc, dans son sommeil, le petit ne pouvait que se confondre avec le frère mort. Dans le sommeil de la mère aussi ils étaient confondus, et depuis la naissance du petit elle n'avait jamais eu de sommeil complet : elle était tout le temps, tout le temps dérangée ; elle était d'ailleurs à bout de nerfs, cette femme.

P. : Est-ce que ce que vous avez dit à l'enfant peut être considéré, à proprement parler, comme une interprétation ? Et quelle différence faites-vous entre interprétation et intrusion ?

F.D. : C'était une interprétation déclarative, oui, sûrement. Je ne pensais plus interpréter le symptôme au moment où je l'ai faite. J'ai mis en paroles pour l'enfant ce qui avait été dit par les parents sur ce qui les avait touchés eux, parce que je pensais que ce frère aîné, qui ne lui avait pas été donné à lui, c'était quelque chose qu'il n'avait pas partagé avec ses parents. On peut dire que c'est une interprétation. Est-ce alors une intrusion, comme vous le disiez ? Je ne sais pas si c'est une intrusion. Je pense plutôt que c'était ce qui manquait pour qu'il y ait césure ombilicale. C'est comme s'il était resté quelque chose, qui n'aurait pas été donné à cet enfant, en même temps qu'on le délivrait. Je ne sais pas.

Ce sont des faits analytiques vrais, qu'il nous appartient, à nous, de comprendre.

Je crois que maintenant cet enfant peut avoir la mémoire de cette mort, alors qu'avant c'était son corps seul qui avait mémorisé. Ça n'avait pas été signifié à sa personne.

Il y a eu pour moi un moment très intense, celui où il m'a regardée quand je lui ai parlé du frère mort. La mère aussi a été très frappée de voir cet enfant qui jouait se mettre à me regarder dans les yeux quand je me suis adressée à lui. D'autant qu'aussitôt après il a dit : « mené, mené ». C'est rare, pour un enfant de quinze mois. Peut-être justement a-t-il eu peur que je le détache trop vite de sa mère.

Il ne dormait pas plus d'une heure sans se réveiller ; quelquefois, par la voix, la mère réussissait à le calmer. Mais il se réveillait sept, huit fois dans la nuit. Il n'avait jamais dormi une nuit entière. Or le changement est typique depuis cette séance : il dort ses nuits entières. Les parents ont eu la sagesse de ne jamais lui donner de médicaments ; ils avaient peut-être essayé une fois ou deux, mais, comme cela n'avait servi à rien, ils avaient abandonné. Naturellement, on avait fait des examens encéphalographiques : ils n'avaient rien révélé d'anormal. Cet enfant était superbe ; il n'avait aucun trouble dans la vie diurne ; rien.

Ce que je lui ai dit était donc une interprétation, puisque l'effet en a été libérateur, d'autant qu'il a rendu possible immédiatement un investissement du monde extérieur, notamment par la manipulation créatrice – jusque-là, il manipulait des objets, les déplaçait en jouant, mais il n'avait jamais rien construit. Tandis qu'à partir de ce moment, il est venu *faire* des choses en modelage – à quinze mois ! –, c'est-à-dire qu'il a créé de petites représentations anales en modelage ; il a dessiné des gribouillis, très jolis d'ailleurs.

P. : Que s'est-il passé pour la mère, pendant cette même séance ?

F.D. : Il s'est sûrement passé quelque chose de très important pour la mère puisque, avec une autre femme – moi, en l'occurrence –, elle a pu revivre en pensée l'épreuve qu'elle avait eue, qu'elle avait acceptée sans en comprendre le sens de frustration. Évidemment, l'interprétation que j'ai donnée à son petit garçon a dû la toucher, elle. Mais elle-même n'avait pas très bien perçu ce qui s'était passé. Quand elle est venue m'apprendre qu'il dormait enfin normalement, je lui ai dit : « Je pense que c'est ce que je lui ai dit pendant cette séance ; vous avez remarqué vous-même comme il m'avait regardée ; et, aussitôt après, il vous a dit : " mené, mené ", pour s'en aller. » Elle a dit alors : « Oui, je pense que c'est ça, mais enfin... » En tout cas, cette femme était très reposée, très différente.

P. : Je reviens à l'interprétation que vous avez donnée à l'enfant. C'est une parole, c'est-à-dire des signes qui instillent et qui produisent quelque chose.

F.D. : Oui, mais ce sont des signes qui instillent et qui produisent, à condition que la personne qui parle le fasse, si je peux dire, en son âme et conscience, parle en vérité. Enfin, je ne sais pas. *(Rires.)*

*

J'ai appris récemment une histoire qui est intéressante pour tout le monde. Il s'agit d'un petit garçon qui n'a pas encore trois ans. Il va entrer prochainement en maternelle. Cet enfant est le fils d'un homme qui, d'un premier mariage, a eu un fils, lequel a lui-même un enfant du même âge que son demi-frère de trois ans, et un autre enfant plus jeune. Les enfants jouent ensemble souvent. Je le sais par la demi-sœur aînée du petit qui, elle, a vingt-cinq ans et n'est pas mariée. Le dimanche, tout ce monde-là se voit, le père accueillant ses deux enfants du premier lit et les petits-enfants qu'il a de son fils.

Tout allait bien jusqu'à il y a trois mois. Du reste, rien ne s'est mal passé. Ce petit avait véritablement une passion pour sa grande sœur – sa demi-sœur, en réalité. Il parle déjà bien. Mais il ne comprenait pas du tout – n'ayant pas encore verbalisé ces rapports – qu'elle appelle son père (qui est donc aussi le sien) « papa » et qu'elle n'appelle pas « maman » la deuxième femme du père (sa mère à lui). Le dimanche, il entendait son grand frère, son demi-frère, appeler son père « papa », et lui-même, très souvent, appelait « papa » ce demi-frère adulte. Son père est d'âge à être grand-père, mais, paraît-il, d'aspect très jeune.

Vous voyez déjà que c'est très compliqué. Or, quand il parlait à quelqu'un de cet homme qu'il appelait « papa » – son demi-frère –, il disait toujours « le papa de Pierre » ; Pierre, c'est le petit du même âge que lui, son neveu. Et, quand il parlait de son demi-frère à sa demi-sœur qu'il aime tant, il l'appelait « ton Jean-Paul » – c'est le prénom de cet homme.

Par ailleurs, il connaissait bien la mère de ses petits neveux que ceux-ci appelaient « maman ». Mais lui l'appelait « la sœur à Jean-Paul ». Autrement dit, il appelait la femme la sœur.

Vous voyez dans quelle confusion cet enfant se trouvait pris.

Un jour, la jeune femme, la demi-sœur du petit, qui me rapporte cette histoire, me dit : « Comment va-t-on lui expliquer ? » Elle avait déjà recommandé à son père d'expliquer à l'enfant qu'il s'était marié une première fois. Le père était complètement inhibé ; de plus, il n'est pas du tout content que son petit garçon l'appelle « papa » ; il voudrait se faire appeler par son prénom. Ce qui ne fait qu'augmenter la complexité de la situation.

Un dimanche, la jeune femme va à la campagne chez son père. « Tu n'es pas avec ton Jean-Paul ? » demande l'enfant à sa demi-sœur. Elle répond : « Non. » Alors, il lui dit :

– Mais c'est ton papa ?

– Non, ce n'est pas mon père.

– Non, ce n'est pas ton père, mais c'est ton papa.

– Non, ce n'est pas mon papa.

– Alors, qui c'est ?

Elle commence à lui expliquer. L'enfant l'interrompt : « Ah ! Mais je n'ai pas besoin de le savoir. C'est trop compliqué. » C'est tout. Et il s'en va. Et puis, alors qu'elle était déjà dans l'escalier, il court après elle et dit : « Tu me diras la prochaine fois qui c'est. »

Elle n'a pas eu l'occasion de le revoir ce jour-là. Elle m'en a parlé pour me demander comment on pourrait lui expliquer la situation. Quelque temps après, elle a téléphoné à son père à propos de cette question : « Il m'a demandé cette explication. Est-ce que tu ne pourrais pas lui expliquer, toi, qui est Jean-Paul et qui je suis ? » Son père lui a répondu : « Eh bien, justement, je voulais t'en parler : nous sommes très inquiets, parce que, depuis que tu es venue l'autre jour, il ne mange plus, il veut dormir toute la journée, il dit tout le temps qu'il a mal aux oreilles. Nous l'avons conduit deux fois chez l'oto-rhino qui n'a rien vu d'anormal. Il pense qu'il faudrait faire des examens plus approfondis, peut-être un encéphalogramme. Le petit est complètement apathique, il n'est plus du tout vivant comme tu l'as vu il y a dix jours. »

Elle est retournée là-bas, le dimanche suivant. Elle m'a dit ensuite : « Vous savez, c'était extrêmement intéressant : dès que je suis arrivée, le petit est venu, il a fermé la porte et m'a dit : " Toi, tu seras toujours ma chérie ; mais qui tu es ? " » *(Rires.)* Il fait un transfert hétérosexuel sur sa demi-sœur.

Elle lui a alors expliqué que son papa s'était marié une première fois et qu'elle était sa fille, et Jean-Paul son fils ; c'est pourquoi tous deux l'appelaient aussi « papa ». L'enfant, paraît-il, écoutait avec la plus grande attention. Or, à un moment, il s'est secoué une oreille, puis l'autre, en s'exclamant : « Oh la la ! Oh la la! C'est compliqué. » Elle a dit : « Tu veux que j'arrête ? – Non, continue. »

Elle a donc essayé de lui expliquer toute la situation, en indiquant la place de chacun dans la famille. « J'ai compris. Alors là, j'ai compris », a-t-il dit. Et il s'est jeté sur la nourriture. Il n'avait pas bien mangé depuis trois semaines. Il a bouffé comme quatre. Le père a déclaré : « Je ne le reconnais pas. » Sa fille lui a dit : « Tu vois bien qu'il fallait lui expliquer. » Alors que les parents partaient déjà pour des électro-encéphalogrammes.

Cet enfant avait somatisé dans les issues de la compréhension – les oreilles. Il avait commencé une régression, de façon un peu larvaire, un peu fœtale, ne mangeant plus, ne voulant plus entendre et « dormaillant » toute la journée.

C'est intéressant de voir des situations de ce genre qui peuvent conduire même des médecins à entrer dans un processus de réactions en chaîne, à l'occasion, faute de savoir qu'il s'agit d'une somatisation.

La jeune femme m'a dit que son jeune demi-frère était complètement rétabli. Il est allé faire la leçon à son père, lui disant : « Mais toi, tu es mon papa. Tu n'es pas Adam. » Son père s'appelle Adam et, ce qui compliquait tout, comme je vous l'ai dit, voulait, pour ne pas avoir l'air vieux, que son petit garçon l'appelle « Adam ». L'enfant a donc dit à son père : « Et toi, tu n'es pas Adam. Tu es Adam pour maman, mais, pour moi, tu es papa. » Deux ans et demi ! C'est un enfant très intelligent. Car sa demi-sœur lui avait simplement expliqué que celui qu'il appelait Adam était aussi son père. Elle lui a parlé également de la petite graine, et de la différence entre frère et demi-frère. Car ce petit a d'autre part un vrai frère de la même mère, plus jeune que lui.

Chez cet enfant, l'inhibition totale de la vitalité laissait place aux pulsions de mort : seule se maintenait la conservation du corps *a minima,* avec refus de la relation langagière symbolique qui brouillait tout pour lui. Il ne comprenait rien. On aurait certainement dû lui donner l'explication un peu plus tôt. Enfin, mieux vaut tard que jamais. Et cela a suffi pour rétablir la situation. Tout de même, cet enfant vivait dans une espèce de magma, depuis deux ans et demi.

*

Je pense à un exemple de confusion comparable chez un adolescent, confusion qui m'a intéressée et surtout qui a stupéfié le père.

C'est un enfant, dit débile scolaire, de douze ans, superbe garçon, eumorphique, qui parle parfaitement, sans fautes de français, mais qui est incapable d'écrire et de faire du calcul ; il est donc tout à fait inadapté à la scolarité. Il est très angoissé chaque fois qu'il doit quitter ses parents chez lesquels il vivait de façon régressive jusqu'au jour où on a trouvé une petite pension qui a accepté de le prendre.

Ce garçon, que je n'ai vu qu'une fois, se présente comme quelqu'un qui se moque de vous tout le temps. Il est le dernier d'une famille nombreuse qui apparaît, telle qu'il se la représente, comme un magma épouvantable. Les beaux-frères sont pour lui des frères. Il prend sa sœur aînée pour une cousine. Or, quand je lui ai posé la question : « Et ta maman ? Quel est le nom de ta maman ? » il m'a dit cette chose extraordinaire : « Ma mère, elle n'a pas eu de maman. » Il était convaincu que sa mère n'avait pas eu de mère. Je lui dis alors : « Ce n'est pas possible. Tout le monde a une mère. – Non. Vous vous moquez de moi. Ma maman à moi, elle n'a pas eu de mère. Je vous assure, je vous assure, ma mère n'a pas eu de mère. Vous pourrez le lui demander. »

Comme son père était dans la salle d'attente, je lui ai dit : « Veux-tu que nous demandions à ton père, pour y comprendre quelque chose ? » Or, précisément, la grand-mère maternelle de ce garçon – il l'avait connue, cette grand-mère maternelle – était morte deux ans plus tôt. C'était donc la mère de sa mère. Eh bien, non, pour lui, c'était la mère de son père *et* de sa mère. Son père et sa mère étaient mariés, mais, dans son esprit, ils étaient frère et sœur.

Or, au moment où ils allaient s'en aller – et c'est venu ainsi, en tout dernier lieu –, le père me dit : « Mais c'est que ma femme portait le même patronyme que moi. » Si bien que la mère de sa femme portait le même nom que sa propre mère à lui ; la grand-mère maternelle de l'enfant portait le même nom que la grand-mère paternelle.

Voilà un enfant qui, évidemment, dès l'âge de six ans, avait été la proie de tous les rééducateurs en lecture et autres disciplines. Il était persuadé que c'était moi qui me moquais de lui. Sa mère n'avait pas de mère ; il ne faisait aucun doute pour lui qu'une personne puisse ne pas avoir de mère. Car il aurait pu répondre : « Je ne sais pas. » Mais non, il soutenait cela, en me disant : « Vous vous foutez de moi de dire que ma mère a eu une mère. Tout le monde n'a pas forcément une mère. En tout cas, si les autres en ont, ma mère, elle, n'en a pas eue. » Il n'avait pas connu son grand-père maternel, mais enfin, la grand-mère maternelle avait vécu à la maison et la mère de ce garçon l'appelait « maman ». Je le lui ai fait préciser, et son père le lui a rappelé : « Tu te souviens bien. » Il a ri, bêtement, comme un bébé.

C'est soi-disant un débile simple. Or, il a commencé à avoir des difficultés d'angoisse telles, au moment de la prépuberté – ne voulant plus aller dans son école qu'il aimait bien avant –, qu'on s'est bien rendu compte qu'il y avait autre chose, après lui avoir fait abandonner la scolarité. Dans sa famille, on se disait : « Il aime bien les animaux, il court après les belettes, il cherche les lapins. Il fera quelque chose de rural. »

C'est vrai d'ailleurs : dans une famille nombreuse où les premiers enfants ont déjà bien narcissisé leurs parents, il arrive qu'on se dise : « Le petit dernier, c'est vraiment une surprise. » Les parents ne s'attendaient pas à avoir cet enfant, né dix ans après l'avant-dernier, alors que les autres étaient tous d'âges plus rapprochés entre eux. Ils avaient été ravis d'avoir cet enfant, mais, enfin, la mère était déjà grand-mère.

Et, comme on ne lui avait jamais expliqué ces choses de base, qu'on ne lui avait rien dit sur les relations de parenté, ce petit dont je vous parle était en train d'involuer.

P. : Ce genre d'élucidation, quel rapport cela a-t-il, sur le plan théorique, avec une interprétation ?

F.D. : Ça interprète la connerie *(rires)* ; la connerie de la famille. Que tout le monde en sorte ! Ça interprète la chosification des êtres vivants. Ce qui fait d'un être une chose, c'est qu'il ne soit pas regardé comme la représentation génétique de la rencontre de deux sujets qui ne sont pas frère et sœur – car cela, c'est l'inceste.

Cet enfant préférait que sa mère n'ait pas eu de mère. Sa mère était à ses yeux la sœur de son père, si bien qu'il vivait avec un moi idéal incestueux, ce qui bloquait son développement psychosocial.

P. : Dans un premier entretien, on a souvent affaire à ce genre d'histoires embrouillées. N'est-ce pas positif, justement, d'intervenir alors au niveau de la compréhension de l'enfant ?

F.D. : Oui, mais, dans ce cas, la situation se sera peut-être déjà éclaircie ; car le père est lui-même tombé de haut, à découvrir que son fils n'avait pas du tout compris les rapports de parenté. Le père étant pour son fils, en tant que moi idéal, un représentant incestueux, cela explique ce qui se passait depuis six mois, depuis que l'enfant ne va plus à l'école.

Voici : il est allé pendant trois ans dans cette école spéciale. Il a une fixation « homosexuelle » de dépendance au directeur de cette école, mais, depuis des mois, ce directeur ne parvient plus à le faire revenir le dimanche soir à la pension, après le week-end passé en famille. Car le garçon veut absolument aller coucher dans le lit de sa mère, ce qu'il ne faisait plus depuis l'âge de sept, huit ans. Ça revient avec la prépuberté. Les pulsions génitales sont incestueuses, voilà ce que ce garçon vit comme étant normal ; mais pas incestueuses sur le plan sexuel, car il a l'air assez retardé quant à l'ouverture à la sexualité génitale. Le père m'a dit qu'il avait vu ses aînés se masturber – ce qu'il avait trouvé normal –, mais celui-ci jamais. C'est un enfant qui aime les bonbons, qui aime la nourriture, qui va voler dans le Frigidaire. Il a toujours été comme ça. Ce sont les gratifications orales qu'il va chercher, alors qu'il mange déjà largement à table. Il est d'ailleurs grassouillet ; il a le tissu sous-cutané infiltré, comme un enfant plus jeune. Les parents ont fait faire tous les examens possibles devant cette débilité – vous le pensez bien ; il a été passé au crible pour tout ce qu'il pourrait avoir d'organique.

Actuellement, il déclare qu'il ne peut pas aller en classe, qu'il a mal dans les jambes, mal à la tête, qu'il faut qu'il se couche et qu'il n'est bien que dans le lit de sa mère, même quand elle n'y est pas. Et il se couche à la place de la mère dans le lit conjugal, quand les parents sortent, par exemple. Il dort, il fait du sur-sommeil, par régression dans les pulsions de mort.

C'est impossible, en effet, qu'il fasse une puberté dans ces conditions. Il ne peut même pas accéder à la castration œdipienne. Il faut reconnaître qu'il a des parents âgés – ils sont grands-parents. Il ne peut pas advenir à la castration œdipienne, puisque le père vit avec sa femme comme un frère avec sa sœur et qu'il est grand-père d'autres enfants à peine plus jeunes que son fils. Le garçon, lui, n'a pas sa place ; il n'a pas de place. Il faut qu'il retourne dans le lit de ses parents pour se retrouver tel qu'il était quand il était petit, pour qu'à partir de là on lui dise qui il est, qui est sa mère et comment sa mère a été castrée. Car sinon, ce n'est pas une mère castrée ; elle n'est même pas accouchée : elle n'a pas eu de mère. Mais, vraiment, je n'ai jamais entendu un enfant, même débile – il a un QI de niveau 80, à peu près –, soutenir une chose pareille.

Hors des activités scolaires, il n'est pas bête. Son père m'a dit que, pour beaucoup de petites choses, des activités mécaniques, comme de remonter une bicyclette, il savait s'y prendre. Il fait des acrobaties. Un enfant de trois, quatre ans est déjà très calé pour en faire. Lui a toujours été très acrobate : il monte aux arbres, déniche les œufs, quand ce n'est pas trop fatigant, parce qu'il est assez passif – du reste, il le devient de plus en plus. Mais enfin, il est capable de le faire.

Son habitus, c'est de trouver tout drôle. Tout le monde le trouve charmant. Il est toujours gentil, il ne dit rien.

Les autres enfants de cette famille sont tous sains. Ce petit dernier est un cas particulier, il vit comme un fils unique, puisque les autres étaient déjà dans des grandes classes quand il est né ; enfin, ils étaient trop grands pour lui ; somme toute, pour lui, des grandes personnes.

Le fait important c'est que, pour lui, il n'a jamais été clair que, lorsqu'un homme se mariait par exemple, ce n'était pas une sœur qu'il épousait. Pour lui, les maris de ses sœurs sont leurs frères ; puisqu'elles portent le même nom que leurs maris. Le chien porte un nom qui est un nom de famille, le chat aussi. Or, il a fait une inversion de sexe, prenant le chat pour une chatte. Le nom par lequel il appelait le chat m'a fait penser qu'il s'agissait en réalité d'une chatte. Cette chatte, il l'appelait aussi « le chat », ce qui était plutôt bon signe puisque, pour les petits, le chat est un représentant des pulsions femelles – même s'il est mâle –, par rapport au chien qui représente les pulsions mâles, même lorsqu'il s'agit d'une femelle. Qu'il m'ait dit que la chatte était un mâle signifie probablement qu'il sait que les pulsions passives sont tout de même masculines pour lui.

Il a intégré son sexe en tant que garçon, il se sait garçon.

Il n'y a pas de transsexualité imaginaire chez lui. Non, il est garçon, mais il a une mère qui n'a pas de mère.

Pourtant, il est probable que, lorsque sa belle-mère était à la maison, le père l'appelait « mère », et que sa femme l'appelait « maman ». Le père m'a dit : « Ça m'étonne beaucoup, parce qu'il aimait beaucoup sa grand-mère. » Or, quand il s'est adressé à son fils, en lui disant : « Tu te rappelles grand-mère ? C'était la mère de maman », celui-ci n'a pas réalisé du tout : visiblement, il ne faisait pas le rapport entre « grand-mère » et mère de maman. La grand-mère, c'était sans doute sa grand-mère à lui, mais ce n'était pas en même temps la mère de sa mère.

Je lui ai dit : « Mais alors, ton père avait deux mères ? – Ah ! Eh bien, peut-être. Ben oui, ben oui. »

Je crois qu'on ne peut pas s'occuper d'un enfant qui a des difficultés scolaires sans aller d'abord justement à ses relations génétiques. Il y a des chiens dans cette famille qui vit à la campagne. Je suis sûre que ce garçon débile sait que les chiens ont tous une mère. Il ne sait peut-être pas qu'ils ont un père.

C'est une carence du symbolique qui s'est enclavée en lui. Mais c'est la première fois – et vous voyez comme c'est tard dans mon expérience – que j'entends un enfant me soutenir mordicus que sa mère n'a pas eu de mère. Je ne sais pas si ça arrive très souvent qu'un enfant dise ça. Qu'on puisse projeter d'un être humain qu'il n'a pas eu de mère, c'est tellement impensable !

Et, si j'en témoigne devant vous, c'est pour que vous partagiez mon expérience, vous qui êtes au début de votre métier.

Cet adolescent entrait dans une période régressive sérieuse, se désocialisant. Or c'est à six, sept ans, quand on a vu son incapacité à lire et à écrire (qui dure encore, et que l'on a pris alors pour une légère débilité scolaire avec dyslexie rebelle à toute rééducation), que l'on aurait pu dépister chez lui cette lacune symbolique de sa filiation. La parfaite syntaxe de son langage parlé et son adresse corporelle acrobatique avaient donné le change, ainsi que son habileté manuelle naturelle, et non pas acquise par éducation. Ses frères et sœurs aînés, eux aussi, avaient les mêmes grands-parents maternels et paternels portant le même patronyme, leurs deux parents portant le même patronyme de naissance. Seul ce petit dernier n'a pas accédé à l'Œdipe, imaginant ses parents comme frère et sœur. Pourquoi est-ce lui seul qui a grandi dans cette confusion totale concernant la parenté ?

8

A propos de l'inaudible

Accepter de ne pas entendre ce que dit le patient - Rêve de la lutte de Jacob et de l'Ange ; rêves de caca - A propos des enfants jumelés - A la naissance d'un puîné, l'enfant ne s'identifie pas à l'autre mais à lui-même, tel qu'il était, petit.

P. : Je voudrais parler d'une femme d'une trentaine d'années qui est hospitalisée depuis deux ans dans l'hôpital de jour où je travaille. Il y a quelques mois, elle a demandé à venir me parler. Je m'occupe en effet d'un groupe de pâte à modeler et je lui avais proposé d'y participer. Elle m'avait dit : « Je veux bien, mais je ne suis capable de rien, je ne peux rien faire de mes mains. » Je lui avais répondu alors que le groupe avait lieu tel jour à telle heure, qu'elle pouvait y venir.

La semaine suivante, elle a demandé à me rencontrer et elle a parlé d'abord de son sentiment d'anormalité, de l'impression de ne pas être comme les autres.

Elle est venue ainsi plusieurs fois me parler de sa sensation d'avoir le cerveau vide, de n'avoir pas d'idées.

Elle parle d'une manière très particulière, très doucement, sans rien regarder, en se triturant les mains, en répétant plusieurs fois la première partie de sa phrase avant de la terminer. Il est très difficile de comprendre ce qu'elle dit.

Cette personne s'appelle Anne. Elle est issue d'une famille de huit enfants ; elle a un frère jumeau dont elle ne parle jamais. Elle ne fait jamais allusion à sa famille ; ou, si elle l'évoque, c'est seulement par le terme « les autres ». Elle ne veut pas nommer « ces autres » qui sont ses frères et sœurs. Elle n'a jamais nommé non plus cet homme qui est son jumeau, qui est marié et père de famille. Toutes les filles de sa famille, dit-elle, s'appellent Marie. Elle-même se prénomme Anne, Marie-Josée. On l'appelle Anne, alors que ses sœurs ont chacune un prénom composé avec Marie.

Elle évoque la mort, son désir de mourir et la mort de sa mère, décédée il y a un an. A la fin de la journée, à l'hôpital de jour, elle m'a tirée un peu à l'écart pour me dire : « Vous savez, je vous ai parlé de la mort, je vous ai dit que j'avais envie de mourir, mais ce n'est pas vrai. » Alors je lui ai proposé d'en reparler.

Dans les entretiens, elle a beaucoup de mal à parler et elle m'oblige insensiblement, à chaque fois, à tendre l'oreille, à me pencher pour entendre ce qu'elle dit ; je suis donc obligée de lui dire plusieurs fois : « Je n'ai pas compris ce que vous dites. Voulez-vous répéter ? » A chaque fois, il lui faut beaucoup de temps, comme je vous le disais, puisqu'elle répète plusieurs fois le début de ses phrases. Et elle termine toujours l'entretien en disant : « Ça me fait beaucoup de bien de venir parler ici. » Et cela, aussi bien après avoir évoqué deux minutes plus tôt la mort de sa mère et son propre désir de mourir. En répétant que les médicaments ne lui faisaient aucun bien, elle m'a dit avec beaucoup de difficultés : « Je ne veux plus vous voir. »

F.D. : Cela fait combien de temps qu'elle croupit, cette fille ? Elle croit que, parce qu'elle est jumelle de corps, elle n'a pas de sujet et qu'il faut qu'elle ait la tête vide puisque son frère a un sexe qui cst l'équivalent, tête en bas, d'une tête en haut. Elle a dû laisser la place à son frère pour que lui soit un sujet ; elle, elle est a-sujet, « a » privatif de sujet. Elle ne veut pas mourir, mais elle n'est pas sujet. Et en effet, là, elle est comme un objet.

Si elle a de l'argent de poche, c'est suffisant pour qu'elle vous paie, en attendant que, en travaillant, elle puisse vous payer plus tard en sortant de l'hôpital de jour. C'est ça qui peut l'amener à continuer une relation thérapeutique avec vous. Car celle à qui cela fait du bien de parler n'est pas, semble-t-il, la même que celle qui vous parle en dehors de l'entretien. Au-dehors, elle se sent une personne, tandis qu'avec vous, elle se sent une petite fille. Elle vous dit : « Vous savez, ce que la petite fille vous a dit, ce n'est pas vrai. Moi, je ne veux pas mourir, mais la petite fille vous a dit qu'elle voulait mourir. » Elle ne paie pas pour la petite fille, c'est-à-dire qu'elle ne paie pas pour la partie d'elle-même qui est réduite à l'état de mineure actuellement. Il faut donc qu'elle paie pour elle. Qu'elle arrive au moins au niveau d'une adolescente qui ne travaille pas et qui vit encore chez les parents. Une adolescente doit payer pour elle-même, à la mesure de ses moyens.

D'autre part, je pense que, quand quelqu'un, sur le divan ou en psychothérapie, en vient à parler pour ne pas être entendu, il n'y a pas à lui faire forcer le ton. Vous avez à accepter d'être frustrée de ne rien entendre. D'ailleurs, elle ne vous dit pas : « Ça me fait du bien de vous parler », mais : « Ça me fait du bien de parler ici. » Ce n'est donc pas à vous. La preuve, c'est que, quand elle ne vous parle plus à vous, elle se parle à elle-même : puisque alors elle parle et que vous ne l'entendez pas. Mais, elle, elle a parlé. Pour elle, c'est elle son analyste. Comme toujours !

Comme elle ne vous paie pas, c'est elle seule son analyste. Si elle vous payait, ce serait vous son analyste. Qu'elle vienne parler à un analyste qui ne l'entend pas, c'est très important. Ce n'est pas indifférent que vous soyez présente, mais elle vous donne la mort. Elle parle pour elle-même. C'est comme si vous étiez un substitut de mère qui est dans la mort ; elle vous met dans la mort. Je crois qu'il vous faut accepter d'être dans la mort, car elle se parle à elle-même, s'automaternant à ce moment-là. Je pense que c'est comme ça que vous pouvez l'aider et non pas du tout en l'obligeant à être dans la réalité vis-à-vis de vous. Vous voyez ? En séance, elle parle seule, pour elle-même, et vous êtes présente. Et puis, c'est à l'extérieur qu'elle vient vous parler, et là vous entendez ce qu'elle dit.

Il semble que, la personne sur laquelle elle transfère en séance, ce soit la maman de sa petite enfance qui ne l'a pas élevée comme « les autres », les frères et sœurs, bien qu'elle lui ait donné, heureusement, le même prénom qu'aux autres filles (Marie), qui, elles n'étaient pas des jumelles ; elle lui a même donné un prénom de fille entière et pas d'une fille moitié, si je peux dire, mais il est probable qu'elle ne l'a pas élevée comme les autres, car, dans les familles nombreuses, en général, les jumeaux se suffisent à eux-mêmes ; les parents ne les individualisent pas en leur parlant. On dit toujours : « les jumeaux ». Les jumeaux par-ci, les jumeaux par-là.

Les sœurs avaient toutes un prénom composé avec Marie (donc « Marie » s'entendait dans leur prénom quand on les appelait), tandis qu'elle, qui avait trois prénoms, n'était appelée que par le premier : Anne. Là aussi, il est très curieux qu'on l'ait appelée Anne – nom de la mère de Marie dans l'Évangile. Elle portait donc le nom de la mère de la mère. Il est bien possible que sa mère ait vu devant ce couple de jumeaux qui naissait le couple de ses parents à elle.

C'est comme si cette enfant n'avait eu aucun objet d'identification féminin quand elle était petite. Il ne lui est pas possible de trouver un objet identificatoire, non plus que de rester fusionnelle à son frère. En réalité, elle ne l'a jamais été vraiment, pas même *in utero :* dans son placenta, elle n'était pas du tout fusionnelle à l'autre. Ils ont été fusionnés dans le langage...

P. : Jusqu'à cinq ans, on ne les appelait jamais que « les jumeaux ».

F.D. : Je pense qu'il faut la faire payer ses séances ; il faut aborder cette question avec elle, à condition que vous soyez, vous, désireuse qu'elle vienne mais non pas de l'entendre. Vous voyez ?

Quant à son geste de se triturer les mains, c'est comme si elle voulait à la fois représenter et défaire par les mains son identification, sa fusion plutôt, à son frère : enlever ses mains de celles de son frère qui la gênent – comme si ses mains étaient en dessous de celles de son frère et qu'il lui fallait les en retirer. C'est, d'autre part, comme si elle n'avait jamais eu des mains de fille, seul sujet de son corps, sous prétexte qu'elle est née en même temps qu'un autre, au même âge que cet autre. Or elle a eu un autre placenta, elle est donc *une* depuis le début – puisque ces jumeaux sont garçon et fille. Cependant, elle a été totalement fusionnée dans les stades précoces de la vie avec ce frère, dans une sexualité complémentée avec lui et surtout dans le langage où on ne les individuait pas l'un par rapport à l'autre.

Les pulsions anales, c'est entre deux, trois ou quatre ans qu'elles sont castrées et qu'elles peuvent se sublimer dans l'agir, dans le « faire », par les mains qui forment un sphincter manipulant un matériau dont l'intérêt qui lui est porté hérite de l'intérêt premier pour les excréments. La bouche est aussi investie de pulsions anales, d'ailleurs. La parole est produite grâce aux muscles de la bouche qui sont des muscles striés. Parler, c'est un « faire » par le larynx, le cavum et la bouche ; c'est une manipulation de la colonne d'air. En ce sens, la parole est déjà d'ordre anal ; de sorte que, si cette malade ne vous dit pas une parole intelligible, c'est la même chose que de ne pas pouvoir « faire ». Mais elle parle à sa mère dans le secret d'elle-même, elle parle à la mère qu'elle est devenue pour elle-même ; elle se parle à elle-même comme à sa mère : « Ici, chez nous. » Je crois que, cela, c'est très positif. Ne cherchez surtout pas à savoir ce qu'elle dit.

Je me rappelle le cas d'une personne que j'ai eue en traitement sur le divan, après deux autres psychanalystes ; le deuxième avait finalement préféré l'adresser à une femme, en l'occurrence moi. C'étaient des psychanalystes masculins. Le premier n'a pas pu la garder longtemps, il l'a renvoyée à un autre, lequel me l'a renvoyée parce qu'il n'entendait rien de ce qu'elle disait, tant elle parlait bas ; pourtant, c'était très important.

Et elle a fait tout son traitement chez moi, sans que j'entende rien. J'ai entendu, je peux dire, trois rêves ; et ces trois rêves ont suffi à l'amener vers la guérison.

Dans l'un de ses rêves, elle descendait l'escalier d'une maison qui avait un vitrail sur un palier. (Dans les maisons de sa province natale, il y avait, paraît-il, très souvent des vitraux.) Dans son rêve, le vitrail représentait la lutte de Jacob avec l'Ange. J'ai entendu ce qu'elle disait à ce moment-là : c'était une lutte entre deux hommes dont l'un avait des ailes. Quand elle était petite, elle ne savait pas ce qui était représenté là, sur ce vitrail. Sa mère lui avait dit : « Tu sais, c'est l'histoire de Jacob. » Mais ma patiente ne savait pas lequel des deux était Jacob.

Dans ce rêve, fascinée par le vitrail, elle ne savait plus si elle-même était au rez-de-chaussée, au premier, au second ou au troisième ; si elle était en bas, ou en haut. Or, par association, j'ai dit : « A quel étage de la maison, dans la réalité, était ce vitrail ? » Elle m'a dit qu'il était au premier. Elle était comme fascinée par cette image, ne sachant pas si elle n'était pas, en fait, celui qui avait des ailes – c'est-à-dire un être ne prenant pas possession de l'air pour s'y marquer.

Les deux autres rêves étaient des rêves exclusivement d'excréments. Dans l'un, elle venait chez moi, elle excrémentait, et mon bureau était absolument plein de ses excréments ; c'était tout juste si elle pouvait se faufiler pour arriver à passer et à sortir après sa séance.

Le troisième rêve était encore un rêve où elle ne faisait rien que caca et caca ; et c'était extraordinaire la quantité qu'elle pouvait en faire ! Heureuse et fière d'elle-même.

Cette jeune femme était d'ordinaire coiffée comme une caricature : comme une petite fille qui aurait les cheveux frisés. Or, après avoir fait le récit du rêve de l'Ange, elle est revenue, tout à fait bien coiffée, c'est-à-dire les cheveux coupés ; elle était même très jolie, du fait. Auparavant, avec ses cheveux frisés, elle était comme une enfant qui n'aurait jamais été peignée.

Après le premier rêve d'excréments, elle s'est véritablement habillée, alors qu'auparavant elle était vêtue sans aucune coquetterie, sans aucun narcissisme.

Et, après le troisième rêve, curieusement, elle m'a annoncé qu'elle allait se fiancer.

Au début du traitement, elle ne travaillait pas, mais, peu après, alors que je ne comprenais rien de ce qu'elle disait, il a fallu changer les jours des séances. Debout, elle me parlait de façon audible. C'est lorsqu'elle était sur le divan que je n'entendais rien. Sur le divan, elle a fini par me dire qu'il fallait changer de jours parce qu'elle avait trouvé un travail. Pensant que, sinon, elle risquait de ne pas travailler, je lui ai dit : « Vous n'avez qu'à me dire à quelles heures vous pouvez venir. » Elle espérait que je lui changerais les horaires de séances à son gré. Alors, je lui ai demandé : « Mais est-ce que, dans vos premières analyses, vous avez changé les heures de séances ? » (Je pensais : elle veut me manipuler.) Elle m'a répondu : « Eh bien non, justement ; et je ne pouvais pas travailler, parce que les séances avaient lieu à des heures où on travaille. » Elle avait justement pris ses séances, dans ses deux analyses précédentes, à des heures qui ne peuvent convenir qu'à des gens qui ne travaillent pas. Cependant, je lui ai dit : « Eh bien, nous avons fixé ces heures-là, mais nous pouvons changer. » Ce que nous avons fait. Et, par la suite, elle n'a plus jamais demandé à changer l'horaire des séances qu'elle a choisi, cette fois, compatible avec celui de son travail.

Et puis, j'ai appris qu'elle se fiançait. Je ne comprenais rien, puisque je n'entendais rien. En fait, cette quantité de merde qu'elle avait déposée chez moi, c'était une merde à sa mère, qui ne l'avait jamais instruite de rien.

Ce qui est intéressant, c'est qu'elle avait une sœur plus

jeune, qui avait tout réussi dans sa vie. Sa sœur était mariée déjà quand elle-même était entrée en traitement. Elle-même avait l'air tellement bloquée que le psychiatre consulté à l'époque avait porté le diagnostic de schizophrénie. Or, elle n'était pas du tout ce que l'on peut appeler une schizophrène.

Elle avait été la jumelle zéro pour la seconde qui avait été la jumelle numéro un. On les avait jumelées. D'ailleurs, elle n'est allée à l'école que quand sa petite sœur y est allée. On l'avait retenue, et, comme on avait mis sa petite sœur à l'école à quatre ans, elle-même n'y était entrée qu'à cinq ans et demi ; elle avait dû attendre la petite sœur pour y aller. Tout était soumis à la petite sœur.

Quand j'ai eu l'occasion de parler d'elle à son premier analyste, il m'a demandé : « Elle vous a dit quelque chose ? Moi, je n'ai jamais rien entendu de ce qu'elle m'a dit. » Je lui ai répondu : « Moi non plus ; sauf trois rêves. » Nous avons parlé de cette lutte entre la petite fille angélique qui, en quelque sorte, n'était rien du tout, n'avait aucune consistance, et Jacob – la sœur de ma patiente s'appelait Jackie, ce que je n'ai su que par l'autre psychanalyste. L'Ange était blessé à l'aile et, elle, à son « elle », à son narcissisme à travers sa sœur. C'est sûrement ce qui est sorti sous la forme de cet énorme caca.

C'est une fille qui ensuite a fait complètement sa vie. Elle s'est mariée. Puis, un jour, elle m'a dit : « Je vais être obligée d'arrêter l'analyse parce que nous allons habiter une autre ville, en raison de la situation de mon mari. » Elle est partie comme elle était venue. Moi, je n'avais pas compris grand-chose.

Par la suite, j'ai appris par ceux qui me l'avaient envoyée qu'elle avait trois enfants, que tout allait très bien. Son analyse avec moi a été un épisode où elle a eu besoin d'annuler l'autre-femme. En effet, ce n'était peut-être pas bête de l'envoyer à une femme, mais à une femme qui devait faire son deuil d'elle. Et c'est consciemment qu'elle m'annulait, comme elle avait été annulée. M'ayant annulée, elle a pu de nouveau existier et avoir un destin, comme sa sœur, dans un milieu bourgeois. Je pense qu'il est très important de supporter que les patients vous castrent.

Cette jeune femme était d'une famille aisée. Elle avait de l'argent ; ça ne faisait pas de problèmes. Elle était majeure. Elle avait un compte en banque. Elle signait ses chèques elle-même. Or elle s'est mise à travailler.

J'étais jeune psychanalyste à ce moment-là, c'est pourquoi j'étais d'autant plus embarrassée à l'idée de me laisser manipuler dans une question de changement d'heures. J'ai tout de même accepté, parce que nous étions en tout début du traitement et qu'elle avait pris, en effet, un horaire de séances qui l'aurait empêché de travailler. Or, quand quelqu'un, en âge de travailler, prend des séances à des heures de travail, c'est comme s'il était décidé à ne jamais travailler.

Cette jeune fille avait les deux bacs – « mes deux bacs », disait-elle – et une licence, je ne sais plus laquelle. Mais elle avait trouvé un travail dans une maison de commerce. Je ne sais pas ce qu'elle faisait, mais en tout cas c'est une activité qui l'a mise dans la société, en lui permettant de se renarcissiser : elle n'avait plus une tête comme un balai tête-de-loup, elle s'habillait comme une jeune fille de son milieu et de son âge, au lieu de porter des houppelandes moches d'un être asexué. Elle est devenue vraiment une très jolie fille.

C'était surprenant de voir que cette transformation narcissique s'est produite grâce au fait qu'elle m'avait mise dans la merde et dans la mort ; dans le caca. Au milieu du silence, en séance, c'est avec un petit rire de petite fille vraiment très contente qu'elle a raconté ce rêve : elle avait fait caca dans mon bureau. Elle a fait : « Hi-hi-hi. » Moi, je n'ai pas pipé. J'ai écouté le rêve.

Comme je prends des notes, j'ai gardé son dossier. Ce que j'avais noté, c'était ceci : « Des petits blancs. Je n'entends rien. Il faut croire qu'il faut que je n'entende rien. »

En général, dans les séances, ne faites jamais répéter ce

que vous n'avez pas entendu. Car l'important, c'est que c'est le patient qui est son propre analyste, ce n'est pas vous, mais c'est grâce à votre présence et au fait qu'il vient vous payer le temps d'une personne qualifiée pour entendre l'inconscient – c'est cela qui fait advenir chez le patient l'analyste en lui ; ce n'est pas parce que nous entendons et comprenons, ni parce que nous nous sentons gratifiés à l'idée d'être toujours bon analyste. C'est simplement d'être là et d'accepter d'être frustré, d'être castré, qui fait que l'autre alors peut advenir à son dire et comprendre ce qu'il dit. Et puis, dans certains rêves qui sont justement des rêves de transfert et qui peuvent se dire, on voit à quel niveau se trouvait la libido, comme chez cette patiente bloquée dont je viens de vous parler, qui avait accumulé en elle une haine qui ne pouvait se traduire que par : « merde, merde, merde ; je t'emmerde, je t'emmerde ». Et, grâce au fait qu'elle m'avait tellement emmerdée, elle a pu émerger et sortir de sa mouise, dans laquelle elle était complètement scotomisée comme sujet pour la société.

Cette patiente parlait de manière audible quand elle était en face à face ; mais d'une façon tout à fait hachée. « J'viens. Pa'ce que ça va pas. J'tais chez m'sieur D. M'sieur D. m'a envoyée chez m'sieur Untel. J'suis restée deux ans chez lui. Il m'a dit qu'y valait mieux qu'j'aille avec une femme. » Donc un débit de paroles très haché.

Et – j'y reviens – je crois qu'en effet ce travail, qui a été un travail de style psychothérapique à l'occasion d'une analyse, était impossible à faire avec un homme ; il lui était impossible de merdoyer un homme, si je peux dire, parce qu'un homme est le représentant des pulsions phalliques et des pulsions actives. Or, si elle l'avait noyé sous la merde de ses propres pulsions actives, elle n'aurait rien pu faire. Mais couvrir de merde la mère, oui ; car c'est ainsi que pouvait advenir en elle une potentialité de fille, de femme, de mère.

Des hommes, elle s'était bien défendue depuis deux ans, en se montrant antiséductrice à l'hôpital où elle avait fait un séjour avant son traitement avec moi, se présentant comme un être neutre, bourgeoisement clocharde. Sa seule manière d'annuler en elle la poussée éventuelle des pulsions génitales, c'était de neutraliser le regard que ces psychanalystes auraient pu poser avec agrément sur elle. Elle ne pouvait côtoyer les hommes, qu'à leur dire de cette manière-là : « Je me rends un objet sans séduction pour vous. » Car elle était bloquée dans la peur de l'inceste dont elle aurait pu être un objet de la part de son père. Son père n'avait absolument pas compté en tant que tel dans sa vie. Il n'y avait eu que « papa-maman » ; de plus, les enfants avaient été éduqués par les bonnes. Cela, je ne l'ai pas entendu de sa bouche ; mais le premier psychanalyste à qui elle avait été adressée par un psychiatre avait vu les parents qui s'inquiétaient pour leur fille, car elle vivait complètement comme un animal domestique à la maison ; avant le mariage de sa sœur, elle sortait toujours avec celle-ci. Finalement, elles étaient jumelées. Puis, sa sœur s'étant mariée, elle était restée pour compte, tout à fait comme une jumelle qui, seule, ne peut plus trouver d'activités plaisantes dans la société. Elle était la doublure de sa sœur, elle était l'aînée qui s'était sacrifiée pour sa petite sœur. Ces deux filles avaient constamment le même destin. Elles étaient très proches l'une de l'autre par l'âge : moins de deux ans, quinze mois, un écart qui facilite le jumelage, comme cela arrive dans les familles. L'enfant qui s'affirme, c'est de celui-là dont on s'occupe. C'est sa sœur qui était porteuse des pulsions phalliques dans la société, tandis qu'elle était passive ; elle suivait la sœur en ayant l'air d'être toujours d'accord avec elle, mais finalement elle était restée à l'état de rien, d'être sans sexe.

Les jumelages dans lesquels le sujet ne s'est pas assumé dans sa gémellité, mais s'est trouvé confondu, fusionné par son corps à son jumeau, produisent chez lui une extinction mentale grave ; cela peut aller jusqu'à la schizophrénie pour l'un des deux, tandis que l'autre va réussir dans la vie – que ce soient des faux jumeaux ou des vrais. Il en va de même pour les enfants jumelés.

Car, lorsque l'on dit, par exemple, d'une enfant qui a quinze mois qu'elle fait « comme sa petite sœur » de quelques mois, en prenant le biberon « comme elle », ce n'est pas vrai. Elle veut le biberon comme à l'époque où elle n'était pas sevrée; elle veut faire comme elle faisait *elle-même* avant. C'est une invagination symbolique dans sa propre histoire. Ce n'est pas du tout, comme disent les parents : « comme l'autre ». Ce sont les parents qui croient voir cela. Mais, pour l'enfant, c'est mourir à quinze mois de vie, pour n'avoir qu'un mois. Elle a effacé ses quinze mois et en même temps son identité, son sexe. L'une devient le placenta de l'autre, placenta qui potentiellement devrait être laissé pour compte.

Je pense qu'il est très important de savoir comment deux filles jumelées sont logées, comment, dans l'inconscient, c'est-à-dire en hypnose, dans le sommeil, ces enfants vivent à la maison – puisque c'est dans le sommeil que les fusions peuvent se faire plus profondément.

C'est pour cela qu'il est dangereux que les enfants dorment dans la chambre des parents jusqu'à dix-huit mois. Après dix-huit mois, quand ils peuvent tout voir, même les ébats des parents, ça n'a plus aucune importance. C'est quand ils les subissent sans les voir que c'est grave. Mais c'est grave encore à dix-huit mois, s'ils les subissent sans les voir ; parce que, jusqu'à l'Œdipe, l'enfant est soumis à des pulsions qu'il vit au niveau où il en est de son image du corps.

Si les parents font l'amour lorsque leur bébé est dans lcur chambre, ça n'a aucune importance, dès lors que le bébé hurle pour qu'on lui donne un biberon de plus : il est à l'âge oral, comme s'il était *in utero :* la tension de désir associée à celle du couple va suractiver ses pulsions orales, d'autant plus qu'on les satisfait par le biberon qui satisfait le besoin (la faim). Mais c'est aussi comme si, s'identifiant à la mère qui, elle, éprouve du désir, et peut-être de l'amour, les parents étaient satisfaits par le besoin, par le pénis du père, objet partiel, auquel est associé pour l'enfant le biberon qui lui est donné pour le calmer.

Or, ce qui se passe, du fait de la présence fusionnelle de l'autre dans le sommeil, c'est que chacun, n'ayant plus son identité, partage les émois de l'autre. Il arrive même que des enfants qui vivent très proches l'un de l'autre fassent les mêmes rêves ou des rêves qui se complètent.

A propos de ces fantasmes complémentaires, je peux vous citer le cas de ces jumelles que j'ai vues à Trousseau. Au début, je les recevais le même jour, mais elles faisaient leur travail pour la consultation séparément, comme tout autre enfant, pour n'être pas influencées par des gens dans ce qu'elles allaient dire. Donc, elles étaient toutes seules pour ce qu'elles avaient à dire en dessins, modelage ou écriture à Mme Dolto. Eh bien, elles apportaient toujours le complément l'une de l'autre : si l'une faisait une table, l'autre faisait des chaises ; si l'une faisait un bébé avec une tête, un corps et deux bras, il se trouvait toujours que, dans le dessin ou le modelage de la seconde, il n'y avait pas de visage – tantôt c'était un bonnet, un corps et deux jambes, mais il n'y avait pas de bras. Il n'y avait de commun à leurs dessins qu'un corps, un tronc, c'était tout. Mais elles se complétaient. L'une avait fait un verre, l'autre la bouteille. Tout était comme ça. Elles étaient en fonctionnement complémentaire. Il fallait les deux pour qu'« on » puisse fonctionner. Une chaise toute seule, c'est idiot pour un être humain. Alors, elles étaient à elles deux un seul être humain, mais l'une mettait *seulement* la chaise. Chacune était le complément fonctionnant de l'autre.

Pour quelle raison un enfant régresse-t-il lors de la naissance d'un frère ou d'une sœur ? La raison en est très complexe. *Il régresse à un moment de son histoire à lui. Il ne s'agit pas du tout d'une identification à l'autre.* Il se défend justement d'avoir à s'identifier et c'est pour cela qu'il en vient à ce retour à une identité régressive. Il nie donc chez lui-même une identité qui le mettrait à un niveau de schéma corporel supérieur à celui de l'autre ; il nie son développement pour n'avoir pas à faire montre d'un comportement, vis-à-vis de cet autre, qui le séparerait des gens qui lui sont indispensables, qui sont son père et sa mère. C'est un processus très complexe [1].

Ne dites jamais – laissez dire les gens, mais, vous, ne répétez pas – qu'un enfant en régressant ainsi s'est identifié à l'autre. Non ! Il s'identifie à lui, à une étape antérieure de sa vie. C'est ça qui est très important. On dit communément que l'aîné est jaloux du nouveau-né. En réalité, il est dans l'expérience insolite d'avoir pour la première fois, sous ses yeux, au foyer, un être humain moins développé que lui, parfois de sexe différent. Jusqu'alors aimer, s'identifier à un être qu'il aimait n'était pas contradictoire à son développement. Or, dans ce cas, aimer le nouveau-né (pour s'identifier aux adultes comme c'est son habitude) produit un effet d'involution. Le jumelage semble aux parents une solution qui ferait faire à l'aîné l'économie de troubles caractériels : les causes de l'angoisse devant cette expérience insolite sont annulées. « On fait pareil pour les deux enfants quoique d'âges différents. Comme cela, pas de jaloux ! » Les parents qui croient ainsi aider la paix de la relation entre ces enfants, en réalité nuisent au développement personnel de chacun.

Il ne faut pas jumeler un frère et une sœur par exemple, ni les laisser se complémenter comme un couple – je veux dire un faux couple, un couple complémentaire par les objets partiels seulement. D'ailleurs les relations entre humains quelconques ne sont pas si simples. Ce n'est pas parce qu'il y a un pénis et un vagin qu'il y a là un homme pour lequel l'autre serait sa femme. Non ! ce n'est pas vrai. Ce sont peut-être deux « pareils », dont l'un a une fente et un trou par-devant comme par-derrière. On ne sait pas ce que leur corps, l'un à l'autre, représente pour eux. Ce n'est pas du tout parce que

1. Cf. « Dynamique des pulsions et réactions dites de jalousie à la naissance d'un puîné », *Au jeu du désir,* Paris, Éd. du Seuil, 1981, p. 96.

cela « fonctionne » entre eux, comme s'ils étaient un homme et une femme, qu'ils sont effectivement homme et femme. Les objets partiels – pénis, vagin – fonctionnent peut-être de manière complémentaire, mais on ne sait rien de la relation amoureuse en chacun des deux sujets.

Mais revenons aux jumeaux de naissance. Lorsque l'on soigne en psychanalyse le jumeau qui ne réussit pas, l'autre, si brillant soit-il, dégringole tout à fait et peut même entrer dans l'échec dans le moment où son jumeau guérit.

Les deux filles dont je vous ai parlé étaient jumelées depuis la petite enfance. Elles avaient onze mois d'écart, mais, à l'époque, la différence d'âge entre elles semblait plus grande. Elles étaient entrées en même temps à l'école, avaient suivi les classes primaires ensemble. C'est le chef d'établissement qui m'a téléphoné pour me dire qu'il renvoyait l'une des deux. La plus jeune était progressivement devenue la meilleure ; l'aînée, qui se contentait de suivre, a calé en septième. Le directeur m'a dit : « Elle ne pourrait même plus suivre en huitième ni en neuvième. Elle ne peut pas rester dans mon établissement. C'est une débile. Je ne m'en suis pas rendu compte au début. Elle avait l'air de suivre, probablement parce qu'elle suivait sa sœur. Bien sûr, je garde celle qui est très bonne élève en sixième, mais il faut absolument qu'on fasse quelque chose pour l'autre, qu'on la mette dans un établissement spécialisé. »

Donc, l'aînée qui était débile scolaire est entrée en psychothérapie et a été placée dans une petite école qui acceptait des enfants aberrants, aussi bien surdoués que sous-doués.

J'ai dit, par la suite, à ce chef d'établissement : « Il est dommage que vous ne la gardiez pas à l'école, puisqu'elle est en psychothérapie. Les choses devraient se rétablir. Tout changer en même temps n'est pas favorable pour les deux enfants. – Mais il n'en est pas question ! Vous ne vous rendez pas compte ! Garder celle qui travaille bien, naturellement ; mais l'autre, ce n'est plus possible. »

Or – et ça n'a pas tardé –, une fois la soi-disant débile en psychothérapie psychanalytique, non seulement celle qui était brillante est devenue nulle au bout de quelques mois, mais elle a recommencé à faire pipi au lit, ce qui à onze ans est tout de même sérieux. De plus, elle a eu un tas de troubles psychosomatiques.

Le directeur de l'école m'a téléphoné au sujet de cette enfant : « Vous savez, elle va mal. Je ne sais pas ce qui se passe avec cette psychanalyse de sa sœur. Mais enfin, qu'est-ce que c'est que cette psychanalyse ? C'est l'autre qui se démolit. » Je lui ai répondu : « Je vous avais dit de les garder ensemble. » Or lui aurait voulu que les deux sœurs aillent chez le même psychanalyste, sous prétexte que je lui avais conseillé de les garder ensemble dans la même école. J'ai dit :

– Non

– Mais vous m'avez dit qu'il valait mieux qu'elle reste à la même école que sa sœur.

– L'école, c'est la société. L'apprentissage s'adresse au conscient, mais pas l'analyse. Il leur faut deux analystes différents. Le transfert sur le même analyste les ferait se jumeler à nouveau inconsciemment. [Je lui parlais chinois !]

Ça s'est finalement arrangé ; la seconde est allée chez une autre analyste et les deux filles se sont rétablies.

Je pense qu'il y avait eu à l'origine de ces difficultés quelque chose de tout à fait pathogène de la part des parents, identifiant l'aînée à la petite lorsqu'elle avait régressé à la naissance de sa sœur. Cette enfant n'avait pas été mise au courant de la génitude de ses parents – travail qu'il faut faire avec les tout-petits quand un autre naît, pour les aider à entrer dans une situation triangulaire au lieu de les remettre dans une situation duelle.

Lorsque nous avons une demande de traitement pour un jumeau, il faut faire très attention à l'autre, parce que nous ne sommes pas là pour habiller Paul en déshabillant Jacques. Ce n'est pas pour démolir un sujet, sous prétexte que nous en aidons un autre apparemment plus atteint, que nous sommes là.

9

Psychoses

Enfant phobique, aboyeur : le signifiant « chien » et le père idéalisé - Le nom et le hasard de la lettre : un enfant incestueux - A propos de l'insémination artificielle - Enfant schizophrène : « le loulou de Poméranie dans la cage de Faraday » - Enfant asthmatique - Le bégaiement et le masque.

F.D. : A propos des traitements d'enfants qui sont interrompus par les instances tutélaires alors qu'ils ne sont pas terminés, je me souviens du cas d'un jeune homme pour lequel un avocat me téléphona un jour, afin d'obtenir un certificat. Le garçon était en prison pour récidive : vol à main armée (port d'un revolver qui, d'ailleurs, n'était pas chargé), mais c'était tout de même une progression dans la délinquance par rapport à de simples vols.

Ce garçon avait été soigné, longtemps auparavant, à Trousseau ; il avait alors dix ans seulement ; mais je l'ai vu lorsqu'il en avait douze. Il était suivi depuis deux ans par des psychologues successifs qui s'étaient lassés, à force de ne pouvoir entrer en contact avec lui : il était fou, phobique ; il hurlait, il engueulait tout le monde, notamment Mme Arlette, la surveillante. Enfin, c'était un enfant complètement traqué. On m'avait demandé si je ne voulais pas entreprendre son traitement ; mais, à ce moment-là déjà, des personnes assistaient à ma consultation, pour se former à la psychanalyse d'enfants. Or il aurait voulu que je le prenne en traitement, mais pas devant une assistance.

Finalement, un jour, j'ai cédé, étant donné l'état gravissime dans lequel était cet enfant, qui ne savait ni lire ni écrire, qui était énurétique à dix ans et qui aboyait – c'était un bègue-aboyeur : il aboyait avant de pouvoir sortir ses mots. Je suis allée dans une autre salle, seule avec lui. Mais il ne pouvait pas me parler. Il s'était réfugié, accroupi, dans un coin de la pièce, pour me parler en aboyant et à la condition que je reste près de la porte. Il était vraiment terrorisé d'avoir à parler à quelqu'un.

Il avait été confié à une maison de l'OSE. Lorsque son histoire a pu se reconstruire, la guérison a été spectaculaire. Ce qu'on savait par l'anamnèse, c'est qu'il était le fils aîné d'une famille dans laquelle l'aînée était une fille, dont il ignorait qu'elle n'était pas la fille de son père. Après lui, venaient trois sœurs ; et enfin, quand il avait eu huit ans, un petit frère était né. A la naissance de sa dernière sœur, il avait six ans. La fille aînée qui, elle, n'était pas du père (ce qu'officiellement personne ne savait) avait été élevée par la grand-mère maternelle. Le père l'avait reconnue. Le garçon, ainsi que ses trois petites sœurs, avait été élevé par la grand-mère paternelle. Cette famille était originaire d'Afrique du Nord. Le père avait été boxeur, mais, comme il ne trouvait pas suffisamment d'engagements pour gagner ainsi sa vie, il était devenu ambulancier. C'est tout ce que l'on savait à propos de cet enfant au début du traitement.

Or l'intéressant, c'est que ce garçon a fait, au début de son traitement, un dessin qui était presque *rien :* un voile de couleur presque vide et un trait. Pourtant, c'est de là qu'est revenue toute l'histoire de ce qui lui était arrivé : c'était l'accident, quand il avait « été tué » en rejoignant son papa. Il était mort en rejoignant son papa. J'ai dit : « Tu n'étais pas tout à fait tué puisque tu me racontes l'histoire et que tu es là. » Il s'est montré très intéressé par cette remarque. Il m'a raconté alors qu'il était dans un champ, que son père était de l'autre côté de la route. Il l'avait vu et il avait été si content de le voir qu'il avait traversé la route ; et il avait été écrasé

« comme un chien », disait-il. Bon. Ça pouvait être un fantasme. J'ai dit : « Peut-être as-tu rêvé ? Peut-être as-tu inventé ? » Or, à ce moment-là, il relève sa culotte, et, comme il n'y arrive pas – parce que c'était une culotte longue –, il descend sa culotte et me montre une énorme cicatrice, horrible d'ailleurs, qui allait de la hanche au genou, et dont il n'était absolument pas fait mention dans le dossier.

On a pu reconstruire l'histoire liée à cet accident qu'il m'avait raconté : qu'il avait été écrasé comme un chien, qu'il en était mort. J'ai appris par la suite que, avant cet accident, il ne bégayait pas, ne pissait pas au lit, ne faisait pas dans sa culotte.

Il était resté trois mois à l'hôpital pour cette fracture ouverte, puis six mois en rééducation, au lieu de revenir chez la grand-mère paternelle qui l'avait élevé depuis toujours. Entre-temps, le père, en allant rendre visite à son fils à l'hôpital, avait fait connaissance avec des membres du personnel. C'est ainsi qu'il était devenu ambulancier de l'AP. A ce titre, il avait obtenu ensuite un logement de six pièces dans les environs de Paris. Le père et la mère se sont dit alors : « Nous allons reprendre tous les enfants. » Quand le garçon est revenu – il avait huit ans –, le dernier venait de naître. C'était le premier et seul garçon né après lui. Le drame a eu lieu à ce moment-là. Lorsque le petit garçon est revenu dans sa famille, la mère a voulu le « dresser » tout de suite, comme elle-même l'a dit d'ailleurs. C'était une brave femme qui n'avait jamais élevé ses enfants et qui n'a vraiment été maternelle qu'avec le dernier – celui qui venait de naître et que le petit de huit ans voyait élevé alors par sa mère.

Ce qui avait affolé les parents, c'est que, justement, le jour où l'enfant avait vu son père revenir de l'autre côté de la route et avait traversé pour le rejoindre, ils avaient reçu une note les informant que leur fils ne fréquentait pas l'école. L'enfant était inscrit à la grande maternelle. Eux étaient très étonnés. Le père est allé chez sa mère (il y allait souvent), et celle-ci lui a dit : « Mais si ! Le matin, il part à l'école. Il revient le soir. » Or il a appris qu'à l'école on ne connaissait même pas son fils. Il était inscrit, mais on ne l'avait jamais vu. Bref, cet enfant faisait l'école buissonnière ; il avait de nombreux intérêts. Dans la banlieue où il vivait, il connaissait tous les ouvriers, tous les maçons. Enfin, il passait sa vie dehors et n'était jamais allé à l'école.

Ce jour où il veut aller au-devant de son père, il se fait écraser comme un chien. Bon. Quand il revient vivre chez ses parents, au lieu de retourner chez la grand-mère, quelques mois plus tard, il arrive dans une maison inconnue, où il y a un bébé garçon nouveau-né. La mère veut dresser le grand. Naturellement, il a recommencé à faire caca dans sa culotte, à bégayer. La mère ne l'a pas supporté. C'est là qu'a commencé la détresse de l'enfant. Le père, lui, était un doux ; cet ancien boxeur n'était pas du tout un violent. Il avait été élevé de façon très traditionnelle, comme il le racontait. C'était la mère qui était l'« homme » dans la famille.

Donc, l'enfant n'a jamais été scolarisé et, brusquement, sa mère veut le dresser. Il devient psychotique.

Comme il était impossible de le soigner, le juge décide de le confier – après avoir obtenu l'accord des parents – à l'une de ces maisons juives qui sont nées après la guerre. C'étaient d'excellentes institutions, créées d'abord pour les enfants ayant perdu leurs parents ; par la suite, on s'y est occupé également de cas sociaux. Or cet enfant se débrouillait vraiment pour être haï et rejeté par tout le monde. Personne ne comprenait pourquoi. On sentait bien qu'il était très intelligent, mais il était incapable d'écrire et de lire : incapable de vivre autrement qu'un chien.

C'est le jour où il avait couru vers son père que tout s'était noué : si on va vers son père, *boxeur,* et que l'on est renversé, on devient un boxeur écrasé (un *boxer*), un chien écrasé. D'autant que le père en avait profité pour devenir ambulancier, ce dont l'enfant n'était pas tellement fier. Ce n'était pas aussi chic que d'avoir un père boxeur et un oncle chef d'une brigade de police.

Ce que je ne savais pas du tout à ce moment-là – je ne l'ai appris que par la suite –, c'est que la mère avait déclaré : « Ma belle-mère l'a élevé comme un chien. » Cet enfant était donc dans le signifiant « chien » depuis qu'il était petit. Il courait partout et ne revenait que pour sa pâtée. C'était ainsi. Alors que ses sœurs allaient à l'école : les deux plus grandes étaient entrées à la petite maternelle, la troisième n'y allait pas encore.

Cet enfant a commencé à aller bien, c'est-à-dire notamment à aller à l'école, grâce à la retrouvaille sensationnelle de ces signifiants : « boxeur », « chien boxer écrasé ». En même temps, il croyait que son père avait arrêté la boxe parce qu'il avait peur des coups : or lui-même était un garçon phobique du toucher. Alors, je lui ai expliqué que ce n'était pas pour cela que son père avait arrêté la boxe, que c'était grâce à lui qu'il était devenu ambulancier et qu'il pouvait gagner de l'argent ; j'ai ajouté que, pour être ambulancier, il fallait être très fort parce qu'il fallait porter les gens. Enfin, j'ai un peu réhabilité le père, en lui disant encore que, grâce à cette situation, son père avait obtenu un logement et qu'ils pouvaient donc tous revenir en famille.

Quant au père lui-même, comme je vous l'ai indiqué au passage, il avait un frère dans la police. Il ne parlait que de deux de ses frères – il avait des sœurs, mais il n'en parlait même pas. Des deux frères qui l'intéressaient, l'un était donc policier et l'autre, qui était le dernier de la famille, vivait chez la mère. L'enfant le connaissait bien, puisqu'il avait vécu avec cet oncle chez sa grand-mère. Donc, il avait été élevé avec ce frère de son père ; c'est pourquoi le père disait de son fils : « Il sera comme mon frère (appelons-le Léon). Il sera comme Léon, une véritable bête. Léon, depuis qu'il a eu un grave accident pendant la guerre d'Algérie, c'est une bête : il travaille, il mange, il dort. » Cet oncle, l'enfant lui était très attaché : tout s'était noué autour du signifiant « chien » et de cet oncle.

L'enfant s'est ensuite tellement amélioré qu'en un an il a rattrapé son retard scolaire. Il avait alors douze ans. Il n'a peut-être pas tout rattrapé, mais il a appris à lire et à écrire en trois semaines. Il avait retrouvé une identité humaine. Et voilà !

Cependant, cet enfant volait. Pour moi, ce qu'il faisait, ce n'était pas voler, mais « rapter » ; parce que, ce qu'il prenait, il n'avait pas l'intention d'en faire quelque chose. Il prenait de l'argent, le cachait n'importe où et n'achetait rien. Or voilà comment la chose a paru un moment s'arranger. Il avait été naguère rejeté par deux psychothérapeutes en même temps que par deux ou trois éducateurs, qui s'étaient plaints, déclarant qu'il était impossible de s'occuper de lui : si on s'approchait de lui, il donnait des coups de pied, etc. Bien sûr, puisqu'il était tellement phobique du contact, et qu'il ne pouvait pas supporter d'être materné ! Pour lui, c'était la terreur. Or il se trouve que, pendant qu'il était en traitement avec moi, qui étais une femme, un nouvel éducateur est arrivé à l'OSE, l'institution où il était. C'était précisément à un tournant de la cure : au moment où son père était, à ses yeux, réhabilité. Et l'enfant s'est accroché à cet éducateur. « Tu vas m'apprendre à lire. Je veux rattraper mon retard. » L'éducateur a été merveilleux : il s'est occupé de l'enfant qui a fait des progrès très rapides. Pour lui, il y avait maintenant « monsieur Serge » et il y avait « madame Dolto ». Cet éducateur m'a dit un jour : « Vous savez, il est très ennuyé maintenant de manquer l'école le mardi matin. » (C'était le jour de sa séance avec moi.) Je lui ai fait remarquer : « Il y a quand même ces vols. – Depuis que je m'en occupe, il ne vole plus », m'a-t-il répondu. Et c'était vrai.

Par ailleurs, M. Serge était désolé, parce que, chaque fois qu'il disait au père que son fils allait très bien et ne parlait plus en classe, le père répliquait : « Ce n'est pas vrai. Je sais bien qu'il sera comme Léon. Ce n'est pas vrai. Je sais bien que vous me dites ça pour me faire plaisir. Je sais qu'il sera comme Léon. » Il n'y avait rien à faire. Il avait identifié son fils à son frère Léon. Alors, M. Serge a dit à l'enfant : « Quand tu auras fait tes preuves, ton père le croira. » Et moi à l'éducateur : « Demandez au père, justement, s'il croit qu'on aurait pu aussi soigner son frère qui a eu un accident pendant la guerre. Son frère était intelligent, le petit aussi, et il a été accidenté également. »

Les gens de l'OSE, malgré la finesse avec laquelle ils recueillaient les anamnèses, ont déclaré de leur côté : « Vous savez, nous n'avions jamais cru que le petit ait eu un accident, parce que le père n'en parlait jamais que par association avec l'accident de son frère. Et c'était toujours quand il parlait négativement de son fils qu'il mentionnait cet accident. Si bien que nous avions conclu à un prétendu accident que cet enfant aurait eu et qui l'aurait rendu malade comme son oncle. » Voilà ce qu'il y avait dans le dossier de cette institution. Personne n'avait remarqué qu'il avait cette cicatrice très laide, de la hanche au genou. Tous les gens de l'OSE étaient navrés lorsque j'en ai parlé ; il n'y avait pas de quoi. En revanche, ce qui n'a pas été sans conséquences, c'est qu'ils ont arrêté le traitement. Tout s'est très bien passé, jusqu'au jour où M. Serge est parti. Car malheureusement, un jour M. Serge est parti.

L'enfant a demandé alors à venir me revoir. Il avait un chagrin épouvantable du départ de son éducateur. Je lui ai dit : « Tu peux sûrement avoir une adresse. » On a essayé d'obtenir l'adresse de M. Serge ; puis je lui ai dit : « Tu reviendras l'année prochaine » – les vacances arrivaient. Il est revenu et a dit : « M. Serge n'a pas répondu. » Ce n'était sans doute pas la bonne adresse.

Le garçon était un bon élève, mais il volait de nouveau. Alors, son père lui donnait des raclées. Et on l'a laissé continuer son chemin comme ça. L'avocat, qui m'a téléphoné des années plus tard, m'a dit : « C'est un garçon remarquable, intelligent. »

C'est la question de ces rapts qu'il commettait qui n'avait pas été analysée. Il avait juste retrouvé l'identité humaine. On n'avait pas pu analyser encore qu'il lui fallait récupérer ce que le petit frère prenait à sa mère, à l'époque où il était revenu dans sa famille. Car, privé de sa grand-mère, il avait été complètement frustré à voir sa mère, qui n'avait pas été maternante avec lui, l'être avec le petit.

Ce qui avait été le tableau d'un enfant psychotique était devenu, aux yeux de l'institution, celui d'un caractériel.

Mais voilà ! C'est ce que je n'ai sans doute pas assez dit aux responsables : il fallait que cet enfant revienne en traitement, rien que pour ses vols qui, dans cette institution, passaient pour des actes à punir. Ce symptôme n'a pas été analysé. Ce que l'institution avait conclu, c'est qu'il était un poids pour la société.

Quand on est sorti de quelque chose d'aussi grave et qu'il reste encore un symptôme comme celui-là, il faut poursuivre l'analyse.

De ses vols, il était consciemment coupable. Peut-être était-il gêné de m'en parler. Et, comme personne ne le soutenait à en parler, eh bien, il aimait mieux voler, et voler aussi des connaissances à l'école. Il paraît qu'il a fait de très bonnes études. Mais il a raté le bac, et c'est à partir de là qu'il s'est mis à voler comme un délinquant. Il était d'une famille très honnête. C'était certainement pour lui un drame. Il s'agissait d'une névrose, nullement d'une perversion acceptée. Le vol, chez un enfant qui a été si profondément atteint, est toujours quelque chose de névrotique. Ce n'était pas du tout consciemment qu'il voulait voler. Il aurait été tout à fait capable de gagner très bien sa vie.

La délinquance se déclare chez des enfants en très bonne santé, mais qui n'ont pas de narcissisme. Il faut reconnaître qu'une histoire comme celle-là, c'est bouleversant. Cela nous montre qu'on ne fait jamais assez bien son travail. Je ne sais pas, d'ailleurs, ce qu'on aurait pu faire, à ce moment-là, son traitement ayant été interrompu à l'initiative de l'institution.

P. : Que peut-on penser du fait que le père ait continué de ne pas admettre son fils ? Car c'est ça qui me frappe.

F.D. : Mais oui ! Cet enfant n'était pas admis. Pourtant, son père l'aimait beaucoup. Il disait que c'était celui qu'il préférait. Cet homme avait énormément aimé son propre frère, Léon. Il aimait beaucoup son fils, mais il ne pouvait pas en parler autrement qu'en négatif, disant qu'il deviendrait comme le frère Léon qui avait été accidenté.

Jusqu'à ce qu'il commence son traitement avec moi, on n'avait jamais compris qu'un accident était à l'origine de la rupture totale entre sa vie d'avant et sa vie après. On ne s'était arrêté qu'à l'idée que tout venait de la maladresse de la mère quand elle avait repris l'enfant, maladresse qu'elle avait d'ailleurs elle-même reconnue. Mais trop tard.

Pour ajouter à cette observation qui peut intéresser tout le monde, je voudrais revenir sur quelques faits familiaux : d'abord le père et la mère, en s'installant dans leur logement de fonction, avaient repris chez eux la fille aînée dont j'ai parlé au début, fille de la mère, reconnue par le père. Pendant le traitement de l'enfant, j'ai appris que c'est en revenant vivre chez ses parents qu'il avait fait connaissance de cette sœur aînée, en même temps d'ailleurs que du petit frère qui venait de naître. Or, tout ce que le dossier disait de cette sœur aînée, c'était : « La sœur aînée est dure. » Rien d'autre. Et, peu avant l'interruption de la cure, l'OSE nous a signalé que les parents trouvaient que déjà « c'était assez », parce que, d'autre part, la sœur aînée commençait à leur faire des histoires : elle voulait, elle aussi, voir un docteur, comme son frère. Elle était donc jalouse de ce fils de son père – de son père légal –, et elle commençait à faire des fugues. La mère avait des violences continuelles contre cette fille. Elle refusait qu'elle soit soignée : il fallait « la dresser » – toujours la même chose –, et elle était à la recherche d'une pension où l'on dresserait sa fille. Bref, cette fille commençait à fuguer, quand son frère a terminé avec moi. Elle allait avoir quinze ans.

Ensuite, la mère reprochait constamment à son mari d'aimer sa propre mère ; elle affirmait que sa belle-mère n'avait pas su élever son fils. Elle, qui était très sévère, reprochait à sa belle-mère de ne pas l'être assez à l'égard des enfants. Quand j'ai demandé au père : « Mais est-ce que votre femme est sévère aussi avec le dernier ? » il m'a répondu : « Elle ne lui passe rien, mais elle est tendre avec lui. »

Enfin, le père était très malheureux. Je crois que son attitude vis-à-vis de son premier fils était très complexe. C'était plutôt une attitude de méfiance, comme s'il n'était pas possible pour lui d'avoir un fils qui soit quelqu'un de bien. Quand on lui disait que son fils était intelligent, il répétait tout de suite : « Il sera comme Léon. » Sûrement, le problème du père était énorme. D'autant qu'il était très humilié d'avoir été obligé de lâcher la boxe. C'était sa vocation, la boxe.

Donc, il y avait d'un côté un père diminué dans son narcissisme par rapport à la société, et de l'autre une mère qui n'admettait pas la grand-mère, laquelle avait été comme la nourrice de l'enfant que le père aimait. Et voilà que dans l'institution on le punissait de ses vols en le privant d'aller voir sa grand-mère. Il avait le droit, d'après le règlement, de sortir tous les huit jours pour aller chez ses parents. Et il allait ordinairement chez sa grand-mère une fois tous les quinze jours. Lorsqu'il avait volé, on le privait d'aller chez elle, sur la demande de la mère, puisque, disait-elle, c'était à cause de la grand-mère qui l'avait élevé qu'il volait.

C'est une histoire dramatique, mais, pour nous, très riche d'enseignements. Lorsqu'on arrête trop tôt un traitement, ça fait toujours du grabuge plus tard. Ce qui n'a pas été analysé se répète et se répète. On peut imaginer que, si ce M. Serge, qui était réellement un excellent éducateur, était resté, ne fût-ce que quelques années de plus, à l'OSE, il aurait peut-être pu, au moment de la période homosexuelle de ce garçon, le sortir de cette compulsion orale raptrice (car il avait toujours la main comme une gueule de chien prête à rapter quelque chose). D'ailleurs, il cachait ce qu'il volait, comme un chien qui cache un os dans sa niche.

Encore ceci : Je crois que ce garçon avait subi une blessure narcissique telle qu'il ne pouvait pas accepter, comme ça, qu'on s'occupe de lui. Or, la mère aussi avait été très humiliée – cela avait été noté dans le dossier de l'OSE : quand les parents avaient raconté leur histoire à une psychologue de l'institution, la mère avait déclaré que ce garçon était l'aîné, et alors la psychologue s'était étonnée : « Ah ? Mais je croyais que vous aviez une grande fille. » La mère n'avait rien répondu. C'est le père qui avait parlé : « Mais c'est un accident. J'en réponds. C'est une femme honnête. » *(Rires.)* On comprend ce qu'a dû être la dénarcissisation de la mère, du fait de cette fille aînée, reconnue par le père et élevée par la grand-mère maternelle. Il y avait donc, du côté de la mère comme du père, des blessures narcissiques : chez la mère par rapport à sa fille aînée, chez le père par rapport à son jeune frère, comme du fait de sa chute sociale – car cet homme qui voulait certainement devenir un Cerdan était devenu ambulancier.

P. : Pouvez-vous préciser un peu ce qu'était le dessin dont vous avez parlé ?

F.D. : Le dessin qu'a fait ce garçon était une espèce de grand arc de cercle bleu-vert pâle, un vide en dessous et un trait encore en dessous. Je lui ai demandé ce que c'était. C'était la route et l'herbe sur laquelle se trouvait son père, ou l'herbe dans laquelle, lui, il était ; la route, quand il avait été « tué ». Enfin, il a raconté ça comme ça : « Quand j'ai été tué » –

écrasé comme un chien. Vraiment, l'humain en lui avait été tué ce jour-là.

On voit là la déstructuration des pulsions anales : encoprésie, énurésie ; et le traumatisme subi avec cette blessure. Il n'avait presque pas eu de visites à l'hôpital. Et puis il y avait ce bégaiement. Il avait d'ailleurs, avant de venir à Trousseau, couru les encéphalographes. On lui administrait beaucoup de médicaments pour ses colères clastiques, parce que, quand il était dans un état phobique, il cassait tout ; il était dangereux et on ne l'approchait pas ; il donnait des coups de pied dans tous les sens. Enfin, c'était tout à fait : « Attention, chien dangereux. » C'était tout à fait ça.

> P. : Mais enfin, en deux ans, avec ses deux précédents psychothérapeutes, il n'avait jamais fait un dessin comme celui-là ?

F.D. : Jamais. Il ne voulait jamais rien donner à personne. Il disait : « Non. Non. Non. » Au début, on l'amenait à Trousseau exactement comme on amène un asilaire. Il refusait son traitement. C'était un cas très angoissant pour la maison de l'OSE, comme pour Trousseau, d'autant qu'on voyait que c'était un enfant intelligent. Il était complètement traqué et on ne savait pas comment l'approcher.

Plus tard, il a accepté de venir à la consultation publique. Au début, j'avais été obligée – je l'ai dit – d'aller le voir dans une autre pièce. Et puis, une fois qu'il a commencé à avoir des succès scolaires, il a accepté de venir à la consultation, devant tout le monde. Bien sûr, il n'était pas tout à fait à l'aise, mais il avait accepté, pour moi, pour faire comme tout le monde. Je lui avais dit : « Tu peux maintenant. Tu vois, tu deviens un brillant élève. Tu peux très bien. Tout le monde sait que tu as eu des difficultés. » Mais je crois que ça l'angoissait tout de même un peu, cette consultation publique. C'est peut-être aussi cette situation qui le retenait de parler de ces vols dont il avait été l'auteur. C'était le seul symptôme qui lui restait depuis qu'il était tenu en respect par une fixation structurante à son éducateur.

*

P. : En tant que psychiatre dans une institution, j'ai vu un enfant qui est le fils incestueux d'un frère et d'une sœur. Cet enfant a porté d'abord le nom de sa mère – donc le même que celui de son géniteur puisqu'ils sont frère et sœur. Sa mère s'est ensuite mariée avec un autre homme dont elle a eu un autre enfant. L'enfant incestueux, lui, a été élevé, lorsqu'il était petit, par son grand-père maternel (dont il portait le nom). Il a été reconnu, mais tardivement, vers six ou sept ans, par le mari de sa mère. La question que je voudrais vous poser est : qu'est-ce qu'on peut faire pour l'enfant dans une situation comme celle-là ?

F.D. : Eh bien, on ne peut rien faire s'il n'y a pas de demande ; s'il n'y a pas, de la part des parents au moins, dans un tel cas, une demande que l'enfant guérisse.

L'enfant dont vous parlez, fils de l'inceste entre un frère et une sœur, sait qu'il ne porte pas le nom de son père légal, puisque vous avez dit qu'il avait été reconnu, à six ou sept ans, par le mari de sa mère. Même si on lui a fait croire que ce monsieur ayant épousé sa mère était son géniteur, il sait, lui, que ce n'est pas son père symbolique. C'est de cela qu'il faut parler avec lui et avec les parents. Le père, pour un enfant, c'est celui qui l'a élevé et qu'il a aimé et admiré quand il était petit. Il faut l'expliquer aux gens : qu'ils comprennent l'enracinement et le développement de la libido. Sinon, on ne peut faire un traitement avec l'enfant. Pour leur faire comprendre, on peut leur donner pour image ce que serait un arbre coupé de ses racines. Les racines d'un humain sont dans le langage et dans les personnes qu'il reconnaît comme s'étant portées responsables de lui quand il était petit : il l'exprime par ses sentiments, ses dires et son comportement devant la mère et la société.

Cet enfant, né d'un frère et d'une sœur, a été élevé par son grand-père, en portant, à l'origine, le nom de ce grand-père (père de sa mère et de son géniteur), qu'il a bien connu quand il était petit ; c'était donc ce grand-père qui était son père symbolique quand il était petit ; alors que son géniteur était légalement son oncle. Il est impossible de le guérir si on ne lui reparle pas de son enfance avant que son père légal ne lui ait donné son nom. D'autre part, même en admettant que le père légal l'eût conçu, si l'enfant ne l'avait pas connu avant six ans ou cinq ans, il n'aurait pas été le père symbolique.

P. : Le problème, dans ce cas précis, c'est aussi qu'il y a deux enfants.

F.D. : Oui, l'un qui est le fils légal reconnu à six ans, et l'autre le fils légitime. Le deuxième n'est pas un enfant incestueux. Les deux garçons sont frères par la mère. Le deuxième n'étant pas de cette femme avec son frère, mais de cette femme avec son mari.

P. : Oui.

F.D. : Eh bien, ce dernier n'est absolument pas touché. Il faut que le grand, lui, ait le droit de se souvenir de sa vie d'avant le mariage de sa mère.

X. : Attendez ! Je ne comprends pas très bien, là.

F.D. : Le second fils de ce monsieur est son vrai fils. Donc, c'est à cause de ce deuxième enfant que le père, sans doute, ne veut pas qu'il soit dit à l'aîné que lui, le premier, n'est que son demi-frère. Le second fils, quant à lui, n'a jamais connu le grand-père maternel de l'aîné comme père symbolique.

X. : Ouais ! Enfin, cette femme a couché avec son frère à défaut de coucher avec son père. C'est la même chose.

F.D. : Le frère et le père, c'est la même chose... enfin, pour une fille œdipienne.

P. : En tout cas, le grand-père s'est comporté pendant quelques années, avec son petit-fils, comme s'il était son fils.

F.D. : C'est cela qui est important pour le petit. Ce sont ses racines affectives. Et si, son intelligence se réveillant, cet enfant vous dit à propos de son père légal : « Mais alors, maman ne le connaissait pas », répondez : « Ta mère n'avait pas besoin de te dire qui elle connaissait ou ne connaissait pas. Elle travaillait ailleurs. Toi, tu étais élevé par ton grand-père. Eh bien, c'est lui qui a été ton premier père. » La preuve pour l'enfant en sera qu'il en portait le nom.

Je crois, de toute façon, que, ce qu'il sait – et cela, il le saura –, vous n'aurez pas besoin de le lui dire, si son père légal ne veut pas lui en parler. Vous ne pouvez pas lui dire quelque chose que cet homme ne veut pas lui dire ; mais vous pouvez obtenir de ce père légal qu'il permette qu'on lui rende ses racines affectives et symboliques, c'est-à-dire la mémoire de l'époque où il ne connaissait pas son père légal. L'enfant pensera peut-être que sa mère connaissait déjà cet homme, mais que lui ne le connaissait pas encore. Ici, c'est un travail à faire avec le père légal.

X. : Vous avez parlé tout à l'heure de l'image d'un arbre déraciné à donner comme image aux parents pour leur faire comprendre ce qu'est la libido. Je voulais citer très rapidement le cas d'un garçon dans une famille d'accueil, qui, dès qu'il a été question dans cette même famille d'une adoption, s'est montré caractériel : la première chose qu'il a faite a été de couper toutes les plantes de la maison, de les séparer de leurs racines et de les remettre dans tous les pots à côté des racines.

F.D. : C'est ce qu'on voulait lui imposer en le faisant adopter.

*

Lors d'un contrôle avec moi, un psychanalyste m'a parlé des difficultés qu'il avait dans le traitement d'un enfant dont l'histoire familiale était très compliquée et qui au cours de son traitement s'était révélé être le fils d'un inceste. C'est parce qu'il avait une demande que l'enfant s'en est sorti, en écrivant lui-même, avec l'aide du thérapeute, une lettre à l'état civil pour obtenir son acte de naissance. C'est ainsi qu'il a appris la vérité sur son nom et sur son origine. Je dois dire que c'est mon observation de contrôleur du cas, qui a permis le déclenchement de ce processus.

Je veux toujours voir le dossier de l'institution qui confie l'enfant à un psychothérapeute. Or le patronyme de cet enfant était écrit sur son dossier avec une autre orthographe que celle du nom du père présumé, par lequel il était élevé : il y avait une petite lettre signée de cet homme dans le dossier. Disons que le fils s'appelait Alain et le père M. Allain. En fait, le géniteur de cet enfant l'avait conçu avec une de ses propres filles, devenue, à huit ans, catatonique. On ne sait pas très bien ce qui s'était passé à cette époque. Traumatisme psychologique sans doute. C'était à la campagne ; la fille était bonne élève à l'école ; or, à huit ans, après une chute du haut d'une charrette de foin, elle était devenue figée et mutique, refusant de marcher. Le médecin disait qu'elle n'avait rien. Et elle était restée dans la famille, dès lors comme une chose, toujours assise sans rien faire. Elle avait une sœur aînée, laquelle s'était mariée avec un monsieur Allain. Or le petit, né de cette mère débile psychotique, avait été déclaré, trois mois seulement après sa naissance, et sous le patronyme Alain – orthographié avec un seul l – ; le grand-père géniteur, ayant résolu de ne pas abandonner cet enfant, avait décidé de le fourguer, à Paris, à sa fille aînée et à son gendre pour qu'ils l'élèvent. Dans ce but, il l'avait fait déclarer à l'état civil de son village avec deux prénoms, le deuxième étant le nom de son gendre. (En fait, l'enfant aurait dû porter le patronyme de sa mère, donc de celui qui aurait été son grand-père maternel, s'il avait été reconnu officiellement.)

Quand le petit est arrivé dans cette famille Allain, il devait avoir environ dix-huit mois. Il avait jusqu'alors été élevé par une nourrice du voisinage, à la campagne, à qui on avait dit : « C'est le fils de la pauvre Marie. La malheureuse, elle ne parle pas. Elle ne sait même pas. Vous savez, ce doit être le fils du facteur. Nous, nous n'étions pas là. Il entre déposer le courrier. Il aura profité de la pauvre petite ! »

D'abord, le grand-père ne l'avait pas déclaré, pensant le faire adopter. Et puis, la famille n'avait pas réussi à le faire adopter ; il avait alors été enregistré à l'état civil sur une feuille volante, trois mois après sa naissance, antidatée de trois mois.

Il avait donc été déclaré de mère et de père inconnus, « présumé né à telle date » avec, comme nom de famille, Alain, c'est-à-dire avec une autre orthographe que celle du nom des parents chez lesquels il vivait et qui l'ont présenté à l'école, puis ensuite au CMPP, comme leur fils.

Quand cet enfant est arrivé en thérapie, à neuf ans, il était complètement abruti ; il paraissait « psychotique », comme on dit, en ce sens qu'il ne pouvait absolument rien suivre à l'école ; c'était un gros débile, envoyé en traitement parce qu'il était complètement bloqué, même en classe de perfectionnement.

J'ai dit à l'analyste que j'avais en contrôle : « Il faut que l'histoire de cet enfant soit éclaircie. » Il a alors demandé à l'oncle, le mari de la sœur de la génitrice, de venir le voir. L'oncle lui a dit : « C'est un enfant naturel de ma belle-sœur qui est une demeurée. Mon beau-père n'a pas voulu qu'il soit mis à l'Assistance publique. Il a dit à sa fille aînée qu'il fallait qu'elle l'élève. » Monsieur Allain avait déjà une fille, de sept ans plus âgée que le bébé. « Et moi, a-t-il poursuivi, j'ai dit à ma femme : " Écoute, c'est ton devoir. C'est le fils de ta sœur. " » C'est comme ça qu'ils avaient pris cet enfant.

Seulement, chose très curieuse, cette tante, qui allait donc élever cet enfant à partir de dix-huit mois – il l'appelait maman –, s'était brouillée totalement, de ce jour-là, avec son père. Elle n'avait jamais plus voulu voir sa famille. L'enfant, je l'ai dit, avait été élevé, pendant les dix-huit premiers mois, à la campagne, chez une nourrice amie des grands-parents. Ensuite, on l'avait mis à Paris, sous prétexte qu'à la campagne l'école était trop éloignée. Plus tard, on lui avait dit qu'à la ferme il n'y avait pas de petits de son âge et que c'était bien mieux qu'il soit aidé par celle qu'il prenait pour sa mère et qui était en réalité sa tante.

Celle-ci envoyait le petit en vacances dans sa famille, car elle ne voulait pas passer les vacances avec lui. Son mari et elle le gardaient pendant l'année, mais pour les vacances il retournait chez son « grand-père », sa grand-mère et la demeurée. Le grand-père était vraiment un grand-père pour lui ; il lui faisait partager sa vie, l'emmenait travailler aux champs. Et cet homme, qui était le géniteur de l'enfant, souffrait beaucoup de ne plus voir la fille aînée, mais en même temps l'acceptait. Le gendre, quant à lui, disait qu'il avait accepté l'attitude de sa femme, puisqu'elle avait au moins consenti à prendre le petit bâtard de sa « pauvre sœur », mais à condition de ne jamais la revoir, ni elle ni ses parents.

P. : Comment en êtes-vous arrivée à savoir cela ? Puisque, vous l'avez dit, l'enfant était « abruti » et qu'apparemment il ne savait rien.

F.D. : Dans le dossier, nous avons vu que l'enfant parlait de son « Pépé » de sa « Mémé » et de la « Marie » – dont il ne savait pas qu'elle était sa génitrice.

Puis la tante est venue voir le psychanalyste, à la demande de celui-ci, et n'a rien voulu dire. C'est l'oncle, qui est revenu seul, après, qui a expliqué la situation. L'analyste lui a posé la question : « De qui croyez-vous qu'il est le fils ? » A ce moment, l'oncle a répondu : « Ah ! Je ne serais pas étonné qu'il soit de mon beau-père, parce que, quand nous nous sommes mariés, mon beau-père m'a dit : " Le docteur [c'était peut-être le guérisseur] m'a dit que la Marie pourrait guérir quand elle serait baisée et qu'elle aurait un enfant. " » Puisqu'elle était tombée malade d'un traumatisme, d'une chute de charrette à foin, à huit ans, ça pourrait peut-être la guérir d'avoir un enfant. *(Rires.)*

Le père de la Marie était rustaud, mais il n'y avait rien d'érotique dans sa relation à sa fille. D'autant qu'elle était vraiment une emmerdeuse ; toujours assise, elle ne parlait pas ; c'était un poids dans cette famille.

Alors, j'ai dit à l'analyste de l'enfant : « Le petit se pose la question de savoir pourquoi son nom ne s'écrit pas comme celui de ses parents. » Cet enfant n'avait pas voulu jusque-là apprendre à lire et à écrire. J'ai fait remarquer à l'analyste : « Dans le dossier, on voit écrit : monsieur et madame Allain ; or le nom de l'enfant est écrit autrement : Alain. – Ah oui ! je n'avais pas fait attention ! » Or, cette différence d'une lettre courait dans le dossier, comme ça. L'analyste m'a dit : « On va demander l'état civil. C'est peut-être une erreur de l'état civil. » C'est comme ça que le pot aux roses a été découvert.

C'est à la suite de cette démarche que le petit a appris par son oncle qu'il était le fils de « la Marie ». Le petit a dit :

« Mais alors, je sais qui est mon papa. C'est pas toi. C'est pépé. » « Tu as peut-être raison. Je ne sais pas », lui a répondu son oncle.

Et, l'été suivant, après les vacances qu'il avait passées chez son grand-père – puisque sa tante le fourguait tous les étés dans la famille dont il était issu –, il est revenu chez l'oncle, rayonnant, totalement adapté, en lui déclarant : « J'ai dit à mon pépé : " Je sais que tu es mon papa, mais je ne le dirai à personne, parce que ce n'est pas bien qu'un pépé fasse un enfant avec sa fille." » Le grand-père lui avait répondu : « Chut ! Il ne faut pas le dire à la mémé ! » *(Rires.)* Et ils s'étaient embrassés.

C'était un secret entre trois hommes, un secret que la tante n'a jamais su.

Mais, ce qui est étrange, c'est que cet enfant a démarré véritablement, après ces vacances, dans l'apprentissage de la lecture et de l'écriture en classe de perfectionnement. Tout content de savoir son origine, il disait : « Ah ! ben alors, la Marie ! Ah ! Eh ben alors, la Marie ! Qu'elle est ma mère ! Que c'est dans son ventre ! » Enfin, il était là, à dire des choses aussi rustaudes.

Que le psychanalyste ait été un homme, auquel l'oncle avait bien voulu parler, avait aidé à connaître la vérité. Que d'autre part le grand-père ait été heureux que cet enfant le reconnaisse comme son père, avait permis à son fils, devenu son complice, de lever complètement le blocage de son intelligence [1].

Un problème est venu se surajouter : la fille de l'oncle et de la tante, jusque-là bonne élève en classe de troisième, s'est mise à éprouver des maux de tête épouvantables, au point de ne plus pouvoir travailler. Elle a dit : « Il faut que j'aille voir

1. Qu'on pense à l'expression, en français : « accusé (ou coupable) d'intelligence avec l'ennemi ». Mais il n'y a pas faute si c'est avec un ami qu'on est en intelligence. C'est peut-être parce qu'on est reconnu ami qu'on a, de droit, l'intelligence de l'esprit et du cœur. Dans ce cas, il y avait intelligence entre le père, l'oncle et le garçon, grâce aussi à toutes les paroles focalisées par le psychanalyste.

le docteur de mon frère » – parce qu'elle appelait ce garçon son « frère ».

Sans avoir été averti qu'il s'agissait d'elle, car peut-être ne l'aurait-il pas reçue, le thérapeute a vu arriver cette jeune fille qui avait demandé un rendez-vous à la secrétaire du CMPP. Elle lui a dit : « Eh bien, depuis qu'il est rentré à la maison, moi, je ne peux plus travailler. J'ai mal à la tête, je ne suis pas bien. Je dois avoir quelque chose dans la tête. » Il l'a écoutée, et puis : « Vous rappelez-vous le moment où celui que vous appelez votre " frère " est arrivé ? – Eh bien oui. Maman, elle n'a pas eu le gros ventre, ou bien je l'ai pas vu. J'avais huit ans. Maman ne veut pas que j'en parle, mais je ne sais pas comment mon frère est né. » L'analyste lui a dit :

– Vous pouvez en parler à votre père. Je crois qu'il y a un secret de famille : tout simplement, celui que vous appelez votre « frère » doit être votre cousin. Mais votre père pourrait vous le dire. D'ailleurs, le nom de votre frère n'est pas le même que le vôtre.

– Comment, ce n'est pas le même ?

– Mais non. Il ne s'écrit pas de la même façon.

– Ah ! je n'avais jamais fait attention !

Du coup, elle est devenue tout heureuse.

« Vous savez, je l'aime beaucoup.

– Eh bien, justement, si vous l'aimez beaucoup, pourquoi, lorsqu'il devient intelligent, faudrait-il que, vous, vous deveniez bête ?

– Ah oui ! C'est vrai.

Elle est partie là-dessus. Et ça a été terminé.

Les parents s'étaient inquiétés. Ils avaient consulté des médecins, des neurologues. On avait fait faire des examens, pour ces récents maux de tête intolérables. Cela s'est passé au moment où le petit a guéri « sa tête » que l'on croyait malade.

Voilà ce qu'on peut appeler une histoire clinique ; car les

troubles de ce garçon s'enracinaient dans le silence portant sur sa généalogie ; et sa psychanalyse a été très loin dans son histoire. La tante n'a jamais voulu dire la vérité, ni même peut-être la savoir. Tout s'est passé grâce à l'intelligence de son mari, généreux à l'égard et de son beau-père et de sa belle-sœur débile ; il avait compris quelque chose inconsciemment. C'était un homme simple, mais qui avait l'intelligence du cœur.

Et on ne pouvait pas reculer. Il fallait dire la vérité à cet enfant à partir du moment où il avait reçu cet extrait de naissance que lui-même avait demandé : « Présumé né d'Une telle et de père inconnu. » En effet, le père inconnu (le grand-père) ne voulait pas de lui (il ne lui avait pas donné son nom) ; et lui-même ne voulait pas d'une mère inconnue ni d'un père inconnu.

Voilà une situation qui s'est totalement arrangée, alors que l'enfant, psychiquement, était parti pour devenir un déchet de la société. Il y a eu tout de même des rebondissements. La tante a fait une petite somatisation : une crise de foie ; puis elle a cru qu'elle avait un cancer du sein. Elle a eu effectivement une crise de foie. Quant au cancer du sein, elle a été examinée. Elle n'avait rien. C'était une préoccupation hypocondriaque, a-t-on dit à son mari.

Comme je vous l'ai dit, cette femme n'a pas clairement su que l'enfant avait appris la vérité sur son origine. Le petit a déclaré à son oncle qu'il ne le dirait pas à sa tante, parce qu'elle était gentille de l'avoir pris. Il a ajouté que c'était « terrible ». Quoi ? Que la mémé soit très vieille et qu'elle ait du poil au menton. Quant à « la Marie », il la trouvait épouvantable ; il était donc bien content de vivre avec sa tante qu'il appelait « maman » et sa cousine qu'il appelait sa « sœur ».

Voilà une histoire qui s'est vraiment étonnamment arrangée, alors que l'enfant avait 60 de QI au début du traitement avec son psychanalyste ; quelques semaines après la découverte de la vérité cachée, l'enfant avait un QI de 110.

Son analyste était venu en contrôle parce qu'il n'arrivait à rien. Il m'avait dit alors : « Je le traîne depuis un an et il n'avance pas. Il a l'air d'être un débile. Je me demande si je dois continuer... Il n'est même pas tellement motivé à venir. Il fait toujours les mêmes dessins. » (J'en ai vu quelques spécimens, dont une maison stéréotypée, sans chemin, sans fumée, aucun signe de vie alentour, ni ciel ni sol.)

C'est la comparaison des noms de famille, la différence d'une seule lettre, qui, m'ayant questionnée, a tout déclenché. Cela a permis à l'enfant de rechercher par lui-même la vérité et de la connaître. C'est étonnant, l'éclairement qui survient quand la vérité est dite et que les épreuves, telles qu'elles sont, sont dites et assumées. Car l'enfant savait. Et, finalement, c'est lui qui a dit à son grand-père tout bas, en l'embrassant : « Pépé, je sais que tu es mon papa », alors que personne ne le lui avait dit. Le grand-père l'a embrassé fort, en répondant : « Faut pas le dire. » Le gendre, lui, l'avait supposé, parce que, lorsqu'il allait avec sa femme à la campagne, son beau-père disait, désolé, en parlant de la Marie, la jeune débile catatonique : « Mais qui voudra la couvrir ? Puisque ça pourrait la guérir. » De la part de ce père, mettre sa fille enceinte avait donc été une tentative thérapeutique.

> P. : Mais pourquoi l'enfant écrivait-il son patronyme avec un seul *l*, alors que son père (supposé tel) l'écrivait autrement ?

F.D. : C'est sur son dossier que son nom était écrit ainsi. Lui n'écrivait même pas son nom. L'école avait envoyé au CMPP l'élève Alain, prénom B. Non, il n'arrivait pas à écrire, il était trop dyslexique pour cela. Justement, il a occupé quatre séances de psychothérapie, après en avoir décidé avec son thérapeute qui l'a aidé, à écrire cette lettre à la mairie de son pays natal ; c'est ce travail-là, dans le transfert, qui l'a fait démarrer dans l'écriture. Cette lettre était accompagnée d'une lettre officielle du CMPP demandant que la réponse parvienne à l'enfant à l'adresse du médecin du CMPP. La justification de la demande était qu'il était régulier que l'extrait de naissance du jeune garçon figure au dossier. La réponse est arrivée après deux semaines au CMPP.

P. : L'erreur dans l'orthographe du nom venait-elle de la déclaration qu'avait faite le « grand-père » ?

F.D. : Je ne sais pas. Peut-être de l'employé de mairie du patelin qui, en tout cas, l'avait écrit comme il s'orthographie habituellement : Alain. Tandis que le nom de l'oncle et de la tante qui allaient le garder avait un *l* de plus : Allain. Le grand-père ne savait peut-être pas l'orthographe du nom de son gendre.

Bien sûr, il y avait eu aussi une tentative de mentir de la part de ce grand-père qui, inconsciemment, désirait sans doute l'inceste avec sa fille aînée plutôt qu'avec sa fille cadette.

D'autre part, les parents avaient voulu répandre la rumeur dans le pays que l'enfant était le fils naturel du facteur. (Le facteur, c'est responsable des lettres. Du point de vue symbolique, il y avait là une association.) Ce fonctionnaire, à les entendre, avait abusé de la pauvre innocente muette. Personne ne s'était douté de la grossesse jusqu'à quelques semaines de l'accouchement.

P. : Dans le cas de cet enfant, il n'y avait pas de demande, ni de la part de sa famille ni de celle de l'enfant.

F.D. : C'est un cas de demande faite par l'école... On l'avait adressé à un thérapeute parce qu'il était totalement bloqué en classe de perfectionnement. C'était un enfant abruti, ralenti. Par l'effet de blocages obsessionnels, ces enfants en restent à la répétition [1]. Ils ont le visage vultueux, ils ont un drôle de

1. A rapprocher du cas « Léon », cf. *L'Image inconsciente du corps, op. cit.*, p. 288.

faciès, un faciès de débile, comme on dit. En fait, c'est qu'ils sont occupés à empêcher que la lumière se fasse.

Et, ce qui les guérit, c'est de retrouver le père symbolique de leur petite enfance et de pouvoir établir le relais avec leur père symbolique actuel. Le père de sang n'est pas toujours le père symbolique. Il l'était dans ce cas, mais ne pouvait pas être le père légal [1].

L'oncle maternel était vraiment devenu le père symbolique de l'enfant à partir du moment où il l'avait accepté, moralement adopté, par solidarité familiale : « Car on n'a pas le droit, dans une famille, de laisser un enfant parce qu'il a une naissance illégitime. » Et les choses se sont éclairées peu à peu pour l'oncle, n'est-ce pas ? Il a fait ce travail dans un transfert sur le psychanalyste de l'enfant. Je ne sais pas s'il l'aurait fait si l'analyste avait été une femme. Il aurait été beaucoup plus difficile pour lui, dans le transfert sur une femme, de continuer de cacher à sa propre femme, officiellement, la paternité incestueuse de son père.

Je dois reconnaître que le jeune psychanalyste était très inquiet quand je lui ai dit : « Il faut absolument éclaircir cela. Je vous assure que c'est le père symbolique qu'il faut lui rendre. Je suis certaine que cet oncle sera votre associé pour cela. Il suffit de voir la façon dont il a accueilli cet enfant, en ignorant qui était son père. Il y a quelque chose derrière cette déclaration à l'état civil, trois mois après la naissance. »

Les grandes vacances venues, c'est l'oncle qui est allé accompagner seul le petit chez son beau-père auquel il a expliqué dans un tête-à-tête : « Voilà. On le fait soigner. Comme le petit doit pouvoir savoir la vérité, il faut que, moi, je la connaisse. De qui est-il, cet enfant ? » C'est là que le

1. Ce qui est significatif du sentiment de culpabilité du géniteur, c'est qu'il a réussi à éviter ce que la loi commandait : que l'enfant ait le patronyme de sa mère de naissance. L'oncle expliquait ce fait par l'amitié qui unissait le maire de ce petit village au grand-père.

« grand-père » lui a raconté la vérité, en disant : « J'espérais la guérir comme ça. »

Le grand-père de l'enfant était vraiment un père symbolique. Il avait beaucoup souffert d'avoir vu sa fille devenir psychotique. Il avait conçu cet enfant pour guérir sa fille et s'était empêtré les pinceaux dans une histoire rocambolesque. Mais enfin, on ne peut pas dire qu'il était ce qu'on appelle un « pervers ». Il y avait chez lui le désir de guérir sa fille, le guérisseur lui ayant dit que, si elle avait un enfant, ça la guérirait. On peut très bien comprendre qu'un homme fruste pense comme ça et se dise : « Eh ben, mon vieux, qu'est-ce que tu attends ? Puisque personne ne veut couvrir ta fille, eh ben, fais-le, puisque ça peut la guérir. »

Mais c'est aussi dans la relation de la tante de l'enfant avec sa sœur qu'il devait y avoir eu une perturbation très grave. Elle n'avait pas supporté que sa sœur débile ait porté un enfant et, déjà auparavant, qu'après sa chute le père ne l'ait pas mise dans un hôpital psychiatrique. C'est donc qu'elle était jalouse de sa sœur. Et elle l'était devenue d'autant plus que celle-ci avait pu avoir un enfant et, qui plus est, un garçon. C'est par cette haine qu'elle portait à son père pour avoir aimé sa petite sœur, qu'elle avait pris l'enfant, en refusant de voir désormais ses propres parents.

Certes, une fois mariée, la petite sœur, la « pauvre sœur », avait été complètement rayée de sa vie ; mais elle la tolérait encore, aussi longtemps qu'elle était allée, en compagnie de son mari et de sa fille, voir ses parents.

Devant la situation qui était celle de cet enfant s'interrogeant sur son nom, son psychanalyste m'a dit : « Écoutez, j'aimerais mieux que l'oncle de l'enfant vienne vous voir, vous. » Je lui ai répondu : « Pas question. C'est vous qui avez écrit pour le CMPP ; c'est vous qui devez recevoir le père [enfin, selon le dossier ; car c'était l'oncle]. Je crois que vous pouvez travailler avec ce garçon, en expliquant au père, puisqu'il s'est montré très anxieux pour son fils, que c'est celui qui a joué le rôle de modèle masculin pour l'enfant quand il était petit qui est important ; c'est-à-dire, en l'occurrence, le père de la mère ; et qu'on ne peut pas aider l'enfant à s'en sortir en lui donnant l'image d'un arbre coupé de ses racines... Si vraiment le père [l'oncle] veut élever ce fils, pour lui donner ses chances, il faut que vous, l'analyste, puissiez parler avec l'enfant de l'époque où il ne le connaissait pas encore, lui qui est son papa maintenant. Qu'il sache qu'il avait pris d'abord pour papa son grand-père. Je crois que ça suffira, et qu'il ne sera peut-être pas nécessaire d'en venir à parler de l'inceste que la mère génitrice ne peut pas dire et dont le père géniteur ne veut pas qu'il lui soit dit. Vous-même vous le supposez, mais n'en avez aucune preuve. »

Car ce n'est pas le père de sang qui est important : c'est le père symbolique. Et, si ce dernier vient à disparaître trop tôt dans la vie d'un enfant, alors, le père symbolique, c'est celui qui pour l'enfant en prend le relais.

*

P. : Lorsque la stérilité dans certains couples est due à l'homme et que la mère a recours à l'insémination artificielle, par l'intermédiaire d'une banque de sperme, le sperme étant donc celui d'un inconnu, cela n'aura-t-il pas de conséquences au niveau du signifiant « père » ?

F.D. : Sûrement. En ce qui me concerne, j'ai vu seulement des gens qui se posaient la question et qui venaient chez une psychanalyste pour discuter le coup. Mais, à dire vrai, je ne comprenais rien, je ne pouvais rien comprendre, car ces gens ne voulaient pas entrer en analyse. Ils étaient « chèvre-chou », comme devant une décision rationnelle à prendre. Et moi, je « chèvre-choutais », en les suivant ! *(Rires.)* C'est un problème très compliqué. Il ne faut pas y toucher parce que, comme il s'agit apparemment de couples très unis, on ne sait pas du tout ce qui se passerait si on y touchait. D'autant qu'il n'y a chez eux aucune demande d'analyse. « Est-ce que ce serait bien ? Mon mari ne veut pas, mais moi, ça me fait drôle. J'ai l'impression que, si le docteur me fait ça, ça ne sera pas l'enfant de mon mari. En même temps, j'ai tellement envie d'avoir mon enfant à moi ! » Elles vous disent ça comme ça ! Certaines m'ont posé la question sans angoisse. A la question d'un couple très angoissé, comme j'en ai vu aussi, dans lequel l'homme était en fait un enfant, et la femme une adolescente, je crois vraiment que nous ne pouvons pas répondre. Ils trouveront la réponse en faisant une analyse. On ne peut pas refuser de les entendre, mais que répondre ?

D'autre part, cette question me semble très bizarre. Car je crois que, quand une femme aime vraiment un homme, elle accepte le destin de stérilité physiologique de cet homme... Ils peuvent trouver un autre moyen de donner sens à leur couple, ou bien adopter un enfant.

Or, pour le couple dont je vous parle, il n'était pas question d'adopter un enfant. Ce n'était pas possible parce que, pour le père, l'enfant n'aurait pas été un enfant de sa femme. Alors, il n'aurait pas pu l'aimer, ne pouvant pas être père d'un enfant qui ne serait pas l'enfant de sa femme. Qu'est-ce que ça veut dire ?

P. : Qu'il reconnaissait qu'un enfant vient d'une femme.

F.D. : Ou plutôt, c'était un homme en identification féminine, qui aurait voulu que l'utérus de sa femme soit le sien ; et il voulait qu'elle fasse un enfant avec n'importe quel homme, parce qu'il était certainement homosexuel sans le savoir. Il n'était pas du tout en mesure de devenir un père symbolique.

Une étude analytique de la question serait intéressante, si on disposait non seulement d'observations, mais surtout d'une psychanalyse pour un tel cas. Ces deux conjoints n'étaient pas du tout motivés. Ils voulaient une réponse à la question et attendaient que quelqu'un prenne la responsabilité de ce qu'ils allaient faire.

Beaucoup, évidemment, vont de médecin en médecin. Bien des gynécologues sont prêts à leur faire leur salade, je veux dire à procéder à une insémination artificielle – s'ils trouvent du sperme ce jour-là ! *(Rires.)*

P. : Et ça se pratique couramment ?

F.D. : Je ne sais pas. Il faudrait interroger des gynécologues. J'ai vu, de mes yeux vu, des petits cartons, des faire-part de naissance : « Mademoiselle une telle annonce la naissance de son fils (ou de sa fille) », portant entre parenthèses la mention : « fécondation artificielle » ! *(Rires.)* Et elles attendaient des félicitations !

P. : Mais, à la limite, le donneur de sperme pourrait être nommé.

F.D. : Il y a des hommes qui ont donné leur sperme, sans vouloir s'occuper de l'enfant ensuite ; il y a aussi ceux qui ont donné légalement leur nom à un enfant parce qu'ils ont mis une femme enceinte, et puis qui se sont désintéressés à la fois de la femme et de l'enfant. Lorsque l'enfant parvient à se faire une situation et à gagner bien sa vie, ces hommes qui sont restés les pères qu'ils étaient, c'est-à-dire irresponsables ou demi-clochards, rappliquent alors pour que le fils, ou la fille, les entretienne !

Qu'ils donnent leur nom, dans ce cas, ne servirait à rien d'autre, le devoir d'un enfant qui porte le nom de son père étant de l'assister, d'assister ses parents quand ils sont démunis d'argent. C'est comme quelqu'un qui vend son sperme ou qui le place et qui attend que ça lui rapporte !

P. : Je crois que c'est interdit de le vendre maintenant. Je crois qu'il est obligatoirement gratuit et surgelé.

F.D. : Raison de plus pour que ça rapporte ! Il m'est arrivé de voir des gens qui avaient été des enfants abandonnés, mais qui avaient connu leur mère quand ils étaient petits. Ils avaient un véritable désespoir de penser que leur mère aurait soixante-dix ans. « Elle aura besoin de moi. Et je ne sais pas où elle est. Je ne peux rien faire pour elle. » C'est dramatique pour les gens qui vieillissent de s'identifier à leurs parents qui eux-mêmes vieillissent sans personne pour les aider. C'est pour eux comme une loi d'aider leurs parents.

Ce qui est très positif, d'autre part, dans la loi de la reconnaissance des enfants adultérins, c'est qu'elle permet justement que se crée un lien entre un enfant et ses parents plus tard. Parce qu'il est reconnu, un enfant adultérin a de la famille. Jusque-là, beaucoup d'enfants adultérins n'avaient pas de famille, n'avaient pas de vieux. Or, d'avoir des vieux dans sa famille permet de ne pas se sentir encore trop vieux soi-même. *(Rires.)* Être orphelin de parents qui peut-être existent, c'est une épreuve, quand on n'a rien contre eux. Si on n'a rien à leur reprocher, c'est parce que, dans le père nourricier, le père symbolique a joué son rôle. Dans la vie de ceux qui ont ainsi été élevés par des parents nourriciers qui leur ont donné amour, subsistance et vie symbolique, il y a toujours un moment où ils voudraient pouvoir connaître leurs vrais géniteurs, faire quelque chose pour eux. Cela ne se produit pas quand ils sont jeunes mais quand ils sont vieux, quand ils se mettent à penser que leurs parents sont peut-être dans le dénuement, dans la solitude, et qu'ils ne peuvent rien faire pour eux. En psychanalyse, on pense surtout aux personnes jeunes ; on ne pense pas à celles du deuxième âge. Pourtant elle existe, cette reconnaissance pour la vie qui vous a été donnée. Je crois que c'est un souci égoïste qui apparaît au moment où, ayant élevé ses enfants, on pense qu'on va être vieux.

C'est pourquoi il serait intéressant d'étudier les effets de la fécondation artificielle sur les couples, et non pas sur les enfants, puisque, malheureusement, nous ne vivons pas assez longtemps pour faire de telles observations sur plusieurs générations. On pourrait en tout cas étudier le devenir du couple à la fois sur le plan social et symbolique, et voir si, après avoir eu un enfant par insémination artificielle, les parents sont devenus ou non des parents symboliques, s'ils le sont restés ou non.

P. : Le cas dont vous avez parlé pose la question de savoir s'il faut dire au mari que la mère a reçu l'insémination artificielle, et s'il faut dire à un enfant qu'il a été conçu ainsi.

F.D. : Le père symbolique, c'est celui qui donne son nom et son amour. Et, tout autant, celui qui est d'accord pour l'insémination artificielle. Mais cela demande une sublimation de l'homosexualité beaucoup plus grande que dans la paternité normale. Cela revient, en fait, au problème qui se pose pour un homme qui devient beau-père très précocement, dès la vie utérine de l'enfant, lorsqu'il épouse une femme enceinte des suites d'un viol par exemple. Ce père-là ne se pose pas tellement de questions. Il adopte la mère, il reconnaît l'enfant.

Je crois de toute façon que, quand une femme est obligée de recourir à l'instrumentation stérilisée de la fécondation artificielle et de passer par un médecin, cela prouve qu'elle est tout de même très paumée par rapport à la société.

P. : On pourrait prévoir, pour des hommes qui se font sectionner les canaux déférents, la possibilité qu'ils laissent auparavant du sperme à la banque de sperme, qui pourrait servir après, dix ans après.

F.D. : Je ne sais pas pourquoi, mais, pour moi, il y a quelque chose d'un petit peu pervers dans toutes ces pratiques. D'autant qu'elles font surgir de faux problèmes.

C'est tout de même curieux que nous en soyons venus à parler de ça à propos du Nom-du-Père ! *(Rires.)*

P. : Je voudrais poser la question du narcissisme, dans le cas où un enfant naît ainsi, par insémination artificielle.

F.D. : Vous voulez parler du narcissisme des parents ; puisque, pour l'enfant, ses parents, ce sont ceux qui ont assuré sa survie. Tous les enfants du monde, qui sont légitimés et qui sont éduqués par leurs parents, ont forcément été adoptés par ceux-ci.

Pourquoi est-ce qu'une femme qui désire un enfant et qui aime son homme, sachant que cet homme est dans l'épreuve d'être stérile, ne se fait pas donner un enfant par un autre homme qu'elle connaît ? Pourquoi trouve-t-elle plus sain d'avoir recours à une seringue qu'à un acte naturel qui lui rendrait service à elle et à son mari, s'il est accompli en toute lucidité par un homme qui renoncera à son enfant ? C'est parce que les gens n'ont pas confiance les uns dans les autres. La femme a peur que, ensuite, le géniteur ne veuille avoir des droits sur son enfant. Je crois que cela vient de la méfiance des uns vis-à-vis des autres ; c'est un défaut dû à l'homosexualité latente, refoulée, non sublimée.

P. : Mais aussi un défaut de la fonction symbolique chez la mère, parce qu'il y a la mère réelle, mais aussi la mère symbolique.

F.D. : J'ai connu le cas d'un enfant psychotique, qui a été interné à Sainte-Anne pendant deux mois pour des symptômes que, moi, je ne lui ai pas vus dans le traitement qu'il a fait ensuite avec moi. Alors, chose curieuse, il avait pour symptôme, à Sainte-Anne, de casser tous les carreaux, la nuit, à coups de ballon de football. Le ballon sortait par les fenêtres.

Je ne savais rien de cet enfant, mais c'est un médecin de Sainte-Anne qui m'a dit : « Au lieu de l'interner à vie, j'ai dit aux parents de le reprendre et de vous l'amener. » Il a même ajouté : « Ne faites pas du freudisme. La psychanalyse, je n'y crois pas. Mais vous allez voir comme ce cas va vous intéresser ! Je n'ai jamais vu un délire démono-maniaque comme celui-là ! » En fait, il s'agissait d'un délire provoqué par le médecin. C'était un médecin connu pour avoir approfondi le « méconnu » ; une espèce de Charcot.

P. : Il provoquait, en effet, de très belles hystéries avec le sérum physiologique qu'il baptisait d'un nom savant.

F.D. : Oui, c'est cela. Quoi qu'il en soit, il m'a donc envoyé ce garçon de quatorze ans qui a commencé à avoir une maladie des tics alors qu'il était un excellent élève en classe de troisième. Ce que l'on appelait une maladie des tics n'était, en fait, que des compulsions obsessionnelles. Pour s'habiller, il mettait une heure, parce qu'il fallait qu'il souffle après chaque geste qu'il faisait ou après avoir touché un objet. Ainsi, par exemple, il prenait un objet, le lâchait et soufflait ; puis il reprenait l'objet, et soufflait de nouveau. Ça pouvait durer longtemps. *(Rires.)*

La première fois qu'il est venu chez moi, pour passer le seuil de la porte, cela lui a pris vingt minutes ! *(Rires.)* Je m'attendais bien à ce qu'il lui en faille vingt pour repartir. Pour enlever tout seul son manteau, son capuchon – c'était l'hiver –, il a soufflé un nombre de fois impressionnant. Je ne lui ai pas demandé ce que ça voulait dire. Comme il avait fait pendant un mois un prétendu délire démono-maniaque avec le médecin de Sainte-Anne, je n'ai rien dit. Puisqu'il ne parlait pas, je ne parlais pas, mais j'attendais. Et puis, il est reparti. Alors j'ai dit : « A la prochaine fois ! »

C'est comme ça que le traitement a commencé, mais vraiment, c'était épouvantable à voir. Je ne savais rien de ce garçon ; naturellement, les parents n'avaient rien dit sur lui. On m'avait seulement appris qu'il était brillant, jusque-là, sur le plan scolaire.

Le sens des tout premiers dessins qu'il a faits ne s'est éclairé que par la suite. Le premier représentait un loulou de Poméranie, bien frisé, qui était dans un ovale entouré de piquants ; c'était une espèce d'auréole, de rayonnement électrique ou solaire. Le chien était donc dans une sorte de cage de Faraday – si je peux dire –, avec un lien qui partait de son cou et qui s'en allait en dehors de la feuille. Voilà ce qu'était le premier dessin de cet enfant.

Le deuxième représentait un bateau qui n'avait ni avant ni arrière, parce qu'il ne tenait pas dans la page. Il y avait le milieu d'un bateau, avec le mât. Le mât était tenu par un monsieur en blouse blanche, qui était pour lui un pâtissier, et un monsieur en blouse grise, qui était un employé de bureau. (Son père était employé de bureau.) Qui pouvait être le pâtissier en blouse blanche ? Je ne l'ai su que plus tard : ce n'était pas un pâtissier, mais un coiffeur. Et pourquoi un loulou de Poméranie ? Pour vous l'expliquer, il faut que je vous raconte l'histoire de sa naissance et de sa famille. Ses parents, qui étaient mariés, s'aimaient ; ils baisaient. La mère avait une très bonne situation de secrétaire, le père, je l'ai dit, était un employé de bureau ; bien payés l'un et l'autre. Au bout de quatre ou cinq années de mariage, ils avaient voulu un enfant. Le mari, qui était de l'Assistance publique, était stérile, mais sans le savoir. Il avait été bien élevé dans une famille nourricière, puis il avait fait des études grâce à l'Assistance publique et était devenu un homme heureux. Mais, pour toute famille au monde, il n'avait que sa femme. Le couple avait donc voulu avoir un enfant.

Or le gynécologue a eu l'intelligence de ne pas dire à l'homme qu'il était stérile : il ne l'a dit qu'à la femme. Il lui a déclaré : « Madame, vous êtes tout à fait saine, mais votre mari est stérile. Si vous voulez lui donner un enfant, il faut soit recourir à la fécondation artificielle, soit vous faire faire un enfant par quelqu'un d'autre. »

Elle a choisi la seconde solution, c'est-à-dire qu'elle en a parlé à son coiffeur ! *(Rires.)* Le coiffeur avait trois filles de son épouse, la coiffeuse ! Ils se connaissaient très bien tous les trois : c'étaient de vieux amis. Et voilà ! « Pourquoi pas ? Je vais vous rendre ce service. » *(Rires.)*

Elle a été enceinte du premier coup. Mais voilà ! Le coiffeur, comme je l'ai dit, n'avait que des filles, et l'enfant qui est né était un garçon. Or la mère a continué à se rendre tous les huit jours chez son coiffeur, mais en amenant désormais le petit avec elle. Et ce coiffeur lui a donné les petits manteaux d'hiver de ses filles pour le petit. Comment étaient-ils ? En fausse fourrure à bouclettes. Eh bien, c'était le loulou de Poméranie ! C'est intéressant. Bien frisé, avec un petit nœud. Tout à fait coiffeur ! *(Rires.)*

Quand le petit a eu trois ans, les gens ont commencé à jaser, disant qu'il ressemblait au coiffeur, lequel l'aimait beaucoup. L'enfant, lui, était très rigolo, très intelligent.

Un jour, le coiffeur a dit à la mère du petit garçon : « C'est fini. Je ne veux pas avoir d'ennuis. Ma fille aînée va se marier. Les gens commencent à faire des ragots. Ma femme leur dit de se taire » – alors que tout était très clair entre eux ; il n'y avait rien de louche, si l'on peut dire.

P. : Sauf que le père ne savait pas.

F.D. : Oui, le père ne savait pas. Et vous allez voir ce que cela a développé comme névrose obsessionnelle, chez le père, d'avoir un fils. Il faut préciser que la mère, à partir du jour où elle a été enceinte de cet enfant – conçu d'ailleurs avec moins de plaisir qu'elle n'en avait dans l'acte sexuel avec son mari –, pour être sûre que la grossesse irait jusqu'au bout, s'est refusée à son mari. Lui a tout à fait accepté. Elle était enceinte, et il voulait tellement un bébé ! Bon ! Pas de rapports sexuels pendant qu'elle était enceinte. Et depuis – l'enfant avait maintenant quatorze ans –, elle n'avait jamais pu coucher avec son homme, parce qu'elle était « fidèle à son enfant », disait-elle.

Alors, quel fut l'effet secondaire de cette privation sexuelle imposée au père, au nom de cet intrus, l'enfant, que d'ailleurs il adorait ? Je ne le sais pas. Toujours est-il que le père a développé une névrose obsessionnelle : il avait ce que l'on appelle des manies : à la maison, tout devait être au cordeau ; rien ne traînait. Il ne voulait pas voir des affaires d'enfant dans la maison. Les jouets devaient être rangés sur le balcon, dans une caisse recouverte d'un carton (à l'époque, il n'y avait pas de plastique), quand le père rentrait. Il fallait qu'il n'y ait plus rien, que tout disparaisse, que l'enfant soit dans sa chambre, dans son coin et, surtout, qu'on ne l'entende pas, qu'il ne bouge pas.

L'enfant s'est donc développé dans ces conditions-là jusqu'à la puberté. Et c'est à ce moment-là que tout a flambé en lui sous la forme de cette maladie des tics, qui empoisonnait complètement sa vie et celle des autres.

Ainsi, pour aller au lycée, il devait se lever à six heures du matin ; car il luttait contre cette impossibilité d'accomplir un acte jusqu'au bout.

Enfin, moi, je ne l'ai jamais entendu parler du démon. Alors que l'observation de Sainte-Anne était, paraît-il, d'une richesse comme on n'en voyait jamais dans les délires démonomaniaques.

Quoi qu'il en soit, la mère de ce garçon n'a plus jamais revu son coiffeur. Elle a accepté que la séparation soit totale. Elle a changé de coiffeur, simplement pour ne pas gêner les projets de mariage de la fille aînée en alimentant les ragots de quartier. L'enfant avait à ce moment-là trois ans.

L'analyse de ce jeune homme – il avait alors quatorze ans –

s'est déroulée d'une manière tout à fait intéressante, après ces deux dessins qui n'ont dit leur mot qu'une fois que j'ai su par la mère l'histoire des deux hommes dans sa vie à elle : car ils étaient deux à tenir le phallus, le mât du bateau dans le dessin du garçon. C'est ce qu'elle m'a raconté qui m'a fait comprendre ce que représentait ce loulou de Poméranie, et ce monsieur en blouse blanche que le garçon disait être un pâtissier. En effet, l'enfant avait été comme un cadeau oral que la femme aurait reçu : elle parlait tellement avec son coiffeur.

La mère est donc venue me dire la vérité. Et, peut-être au bout de deux mois de traitement, le garçon avait déjà repris l'école. J'ai vu alors le père quelquefois, qui m'a dit combien il avait aimé cet enfant, mais aussi quelle révolution cela avait représenté dans sa vie, parce qu'il ne savait pas qu'un enfant, ça faisait du désordre. Lui avait été élevé dans une ferme ; et, dans une ferme, on ne voit jamais qu'il y a du désordre. Enfin, il ne se rendait pas du tout compte que, quand il était lui-même petit, il était très vivant, avait besoin de joujoux. En tout cas, il ne s'en souvenait pas du tout.

Ce père m'a expliqué que, lorsqu'il sortait le dimanche avec son fils – depuis qu'il était petit, et maintenant encore à quatorze ans –, il s'arrêtait tous les dix pas pour lui rajuster sa mise. Il fallait que l'enfant soit impeccable, qu'il ait un petit nœud papillon. Enfin, il était déguisé en petit adulte, à trois ans. Et le père s'arrêtait si seulement l'enfant avait bougé un peu, pour lui remettre sa ceinture, pour lui refaire son nœud. Il fallait que l'enfant se promène telle une gravure de mode à côté de lui. Le père avait une idée de son fils qui était une image de catalogue. Au point que l'enfant en étant arrivé à ne plus parler parce que, s'il parlait, ça faisait du bruit, ça empêchait d'écouter la radio, par exemple. On ne l'écoutait pas, lui, on écoutait la radio.

Vous voyez la drôle de vie qu'avaient ces gens. Et, si l'enfant était devenu si brillant à l'école, c'est parce que c'était le seul lieu où l'on pouvait parler et s'exprimer. Pourtant, les parents étaient intelligents.

La mère n'avait jamais raconté son histoire à personne. Seuls, bien sûr, le coiffeur et sa femme étaient au courant. Le mari ne savait rien.

Lorsque j'ai demandé à cette femme si son fils avait reçu une information sexuelle, elle m'a répondu : « Vous savez, je ne sais pas comment je pourrais lui dire quelque chose là-dessus. Son père a été élevé à la campagne où l'on ne dit pas ces choses-là. »

Ainsi, au moment où cet enfant aurait dû avoir une information sexuelle, on l'avait laissé complètement dans le vague. Il n'avait investi que la scolarité.

Ce qui pour ce garçon représentait le danger lui était venu de l'amitié que sa mère portait à une voisine. Elle était littéralement « collée » à une femme qui habitait dans le même immeuble qu'elle ; cette dernière avait un fils, elle aussi, un affreux jojo qui lui donnait des coups de pied et la volait ; il est d'ailleurs devenu par la suite un délinquant connu : les journaux ont parlé de lui. Or mon jeune patient avait pour modèle le fils de cette femme avec qui sa mère bavardait tout le temps ; l'une et l'autre scandant leurs discours de : « Ah ! Ils sont comme ça à la puberté ! »

C'est à partir de là que le délire de ce jeune garçon a commencé. Il entendait ces deux femmes qui parlaient sans arrêt, quand il rentrait. Sa mère préparait le dîner, puis elle allait parler, sur le palier, avec sa copine. Le père ne voulait qu'écouter sa radio et faire ses mots croisés, tranquille. L'enfant, lui, faisait ses devoirs, mais il entendait bien ce que se disaient les deux femmes. Et elles disaient qu'à la puberté les garçons devenaient « comme ça » – c'est-à-dire pré-délinquants, méchants et agressifs avec leur mère.

Or lui, n'ayant pas le style d'un voyou, ne pouvait exprimer d'agressivité, était devenu démoniaque d'une autre façon ! C'est cela qui avait été à l'origine de son délire qualifié de démoniaque. Donc, tous ses gestes devaient être en toutes circonstances purifiés par le souffle. Tout cela, je ne l'ai su que tardivement. (J'ignorais même le nom de cette voisine et de son fils.)

Malgré tout, son traitement avançait ; et, comme tout traitement, il a abouti à la question : « Pourquoi les filles ne sont pas faites comme les garçons ? » puis : « Comment fait-on les enfants ? » Il ne savait rien.

Un beau jour, la mère me téléphone et me dit : « Vous savez, moi, je ne me sens pas le courage de lui dire la vérité. Pourtant, je ne sais pas ce qu'il se passe, mais, depuis qu'il va mieux, je suis devenue follement amoureuse de mon patron. » Son patron, qui était célibataire, était fils d'un grand nom de l'industrie. Complètement écrasé par son père, il travaillait sous les ordres de celui-ci. Elle était donc la secrétaire particulière – très compétente – de cet homme. D'avoir pu raconter les troubles qu'avait son fils et dire qu'il était soigné, voilà que ça a débordé : elle en est venue à parler avec son patron, ce jeune homme prolongé, complètement sous la dépendance d'un père terrible, et qui, finalement, s'est épris d'elle. Elle avait le même âge que lui. C'était une sorte de jeune homme attardé et complètement terrorisé. Ils ont parlé et se sont donc épris l'un de l'autre ; elle, de son côté, restant toujours fidèle à son fils.

P. : Mais pas à son mari !

F.D. : Elle s'en foutait de son mari ! Ou plutôt, elle l'aimait bien, comme un frère. Mais, d'autre part, elle ne voulait pas céder à son patron, devenu pour elle un amant de cœur indispensable.

Elle me téléphone une autre fois et me dit : « Je n'y arriverai jamais. » Je lui dis : « Venez me voir. » Je la reçois et elle me raconte qu'elle est éperdument amoureuse de son patron, qui n'est pas du même milieu social qu'elle. Elle me parle de lui, de sa vie, et m'explique que, de même qu'elle avait eu pitié de son mari qui n'avait pas de famille, elle avait pitié de ce jeune homme riche qui n'avait pas de vie personnelle.

Je lui rappelle alors : « La question de son origine n'a pas encore été posée par votre fils. Et vous ne voulez pas lui en parler, son père non plus. » Mais le père m'avait donné toute permission de donner l'information sexuelle à son fils, qui ne savait toujours rien.

Déjà, le psychiatre de Sainte-Anne avait dit au père : « Vous savez, je crois qu'il est à la puberté ; il semble être très travaillé par les questions sexuelles. Vous devriez mettre la question sur le tapis. » Or le garçon avait été complètement affolé, était entré dans un mutisme de quelques pieds sous terre de plus. (C'est alors, devant cette aggravation, que ce confrère psychiatre avait conseillé aux parents de conduire leur fils chez moi.)

Un jour, le garçon me parle des manies de son père, et me déclare que ce n'est pas étonnant que lui-même ait encore plus de manies, puisqu'il est – n'est-ce pas ? – le fils de son père. Alors, à cause de ce « n'est-ce pas ? » je lui dis seulement : « Le crois-tu vraiment ? » Il me demande : « Mais ce n'est pas sûr ? – Pose la question à ta mère. » Il est revenu à la séance suivante en me disant : « Je ne peux pas lui poser la question. » Il ne pouvait pas plus poser la question à sa mère que celle-ci ne pouvait lui en parler.

Alors, j'ai repris son premier dessin, puis le deuxième, et je lui ai raconté son histoire. Il m'a écoutée sans rien dire. A la fin, il est resté silencieux un moment, puis il a dit : « Ben alors, je n'ai pas besoin d'avoir de manies si je ne suis pas son fils ! » *(Rires.)* Voilà la réponse qu'il m'a faite. Puis, il a demandé :

– Et alors, papa ne le sait pas ?

– Non. Ta mère pensait qu'il aurait trop de peine, étant donné qu'il n'avait pas de famille et qu'il voulait tellement avoir un fils.

– Oh ! Vous savez, je l'aime encore plus, mon père, maintenant. Mais je n'ai plus besoin d'avoir des manies.

Et il est parti totalement guéri. Il n'a plus jamais eu de manies. Il est revenu me voir, quelques années après, une ou deux fois.

J'ai omis de dire que, le jour même où je lui ai fait la révélation de son origine, sa mère me téléphone :

– Vous savez, il faut absolument lui dire, parce que je suis décidée, la semaine prochaine, à quitter le foyer.

– Eh bien, vous allez vite en besogne ! *(Rires.)*

– Je ne peux plus rester comme ça. Je ne peux pas être avec mon patron si je ne quitte pas mon mari. Je ne peux pas à la fois être la maîtresse de cet homme et rester avec mon mari.

– D'un coup ? Comme ça ?

– Non, nous allons faire d'abord un voyage. Comme je suis sa secrétaire, je dois l'accompagner. Ainsi nous verrons si nous pouvons vivre ensemble. Et, si c'est le cas, je ne reviendrai pas à la maison.

– Alors, qu'est-ce qui va se passer pour le garçon ? [Il était alors en seconde ; il était d'ailleurs très brillant ; un matheux, vraiment très doué.]

Je lui précise alors :

« Ça se trouve bien cependant, car c'est aujourd'hui que la vérité sur son origine a été dite à votre fils.

– Ah ! ça me soulage beaucoup.

Quand le garçon est rentré chez lui, sa mère lui a demandé : « Mme Dolto t'a dit ? – Oui, elle m'a dit, mais je ne le dirai jamais à papa. – Eh bien, moi, il faut que je te dise... » Et, là-dessus, elle lui annonce qu'elle va partir avec son amoureux.

Il est revenu à la séance suivante et m'a dit :

– Eh bien, vous savez... Eh bien, ma mère, ça y est ! *(Rires.)* Elle n'était plus la femme de mon père, il paraît. Et voilà qu'elle en a trouvé un. Mais j'en ai eu les oreilles rebattues de ce monsieur, depuis que je suis petit. Je n'entendais parler que de lui. Quand mon père et ma mère parlaient, ils ne parlaient que du patron de ma mère.

– Alors, ce n'est pas un inconnu pour toi ?

– Non. Je suis même allé dans ses bureaux, et j'ai fouillé dans ses tiroirs. *(Rires.)*

– Qu'est-ce que tu as vu dans ses tiroirs ?

– Ah ben alors, il a toutes les marques de stylos ! Sauf qu'il n'avait pas encore le bon stylo ; c'est ma mère qui le lui a donné. *(Rires.)*

Et le fils trouvait ça tout à fait folklorique, lui. Ça ne l'avait pas du tout, du tout choqué.

La mère est donc partie. Puis elle a écrit qu'elle prolongeait ; et elle prolongeait encore. Finalement, elle est revenue et a dit la vérité à son mari. Celui-ci s'est exclamé alors : « Mais comme tu me soulages ! *(Rires.)* Il y a quinze ans [le fils avait maintenant juste quinze ans], j'ai été amoureux. » Il avait été amoureux d'une fille de dix-sept ans, sans jamais coucher avec elle. « Tu comprends, elle était très jeune. » Elle était mineure, et il ne voulait pas faire ça. Cette petite, enfant de l'Assistance publique, elle aussi, travaillait dans son bureau : Il était tellement amoureux d'elle – et il l'a dit comme ça à sa femme – « qu'elle en est tombée tuberculeuse que je ne veuille pas coucher avec elle, parce que je t'étais fidèle ». Or il ne couchait pas plus avec sa femme ! *(Rires.)* « Alors, le médecin a dit qu'elle avait un chagrin d'amour. Elle est allée en sana. Nous nous sommes écrit. » Sa femme lui a demandé : « Mais où est-ce que vous vous écriviez ? – Eh bien, poste restante. » Par la suite, la jeune fille avait essayé d'avoir deux ou trois liaisons qui n'avaient pas marché. Et maintenant elle lui écrivait à nouveau qu'elle n'aimait que lui. Du coup, il était tout à fait décidé à partir avec elle. *(Rires.)*

Voilà comment les choses se sont passées. C'est extraordinaire ! Et c'est vrai d'un bout à l'autre !

Le garçon a décidé de rester avec son père, et de continuer ses études dans le même lycée. Ça lui était bien égal que son père ait une autre femme, puisque sa mère était heureuse de son côté. Il se trouvait adulte. Il a été rôder autour de la boutique du coiffeur pour voir la tête de son géniteur *(rires)*, qu'il a trouvé très moche. « Heureusement que je ressemble à mon père légal, a-t-il dit, et que je ne ressemble pas au coiffeur qui est un gros lard. » C'est ce qu'il a dit. Et je ne l'ai plus revu.

Plus tard, comme je voulais savoir ce qu'il était devenu – parce que ces événements avaient écourté sa cure –, j'ai demandé à l'assistance sociale de Sainte-Anne qui me l'avait adressé de retrouver la trace de ce garçon. C'était sept ans après. Je n'ai pas reçu de réponse pendant longtemps. Puis une lettre d'Algérie. Ce garçon m'écrivait que la lettre qu'il avait reçue l'avait plongé dans la perplexité, car il ne se souvenait absolument pas d'avoir été soigné par moi. Il ne se souvenait pas de cette « maladie étrange », disait-il, qu'il avait eue à treize ans (il ne se souvenait même pas que c'était à quatorze ans). De cette maladie, il pensait s'être guéri tout seul en faisant pour la première fois une grande randonnée en vélo, pendant les vacances, à l'époque où ses parents divorçaient. « Et puis, tout d'un coup, m'est revenu le souvenir de la drôle de dame chez qui j'étais allé rue Saint-Jacques. Et vous allez rire, m'écrivait-il, j'ai fait Lyon [c'est-à-dire l'école de santé militaire]. Je suis médecin militaire en Algérie. J'ai opté pour la psychiatrie et j'ai décidé de devenir psychanalyste. » Il terminait sa lettre ainsi : « C'est tout de même extraordinaire que j'aie oublié que j'avais été soigné par une psychanalyste. Mais, dès que j'aurai fini mon service militaire, je viendrai vous voir. Cela m'intéresse beaucoup. » Voilà l'histoire. Je ne l'ai jamais revu.

Cela m'avait beaucoup intéressée de savoir qu'il n'avait gardé aucun souvenir de sa psychanalyse et qu'il croyait s'être guéri tout seul d'une « maladie étrange ». Il disait en effet dans sa lettre : « Je croyais que j'avais été malade de trop aimer ma mère et que je m'en étais guéri par une randonnée à bicyclette, tout seul, pendant les vacances, à la fin de la classe de seconde. Or, en recevant la lettre qui me parlait de vous, m'est revenu le souvenir du traitement avec une drôle de dame. »

Il avait donc fait la médecine militaire, alors que rien en apparence ne le prédisposait à devenir médecin – à ce moment-là, il n'en était pas question, si ce n'est qu'il était bon en maths. Sa mère s'était remariée avec son patron qui était tout de même ingénieur. Son père, employé de bureau, avait fait une bonne carrière à l'intérieur d'une administration. Et lui, après avoir suivi cette école, se destinait à la psychanalyse.

Voilà donc l'histoire de ce garçon qui aurait pu aussi bien être un enfant né de fécondation artificielle. « Trouvez un de vos amis qui voudra bien... », avait dit le médecin à la mère. Et elle avait choisi la fécondation naturelle, parce qu'elle n'était pas perverse, cette femme, mais « nature ».

Mais enfin, c'est curieux, comme ces êtres qui s'aimaient humainement et sur le plan symbolique ont cessé de se désirer après la naissance de l'enfant ! Et c'est tout de même quelque chose d'étrange, cette phrase de la mère : « J'ai voulu rester fidèle à mon enfant. » Rester fidèle au piège de la maternité.

Seulement, le père légal avait commencé à vivre de son amour pour la jeune fille, à ce moment-là, c'est-à-dire l'année où sa femme se refusait à lui. C'est pourquoi, sans doute, ils avaient accepté de ne pas avoir de rapports sexuels. C'est à ce moment-là qu'il s'est mis, lui, à flamber pour une fille de dix-sept ans – son homologue en fille – abandonnée à la naissance, élevée par l'Assistance publique ; une petite sœur, en somme.

P. : Cette jeune fille, il aurait pu la féconder.

F.D. : Elle était mineure. Il ne l'a pas touchée. Il vivait de ce secret amour, alors qu'il aimait son fils et sa femme « intouchable ». Et puis, cette jeune fille avait été tuberculeuse, assez gravement ; elle est restée six ans en sana. Ensuite, elle avait eu quelques expériences amoureuses et sexuelles. Elle avait écrit à nouveau au père, quinze ans plus tard.

P. : Parce que, dans un couple infécond, l'homme peut très bien devenir fécond avec une autre femme. (Cela se calcule au nombre de spermatozoïdes par millimètre cube et à leur agilité.) C'est pour cela qu'il est très dangereux de solliciter un couple dans lequel l'homme est stérile, soit pour une adoption, soit pour une insémination artificielle.

F.D. : Moi, je crois que ce n'est pas dangereux de dire à la femme que son mari est stérile, mais c'est très dangereux de le dire à l'homme.

P. : Mais comment le père a-t-il appris qu'il n'était pas le géniteur de l'enfant ?

F.D. : Il ne l'a jamais appris. Son fils ne le lui a jamais dit, et sa femme avait déclaré qu'elle ne le dirait jamais.

P. : Pensez-vous que c'était une bonne chose ?

F.D. : Je ne pense rien du tout. Je réponds simplement qu'il ne l'a jamais appris. D'ailleurs, ce qui est curieux, c'est que, typologiquement, cet enfant s'était mis à ressembler à son père. Il ne ressemblait plus du tout à son géniteur.

P. : Comme s'il voulait protéger son père. Sur le mode d'une dénégation en quelque sorte : « Ne va pas penser que je ne suis pas de toi. La preuve, c'est que je te ressemble par mon type. »

F.D. : De toute façon, son père l'avait désiré. Et sa mère avait désiré cet homme pour époux.

Or, après la naissance de l'enfant, ils ont cessé de se désirer. Mais ils ont continué de s'aimer, de façon chaste, en refoulant leurs pulsions génitales ; chacun en a fait ce qu'il avait à en faire : lui, une névrose obsessionnelle et un amour épistolaire ; elle, secrétaire de valeur, devenant de plus en plus dévouée, masochisée par son patron masochiste, lequel, encore à trente ans, était écrasé par un père abusif. Le mari et la femme ne se parlaient jamais de leur vie privée. Elle n'en avait jamais parlé à personne, jusqu'au moment où son fils est entré en traitement. Jusque-là, elle se contentait de cancaner avec sa voisine de palier qui avait un fils en difficulté.

Je crois que c'est dangereux de dire à l'homme, dans un couple, qu'il est stérile, quand il désire un enfant de sa femme. Justement, pour la raison que vous dites : il peut cesser de l'être un jour. D'autre part, si la femme aime son homme, comme c'était son cas, elle peut très bien se débrouiller pour assumer seule la tentative d'une fécondation normale ou artificielle, afin de faire ce cadeau d'un enfant d'elle à son mari. Conseil qui lui avait été donné par son propre gynécologue.

Dans le cas dont je vous parle, le père voulait un enfant, imaginairement. En réalité, il ne voulait pas de « cet » enfant. Il n'était lui-même pas encore mûr par rapport à sa virilité. Il a évolué lentement grâce aux lettres d'une femme qui était au loin. Lui-même n'avait connu ni sa mère ni son père. C'était, je vous l'ai dit, un enfant de l'Assistance publique, sans attaches, élevé dans des institutions, pas même en famille nourricière. Sous le prétexte de respecter la bonne marche de cette grossesse tant désirée, il a accepté que sa femme se refuse à lui. C'est alors qu'il a aimé une jeune fille, elle aussi sans attaches. Il l'avait respectée parce qu'elle était mineure : et c'est probablement à cause de la chasteté de cet amour-là qu'elle était devenue malade psychosomatiquement ; il l'a dit et il avait raison. Lui devait alors avoir la trentaine, et elle avait dix-sept ans. Donc, quand son fils avait quinze ans, il avait déjà quarante-cinq ans. La jeune fille, restée son amie lointaine, était devenue une femme de trente-deux ans. Elle avait donc l'âge auquel la femme de cet homme était devenue mère.

Mais c'est une histoire propre. Oui ! C'est ce qu'on peut dire. En fait, tout avait commencé avec le on-dit, le qu'en-dira-t-on. Cet homme et cette femme étaient piégés dans leur régression et ne voulaient pas se faire de la peine mutuellement. Pourtant, ils ne voulaient pas non plus rompre leur entente affective, ce qui s'est payé très cher : par le refoulement chez la femme et par cette flambée de maladie obsessionnelle chez le père – obsessions qu'il n'avait pas avant la venue de l'enfant.

P. : Aviez-vous l'autorisation de la mère de raconter l'histoire à l'enfant ?

F.D. : Oui, plus que l'autorisation : la demande que je le fasse.

P. : Vous l'avait-elle demandé ou est-ce vous qui l'avez sollicitée ?

F.D. : Non. Je lui avais demandé de le dire elle-même à son fils quand il lui poserait la question. Or elle ne pouvait pas lui donner d'information sexuelle. Le père ne pouvait pas non plus. Le médecin psychiatre, déjà, le lui avait demandé, mais il avait répondu : « Non, je ne peux pas lui parler. Faites-le vous-même, docteur. »

P. : Vous n'avez jamais reçu le père ?

F.D. : Si, je l'ai reçu, mais il ne savait rien. Quant à moi, je n'ai appris la vérité de la bouche de la mère qu'après peut-être un mois de traitement du garçon. Au début, je ne savais rien.

P. : Est-ce que le père s'interrogeait sur ses obsessions qui n'étaient justement apparues qu'après la naissance de son fils ?

F.D. : Sur ses obsessions ? Ses manies ? Pas du tout ! Mais il devait s'interroger beaucoup sur son absence de relations sexuelles et sur les lettres qu'il écrivait à cette jeune femme, sur cette longue liaison platonique qui durait depuis la conception de son fils.

P. : Mais il ne vous en a pas parlé ?

F.D. : Non. D'autant qu'il ne lui écrivait plus, à cette époque. Il avait écrit à cette femme pendant cinq ou six ans – c'est par la mère que j'ai su cela. Il avait organisé tout un système au bureau d'où on envoyait un colis tous les mois à cette jeune femme, au sanatorium. C'est lui qui faisait ce paquet. Il avait paterno-materné, si l'on peut dire, cette jeune employée de bureau dont il était tombé amoureux, tout en se sentant très coupable (parce qu'elle était mineure) ; en lui l'amour, le désir sexuel se mêlaient à une loi lui interdisant de déclarer son désir. Il n'a fait qu'assumer son affection pour la « pauvre petite sans famille » avec l'aide de tout le bureau. Par ces lettres, ils ont pu finalement se déclarer leur amour. Cependant, lui étant marié, il ne tromperait jamais sa femme. Alors, ils ont arrêté de s'écrire. La jeune fille lui a dit qu'elle commençait à aimer un garçon, et ça a été terminé. Il lui a réécrit au cours du traitement de son fils. A peu près en même temps que sa femme lui déclarait son amour pour son patron, lui était décidé à épouser la jeune femme qu'il aimait. Alors, c'était merveilleux ! Ça arrivait vraiment au bon moment.

Et, le point de départ de toute cette histoire, c'était la stérilité du couple et la suggestion faite à l'épouse par le gynécologue. Mais il faut souligner que c'était un cas particulier : celui d'un père n'ayant aucune famille et qui avait tellement envie d'avoir un enfant, pour se faire une famille.

Je suis d'ailleurs convaincue que le fils n'a jamais dit à son père qu'il était l'enfant d'un autre. Ce garçon était tout à fait décidé, de façon mûre, à ne pas le dire à son père. D'ailleurs, son « vrai » père, c'était bien lui, le père symbolique.

Je crois que beaucoup de traitements marchent chez les enfants, même s'ils ne vont pas jusqu'au bout. L'un des signes de l'effet d'un traitement psychanalytique, c'est qu'il est complètement oublié après, quand l'enfant a muté dans la phase suivante de sa vie.

Ce cas m'a étonnée, parce qu'il y avait eu quand même impact social. Ce garçon avait tout de même été interné un mois à Sainte-Anne, après avoir été renvoyé du lycée parce qu'on ne pouvait plus y garder une caricature pareille.

Et, si je n'avais pas fait rechercher sa trace par l'assistance sociale, je n'aurais jamais su qu'il voulait devenir psychanalyste. Alors là, où a joué, sans qu'il le sache, l'identification, pour lui, au métier que je faisais, et dont il ignorait que ce fût « psychanalyste » ? J'avais été la « drôle de dame ».

P. : Mais il n'avait pas encore commencé son analyse d'adulte. Il désirait faire une analyse. Donc, il désirait peut-être savoir ce qu'il avait désiré.

F.D. : Il l'aurait certainement retrouvé au cours de son analyse. Mais cela avait été oublié avec la mutation de la puberté, enfoui avec les souvenirs d'enfance.

P. : Mais le désir d'être analyste pouvait être un désir de retrouver un souvenir.

F.D. : A l'époque où il m'a écrit cette lettre, j'avais montré son écriture à une graphologue que je connaissais, pour savoir ce qu'elle en pensait. Elle avait dit que c'était quelqu'un de cultivé, de remarquable, d'intelligent, qui pourrait être médecin, ingénieur... *(Rires.)* Alors qu'à quinze ans, il avait encore une écriture tout à fait neutre et infantile.

C'est étonnant, d'ailleurs, le changement d'écriture des enfants au cours de leur évolution. J'ai vu un garçon de treize ans, à Trousseau, qui a vécu sur le transfert qu'il a fait pendant toute une année scolaire. Il écrivait tous les quinze jours, à la place de la séance qu'il aurait dû avoir avec moi. Il écrivait une fois à Mme Arlette, qu'il aimait, et une fois à moi. Ainsi, tous les mois, j'avais une lettre. En les comparant, il était étonnant de voir l'évolution de l'écriture de ce garçon en un an. C'était extraordinaire !

Je regrette de n'être pas graphologue, parce que je suis sûre qu'il y a beaucoup à comprendre de ce qui se passe dans l'inconscient des enfants au moment où ils changent ainsi d'écriture, et si rapidement. C'est un peu comme des déformations de réseaux, ces déformations mathématiques, à la manière de Vasarely. On voit que la structure reste la même, mais il y a une évolution de l'écriture. Le changement du graphisme est comme parallèle à ce qui passe dans les fantasmes de l'enfant en train d'évoluer et de se guérir.

Celui-là s'est guéri totalement d'un asthme infantile qu'il avait depuis l'âge de deux ans. Il s'est guéri en se séparant d'un père dramatiquement asthmatique – un homme qui avait l'air d'un mourant. Lui était un garçon physiologiquement superbe – il avait « racé » du côté de la mère ; on l'avait soigné vainement à Trousseau, depuis son enfance, pour des allergies.

Il a alors commencé une psychothérapie avec moi. Très rapidement, il a abordé le problème des parents, problème dont ceux-ci n'avaient jamais parlé. Puis, il a demandé à s'en aller de chez lui.

Si je vous parle de ce garçon à propos de l'écriture, c'est aussi parce que c'était lié à sa demande de s'en aller. Il m'a dit : « Je voudrais vous écrire tous les quinze jours, puisque je ne pourrai plus venir. – D'accord ! » Et il est parti. Ça s'est fort bien passé au début. Quand il est arrivé dans un home de montagne, il était un bon élève. Mais, quand la Sécurité sociale a appris qu'il était parti dans un home ordinaire, qu'il faisait sa scolarité dans un lycée ordinaire, l'affolement a été complet. L'assistante sociale du centre où il avait été soigné s'est dépêchée de téléphoner à son homologue régional pour lui dire : « Cet enfant est un grand asthmatique, il faut absolument [puisqu'il n'avait eu qu'un traitement psychothérapique court] le placer dans un tel home dans lequel il y a trois ou quatre psychothérapeutes. Il faut absolument qu'il continue son traitement psychothérapique [1]. »

Or, à Trousseau, nous avions eu déjà les trois premières lettres, qui témoignaient de difficultés d'adaptation du début ; tout le côté masochique de l'enfant était ressorti. Les petits camarades se moquaient de lui. Dans la deuxième lettre, il écrivait : « Je ne tiendrai pas. Aidez-moi, parce que je voudrais rester, mais ils sont tous trop méchants. Je ne sais plus quoi faire, et je grossis, je grossis. » En effet, il s'est mis à grossir, d'être malheureux. Il était l'aîné d'une famille de cinq, et il avait vu sa mère grossir quatre fois après sa naissance, alors que le père maigrissait de plus en plus. Je lui ai répondu que, pour ne pas ressembler à son père, il n'avait pas besoin de ressembler à sa mère quand elle avait des bébés. Il m'a écrit : « Votre lettre est bien arrivée. Les camarades ne se moquent plus de moi. J'ai pensé que ce n'était pas la peine de grossir comme ça. J'ai demandé au docteur qui m'a dit de ne plus manger de pain. Je fais bien mon régime maintenant. »

Naturellement, c'était une révolution pour l'assistante sociale. Je lui ai demandé de faire en sorte qu'on ne le signale pas à l'Assistance sociale de la ville où il était dans les Alpes, afin qu'il ne soit pas changé de home, maintenant qu'il avait

1. C'était l'époque où certains allergologues conseillaient aux cas rebelles une psychothérapie.

fait son adaptation ; et de préciser d'ailleurs qu'il continuait son transfert avec son psychanalyste. Plus tard on verrait si cet enfant supportait un changement.

Elle a été tout à fait choquée qu'on ne mette pas cet enfant aux mains des « psy » de là-bas, puisque c'était un malade « psy ». On ne s'en était d'ailleurs jamais aperçu. On croyait qu'il était allergique aux poussières. *(Rires.)*

Et puis tout s'est très bien arrangé. On voit ce qui se serait passé, sinon. Car ce garçon avait fait tout le travail de s'adapter. Il avait fait le sacrifice d'interrompre l'analyse (une analyse qui avait duré l'année scolaire) pour s'en aller, l'année suivante, et faire le travail de quitter sa mère et ses petits frères auxquels il était attaché, comme tout enfant qui s'est identifié à la fois au père et à la mère.

Là-bas, l'asthme a cessé. L'assistante sociale s'est mise en rapport avec la directrice du home, qui a expliqué qu'il avait fait deux ou trois petites crises, mais si minimes qu'elles s'étaient arrêtées durant son sommeil ; le lendemain, c'était fini. Ils avaient été un peu inquiets le soir, mais ça s'était arrêté. Le médecin trouvait qu'il évoluait très bien. Il n'avait plus eu de crises depuis des semaines.

P. : Mais après avoir abandonné cette identification... ?

F.D. : Il m'a écrit : « Surtout, je veux vous voir, à Trousseau. » Malheureusement, il avait décidé qu'il irait pour deux ans dans ce home. Dans sa dernière lettre, il disait vouloir retourncr à son ancien lycée. Il se trouvait guéri, il pensait que ce n'était pas la peine de retourner dans les Alpes. Moi, je trouvais que c'était encore bien fragile, étant donné ce que je connaissais de son père.

Ce père était lui-même l'aîné d'une famille dans laquelle son propre père était le seul de cinq enfants qui ait pu se marier. Les autres étaient devenus bonnes sœurs ou malades psychosomatiques. *(Rires.)* D'autre part, l'enfant était le fruit d'une mésalliance, la mère étant très intelligente, mais sans instruction. Elle était ouvrière dans l'usine que dirigeait le père de son mari, le grand-père paternel de l'enfant. Le père de la jeune femme était l'ouvrier de confiance du patron – c'était une entreprise de type familial. Dans une fête organisée par l'usine, le fils du patron avait donc fait la connaissance de cette jeune fille. Ses parents avaient une très grande confiance dans le père de celle-ci ; logé avec sa famille sur place, il était le gardien des locaux de l'usine. Le fils du patron, avec ses parents, vivait aussi dans les locaux attenants à l'usine. Donc, il avait toujours vu cette jeune femme, intelligente et sensible, qui était la santé même.

C'est cette femme qui est venue me raconter l'histoire. Moi, je n'avais vu que le père, jusqu'au jour où elle, la mère, a demandé à venir me parler. Elle m'a expliqué que la difficulté pour ses enfants, c'était que, pour sa belle-mère, elle n'était pas une belle-fille : elle n'était que la mère des enfants. La belle-mère recevait ses petits-enfants, mais pas sa belle-fille, sauf le premier janvier. C'était le problème de cette famille bourgeoise, dans les curés jusqu'au cou...

La jeune femme, elle, n'était pas du tout une pétroleuse ; elle avait été élevée en jeune fille intelligente, catholique, mais pas « embondieusée » ; elle avait dû insister longtemps auprès de ses parents pour épouser le fils du directeur. Ses parents lui disaient : « Mais tu ne te rends pas compte ! Cette famille ne voudra jamais de toi. »

Elle m'a déclaré : « Je me suis rendu compte qu'il mourrait si je n'acceptais pas. Il était tellement amoureux de moi. »

Or jamais, jamais cet homme ne parlait de son asthme devant les enfants. Il s'enfermait pendant trois jours quand il avait ses crises. Quand sa femme entrait dans la pièce pour lui apporter à manger, il se cachait. Il avait pris la suite des affaires de son père. C'était un homme qui tenait avec un courage incroyable, sa santé étant complètement délabrée ; il ne pouvait rien dire devant son fils, un garçon superbe, d'une psychologie tout à fait du type de la mère ; lui étant au contraire un homme fin de race, complètement écrasé.

Le travail a donc pu commencer avec le fils, à propos de la grand-mère : « Comment est ta grand-mère... ? – Oh ! Elle ne dit pas de mal de maman, mais elle ne veut pas que nous en parlions. » C'est là que le travail s'est mis en route : du côté de la grand-mère paternelle. Puis : « Et ta grand-mère maternelle ? – Oh ! Elle est très gentille. Elle me dit toujours : " Ton père a tellement de courage, malade comme il est ! " Il n'y a que par ma grand-mère maternelle que j'ai entendu parler de la maladie de mon père. »

P. : Et cet asthme, il a pu l'avoir après le mariage ?

F.D. : Vous parlez de l'asthme du père ? Non, non ; c'était depuis l'âge de quatre ans, pour le père. Et, pour le fils, à partir de deux ans. Il a encore fait mieux que le père ! Mais avec une typologie qui ne ressemble en rien à celle du père. On se demande ce que cet asthme venait faire chez un enfant de complexion superbe. C'était vraiment, pour lui, faire comme le père, s'identifier au père, pour que soit dit, à l'adresse de sa grand-mère paternelle et de sa famille, qu'il était bien le fils de son père – même s'il avait complètement « racé » du côté de la mère.

P. : Peut-on dire qu'il s'agit d'une identification idéale ?

X. : C'est un orgasme.

F.D. : Un orgasme ?... Je ne sais pas. Vous croyez ?

X. : Parce que c'est un signifiant...

F.D. : Non, je crois que c'est plutôt : naître ou ne pas naître, coincé – n'est-ce pas ? – du côté respiratoire. Naître ou ne pas naître, puisqu'il était le premier à signer par là que le couple de ses parents ne pouvait plus être cassé par les grands-parents « embondieusés » qui n'auraient pas voulu de ce mariage. D'autant qu'il appartenait à la seule descendance de cette famille paternelle.

Ce qui est intéressant, c'est que la mère de cet enfant n'avait aucun sentiment d'infériorité masochiste. Elle m'a parlé avec une très grande lucidité lorsque je l'ai reçue seule : « Maintenant, il faut que vous connaissiez la situation. Moi, je les comprends, ces gens, disait-elle en parlant de sa belle-famille. Dans une petite ville, vous savez, les classes sont séparées. Ce sont des bourgeois et mes parents sont des ouvriers. – Comment vous entendez-vous tous les deux ? – Mais nous nous entendons très bien. »

Son mari n'avait aucune culture. Il ne parlait de rien. Il avait son métier, et c'était tout. Et elle, elle faisait son métier de maîtresse de maison. Son père à elle avait vécu longtemps dans la loge de gardien. Son mari allait travailler à l'usine. Si cette petite usine continuait d'exister, eh bien, son mari et elle habiteraient, un jour, dans le logement du patron de l'usine. Mais, jusqu'alors, ils étaient en dehors. Les parents auraient très bien pu donner une aide au fils ; mais pas question que la fille du gardien, du concierge, puisse habiter, avec leur fils, chez eux. C'était une histoire très compliquée du point de vue social. Et l'enfant était pris là-dedans.

P. : Donc, cet enfant était asthmatique parce qu'il ne pouvait pas être mieux que son père ?

F.D. : Vous pensez bien que ce n'étaient pas des poussières qui pouvaient être à l'origine de sa prétendue allergie.

P. : Mais, dans l'hôpital où il a été soigné, il y a une telle allergie à la psychothérapie...

F.D. : Oui, mais ce qui est très curieux, c'est que l'attitude négative du personnel a eu un effet positif. Ce qui était important, c'était que le transfert continue. Comme c'est le transfert – et non pas vraiment la relation réelle au médecin, nous le savons bien – qui guérit la relation imaginaire et inconsciente, ce n'était pas la peine qu'il change de home et qu'il voie un « psy » qui ne connaîtrait rien de ses problèmes. Cela aurait servi à quoi ? Et qu'il ne se retrouve qu'avec des enfants à problèmes, alors qu'il était là avec des enfants seulement fatigués, sous la surveillance d'un médecin.

Finalement, l'administration a donc accepté. L'assistante sociale en a informé les médecins responsables à l'hôpital à Paris. On a prévu, s'il décompensait, de le mettre dans une autre pension, bien sûr ; mais on a admis que, pour l'instant, il était en relation épistolaire avec son psychanalyste, et que cela pouvait continuer ainsi.

Je crois que, une fois le pot aux roses découvert dans la parole, l'enfant pouvait prendre son essor et continuer son traitement en paroles écrites. A partir de ce moment-là, une psychothérapie aurait été du luxe – si je peux dire ; et elle aurait risqué peut-être de déranger beaucoup de choses. Cet enfant n'en demandait pas. Or, quand il a décidé d'aller dans un home, il était en train de fléchir dans ses études. Avec la prépuberté, il dégringolait, en identification avec la famille maternelle. Il était pris entre être du côté du père, mais devenir malade et stérile comme les autres – les oncles, les tantes –, ou être du côté de la mère, à condition donc de ne plus faire d'études. C'est d'ailleurs cette question que nous avons travaillée : « Tu as à être " toi " et non pas " comme la famille de ton papa " ou "comme la famille de ta maman ", mais toi-même. » C'est à partir de là qu'il a dit :

– Je crois qu'il faudrait que j'aille en pension.

– Pourquoi pas ? Où voudrais-tu aller en pension ?

– Loin, loin.

– Et tu en as parlé à ta mère ?

– Non, je voulais vous le demander à vous d'abord.

– Parles-en à ta mère. Je suis d'accord.

– Oui, mais alors, mon traitement ?

– Eh bien, tu m'écriras.

– Ah bon ! Alors je vous écrirai et ça continuera comme ça.

Vous voyez, c'est intéressant. Et si je vous en parle, c'est que l'on n'oserait pas, quelquefois, utiliser cette façon de procéder. On dirait : « Non, il faut qu'il continue son traitement. »

Il n'y a pas de graphologue dans l'assistance ? Il arrive que des gens fassent une psychanalyse après avoir consulté un graphologue. Il serait intéressant d'étudier l'évolution de l'écriture d'un patient. Celle de ce garçon est devenue aérée, alors qu'au début elle était complètement racornie, à l'image du père. Or le graphisme est devenu détendu, étalé, en un réseau large. Sa façon de signer a changé. Au début, il barrait son nom. Il écrivait son prénom et son nom de famille qu'il barrait par un paraphe. Ensuite, il n'a signé que de son prénom ; puis, finalement, de son initiale et de son nom de famille, bien largement. Et tout cela s'est fait au cours d'une année scolaire.

P. : Peut-être serait-il intéressant de se pencher sur l'écriture des gens qui bégaient ?

F.D. : Sur toutes les écritures sûrement ; ces micro-gestes parlants ; surtout la graphie du prénom et du nom de famille qui, justement, représentent l'identification à soi-même. Le bégaiement est oral, alors que l'écriture est beaucoup plus phallique ou urétro-anale. Dans le cas de cet enfant, l'écriture s'est aérée, comme sa cage thoracique, qui peut maintenant respirer.

Laisser trace des mots par l'écriture est tout de même une métaphore du stylet phallique. Je ne sais pas – ce serait intéressant de l'observer – si le bégaiement peut se voir dans l'écriture aussi. Mais alors, ce serait chez quelqu'un qui ne bégaierait pas seulement de la voix mais aussi de la métaphore phallique. Je crois plutôt que, si quelqu'un bégaie de la voix, c'est justement pour ne pas être bégayant du sexe. Il me semble que c'est une compensation : c'est recevoir la castration d'un côté pour ne pas l'avoir d'un autre.

P. : Ce doit être très pénible comme symptôme...

F.D. : Oui ; surtout que le bégaiement est lié à la parole spontanée. Le bégaiement ne se manifeste pas quand le sujet dit le texte d'un autre.

P. : Les chansons ?

F.D. : Dans les chansons également. Et, lorsqu'un bègue raconte une histoire de Marius, il ne bégaie pas. Quand il croit prendre l'accent de quelqu'un d'autre, il ne bégaie pas, même s'il abandonne cet accent au bout de trois mots.

P. : Je suis un petit peu troublé par ce que vous dites, parce que j'ai vu un enfant, cet après-midi, qui ne bégaie pas lorsqu'il se raconte une histoire à lui-même, mais qui bégaie lorsqu'il parle à un adulte.

F.D. : Ça ne m'étonne pas.

P. : Mais c'est le contraire de ce que vous venez de dire !

F.D. : Là, c'est autre chose. Lorsqu'il se raconte quelque chose à lui-même, il n'est pas face au danger de l'autre, n'est-ce pas ? De même qu'un bègue ne bégaie pas derrière un masque – c'est l'un des premiers bègues que j'ai soignés qui me l'a révélé, d'ailleurs : il disait ne pas bégayer quand il parlait derrière un masque. Derrière un masque, un bègue peut dire ce qu'il pense, sans bégayer, parce que, m'expliquait-il, ce n'est pas lui qui le dit, c'est le masque ! Il me montrait, d'ailleurs, en se cachant la figure avec ses deux mains à condition de voir entre ses doigts, qu'il parlait bien, enfin beaucoup mieux. Le bégaiement a quelque chose en rapport avec le risque de perdre la face. Avoir honte de soi devant un autre jouant le rôle de juge – en fait, de surmoi.

P. : Le type qui jouait dans la pièce d'Hélène Cixous est un bègue dans sa vie. Or, il jouait là le personnage de l'analyste, et parlait tout à fait correctement sur scène.

F.D. : Vous connaissez tous l'acteur Roger Blin qui bégayait, en privé, comme il n'est pas possible, mais jamais sur scène.

C'est quelque chose qui est en rapport avec la face et le cannibalisme supposé de l'autre. La zone érogène orale efficace est dévolue à l'autre, duquel on doit tout redouter (la mutilation sexuelle). De ce point de vue, même seulement prendre l'accent protège. Le bégaiement est en rapport avec l'identité sexuée, toujours. Il peut mettre en cause des pulsions phalliques orales comme des pulsions phalliques anales ou génitales, mais il est toujours en rapport, pour le sujet, avec le problème d'assumer le désir au niveau libidinal où il se trouve suscité.

Quand un enfant petit bégaie, c'est qu'il est en danger de passer à une transgression : soit en retournant à quelque chose qui est tabou, comme le désir de téter alors qu'il est sevré, soit, au contraire, en étant appelé à prendre la place d'un partenaire de son sexe dans une relation interdite.

Le bégaiement intéresse les pulsions phalliques cannibales – anales ou génitales – de son propre sexe. Il les camoufle. Je pense à un garçon bègue qui, lorsqu'il prenait une « voix de fille », comme il disait, ne bégayait pas. De même, si on dit à une fille qui bégaie : « Déguise ta voix en voix de garçon », il suffit qu'elle l'imagine et elle ne bégaie pas.

Vous voyez, c'est très étrange : c'est dans l'identité entre l'image donnée à voir (la face) et le sexe, entre l'apparence et le ressenti des pulsions que quelque chose ne va pas. Pour un bègue, il faut que son apparence soit contradictoire à son sexe, qu'elle déguise l'individu qu'il est, là. Ce qu'il donne à entendre ou à voir cache son identité. Je crois que c'est un processus qui remonte aux premières pulsions cannibales, aux premières angoisses de castration, avant même la relation triangulaire œdipienne.

Je me rappelle le cas d'un bègue de quinze, seize ans, dont le père était mort. Tout le traitement s'est fait avec des plaisanteries sadiques sur un père imaginaire. Son père était mort quand il avait neuf, dix ans, mais lui était déjà bègue à l'époque. Toute la cure est passée par ses dessins qui étaient tous des occasions de me tendre des pièges : « Vous ne trouverez jamais quelle histoire je raconte. » Or, dans l'histoire, quelqu'un était toujours visé. Je l'étais, moi, dans la mesure où j'étais complètement idiote et où je ne comprenais rien à son histoire. Ses histoires étaient du type : l'homme que l'on voyait derrière l'arbre était un espion qui se faisait prendre pour quelqu'un d'autre... C'était très, très compliqué. Mais il s'agissait toujours de quelqu'un qui risquait de mourir si on le reconnaissait.

Dans la vie courante, ce garçon s'en est sorti en faisant des plaisanteries extrêmement agressives contre ses maîtres puis contre les chefs qu'il avait. Il était apprenti mécanicien ; très intelligent. Le bégaiement l'avait malheureusement gêné pour faire des études, et il avait dû suivre une filière technique. Pour lui, ses patrons, ses professeurs étaient tous des têtes de Turc. Et il riait, il riait. Je ne comprenais même pas de quoi il riait, jusqu'à ce qu'il puisse m'expliquer que c'étaient des jeux de mots, toujours à base de moqueries à l'égard des professeurs qui lui faisaient peur.

C'est alors que nous avons pu aborder la question de ses railleries et de son besoin de masquer derrière son bégaiement sa révolte d'enfant. C'est difficile quand le père est mort.

Parce que, finalement, c'était de son père, affaibli quand il était petit, qu'il voulait se moquer. Et c'étaient ces pulsions agressives – pulsions agressives de la fin de la période œdipienne, à huit, neuf ans – qui, dans son imaginaire, avaient atteint son père à mort. La mère disait qu'il avait toujours été un enfant facile, docile et obéissant, un peu fermé vis-à-vis de ses parents. Le père aurait voulu le voir plus confiant et causant. Il était mort d'un cancer diagnostiqué quand l'enfant avait cinq ou six ans. On l'avait caché à l'enfant. Dans le transfert, j'étais donc devenue l'« incapable de comprendre » les astuces pseudo-policières qu'il me proposait en forme de calembours. « Je vous ai bien eue ! » C'était son hilarité triomphante à chaque fin de séance. Puis est venu, avec des rêves dans lesquels son père et moi s'interchangeaient, l'éclaircissement de ses problèmes d'enfant, enfant qui aurait aimé être gai et bruyant, s'amuser, dans une maison où le père était par moments très malade. Il n'en avait rien su clairement avant la mort, mystérieuse pour lui, de son père à l'hôpital, quand lui avait neuf ans. Le bégaiement avait alors disparu ; mais il a fallu cette psychothérapie à quinze ans pour que le fils et la mère puissent se parler de cette épreuve secrète pour elle, dont elle ne pouvait pas parler à son mari, ni ensuite à son fils, même depuis son veuvage.

Liste générale des cas et exemples cliniques

Les cas présentés dans cet ouvrage, étant extraits de l'enseignement oral de Françoise Dolto, constituent à ce titre la part la plus proprement clinique de son séminaire. C'est pourquoi il a paru naturel de donner ici une liste générale des cas, ainsi qu'un index, renvoyant aux trois volumes : *Séminaire de psychanalyse d'enfants,* t. I et II, et *Inconscient et Destins,* respectivement abrégés en *I, II* et *ID.*

1. Une autre version de ces cas a paru dans la revue *Études freudiennes*, nº 24 : « Au-delà du temps des séances », nº 2, Paris, Éd. Ével, octobre 1984.

Index

Cet index ne renvoie pas à toutes les occurrences d'une même notion, mais seulement à ses usages les plus importants ou les plus particuliers. Certains concepts, comme celui du refoulement qui traverse tout le Séminaire, ne figurent pas dans cet index, puisqu'ils ne font pas l'objet d'une élaboration spécifique.

Table

DU MÊME AUTEUR

AUX MÊMES ÉDITIONS

Le Cas Dominique, *1971*
coll. « Points », 1974
Psychanalyse et Pédiatrie, *1971*
coll. « Points », 1976
Lorsque l'enfant paraît, tomes 1, 2 et 3
1977, 1978, 1979
L'Évangile au risque de la psychanalyse, tomes 1 et 2
coll. « Points », 1980, 1982
Au jeu du désir, *1981*
coll. « Points », 1988
Séminaire de psychanalyse d'enfants, tome 1
en collaboration avec Louis Caldaguès, 1982
La Foi au risque de la psychanalyse
en collaboration avec Gérard Séverin
coll. « Points », 1983
L'image inconsciente du corps, *1984*
Séminaire de psychanalyse d'enfants, tome 2
en collaboration avec Jean-François de Sauverzac, 1985
Enfances
en collaboration avec Alecio de Andrade, 1986
texte repris dans la collection « Points Actuels »
(à paraître en septembre 1988)
Dialogues québécois
en collaboration avec Jean-François de Sauverzac, 1987

en cassettes de 60 minutes
Séparations et Divorces, *1979*
La Propreté, *1979*
Quand les parents se séparent
en collaboration avec Inès Angelino
(à paraître en septembre 1988)

CHEZ D'AUTRES ÉDITEURS

L'Éveil de l'esprit de l'enfant
en collaboration avec Antoinette Muel
Éd. Aubier, 1977
L'Évangile au risque de la psychanalyse, tomes 1 et 2
Éd. Jean-Pierre Delarge, 1977, 1978
La Foi au risque de la psychanalyse
en collaboration avec Gérard Séverin
Éd. Jean-Pierre Delarge, 1980

La Difficulté de vivre
Interéditions, 1981
Sexualité féminine
Scarabée et Compagnie, 1982
La Cause des enfants
Laffont, 1985
Solitude
Vertiges, 1986
Tout est langage
Vertiges-Carrère, 1987
L'Enfant du miroir
Françoise Dolto et Juan David Nasio
Rivages, 1987

CET OUVRAGE A ÉTÉ COMPOSÉ ET ACHEVÉ D'IMPRIMER
PAR L'IMPRIMERIE FLOCH À MAYENNE (9-88)
DÉPÔT LÉGAL : MARS 1988. N° 9981-4 (27086)